Roland Dusik

Reisegast in Thailand

Roland Dusik

Reisegast in Thailand

Herausgeber der Reihe Reisegast:

Buch & Welt GmbH

IWANOWSKI'S REISEBUCHVERLAG

www.iwanowski.de

Hier finden Sie aktuelle
Infos zu allen Titeln,
interessante Links –
und vieles mehr!

1. Auflage 2009

Konzept, Redaktion, Bildredaktion: Buch & Welt GmbH, München

Lektorat: Ute Diergarten-Wandel, München

Korrektorat: Christine Liew, Bad Dürkheim
Katrin Liska, München

Satz und Produktion: Dr. Alex Klubertanz, München

Alle Informationen und Hinweise erfolgen ohne Gewähr für die Richtigkeit im Sinne des Produkthaftungsrechts. Verlag und Autor können daher keine Verantwortung und Haftung für inhaltliche oder sachliche Fehler übernehmen.

Bildnachweis:
Hans-Peter Braunger Seite 8, 12, 16, 26, 52, 58, 62, 106, 113, 118, 120, 122, 128, 134, 144-145, 170, 172, 186-187, 189, 193, 202, 214;
Roland Dusik Seite 10, 11, 19, 31, 36, 55, 60, 67, 68, 72, 74, 76, 77, 81, 84, 92, 94, 101, 104, 108, 109, 110, 112, 115, 125, 126, 132, 135, 137, 140, 146, 150, 152, 157, 160, 163, 164, 175, 179 und alle Motive U3;
Volkmar E. Janicke Seite 14, 18, 21, 23, 27, 30, 32, 38, 40, 42, 45, 46, 48, 49, 61, 64, 66, 78, 86, 89, 97, 100, 117, 130, 158, 167, 182, 196 und alle Motive U4;
Wikipedia Seite 2; *Bildagentur Huber* Titelmotiv;
Leo Purmann Cartoons Seiten 205 – 210; *Alex Klubertanz* Karte Seite 15

Gesamtherstellung: B.o.s.s Druck und Medien, Goch

ISBN: 978-3-933041-59-3

Inhalt

Thailand – das Land hinter dem Lächeln

Vorwort von Roland Dusik

»Woran erkennt man einen Thailänder?« Der einheimische Fremdenführer, der eine Gruppe westlicher Touristen durch die Tempelruinen der alten Hauptstadt Sukhothai geleitet, stellt diese Frage und gibt auch zugleich die Antwort: »An seinem strahlenden, herzlichen Lächeln.«

Nicht zu Unrecht bezeichnen die Thailänder ihr Land gern als *Siam Yiim,* als das »Land des Lächelns«. Zwar wirken auch zahlreiche in der Fremdenverkehrsbranche Beschäftigte an derartiger Imagepflege mit, doch wird jeder Besucher recht schnell bestätigt finden, dass die Thailänder in der Tat ein gut Teil ihrer Zeit lächelnd zubringen. Das »thailändische Lächeln« ist allerdings sehr facettenreich. Angeblich beherrschen die Thailänder 700 Arten zu lächeln. Anders als in westlichen Ländern ist das Lächeln nicht nur Ausdruck von Freude und Heiterkeit, es bedeutet häufig auch Dank für eine erwiesene Gefälligkeit, es mag Anteilnahme oder auch die Bitte um Verzeihung ausdrücken. Nicht selten neigen Thailänder dazu, sich aus Konflikten und auftauchenden Schwierigkeiten ganz einfach »herauszulächeln«, um ihr »Gesicht nicht zu verlieren«. Doch wer lächelt, zeigt auch Zähne – ein Lächeln in Thailand kann bisweilen sogar Wut oder Hassgefühle ausdrücken.

700 Arten zu lächeln

So facettenreich das Lächeln der Thailänder ist, so vielfältig und widersprüchlich ist auch das fernöstliche Königreich an sich. Unvermittelt prallen in Thailand moderne Zivilisation und traditionelle Lebensformen aufeinander. Während sich in den urbanen Zentren schon seit geraumer Zeit westliche Tendenzen durchsetzen, während in Bangkok und anderen Großstädten ständig neue Nobelhotels, Shopping Malls und Industrieanlagen aus dem Boden gestampft werden, verläuft das Leben in den Dörfern der Reisbauern wie eh und je im Rhythmus der Jahreszeiten, im Wechsel von Aussaat und Ernte.

Widersprüche und Spannungsfelder

Den Besucher erwarten in diesem Spannungsfeld zwischen Tradition und Moderne eine Fülle faszinierender, gleichzeitig aber auch widersprüchlicher und verwirrender Eindrücke: moderne Bankpaläste und alte Tempel, Soap Operas im Fernsehen und traditionelles Maskentheater, eine superreiche Oberschicht und bittere Armut, ewiges Verkehrschaos in Bangkok und ländliche Idylle, pulsierendes Nachtleben und beschauliche Klöster, eine autoritäre Obrigkeit und ein tief verinnerlichtes Bestreben der Menschen nach Harmonie und Ausgleich.

Thailand ist weit mehr als eine Nation, es ist ein Kaleidoskop der unterschiedlichsten Lebensformen und Lebensvorstellungen: Da trifft den unvorbereiteten westlichen Reisenden angesichts des Chaos in thailändischen Großstädten und der modernen, urbanen Gesellschaft, in der Reichtum ungeniert zur Schau gestellt wird, bei seinem ersten Besuch der schiere Schock. Der aber löst sich rasch wieder, sobald er auf Szenen von Anmut und Schönheit stößt, auf traditionelle Bescheidenheit und abseits der Großstadthektik auf zeitlose Ruhe. Er erlebt einerseits, wie lepröse Bettler durch die Straßen geistern, und trifft andererseits auf moderne Menschen, die längst im Zeitalter des Internet angekom-

Den westlichen Reisenden trifft der Schock.

Schönheiten auf Elefant

men sind und den Weg des Landes in die Zukunft weisen. Die Widersprüche scheinen endlos, irritieren aber nur den westliche Besucher. Da huldigen kinderlose Frauen an einem Schrein in Bangkoks Hilton-Hotel-Komplex wie selbstverständlich einem gigantischen Penis, und im gleichen Atemzug gibt sich die thailändische Gesellschaft in puncto Sexualität so traditionell und prüde wie englische Ladies im viktorianischen Zeitalter.

Am Erawan-Schrein mitten in Bangkok

Thailand mit seinen 67 Millionen Menschen präsentiert sich als ein Land, das die Vergangenheit hegt, in der Gegenwart lebt und an die Zukunft glaubt. Es ist ein Land mit reichen Kulturschätzen und einer tief in ihm verwurzelten Religion, die die Bewohner seit über 700 Jahren prägt. Aber auch ein Land, das immer mehr von westlicher Lebensart annimmt, in der der Kommerz zunehmend die Oberhand über die Kontemplation gewinnt.

Metamorphosen

»Nichts ist von Bestand in diesem Leben«, das gilt nicht nur als Essenz des Buddhismus, sondern auch als Zustandsbeschreibung für Thailand. Viel ist passiert in den vergangenen zehn, zwanzig Jahren. Aus verschlafenen Küstenorten sind pulsierende Touristenzentren geworden, aus ehemaligen Hippie-Refugien durchorganisierte Ferieninseln für Familien. Bangkok, das viele Jahre aus der Zeit herausgetreten war, hat längst die Metamorphose zu einer modernen Metropole vollzogen und Anschluss gefunden zu Singapur, Seoul und Tokio.

Den Spagat zwischen gestern und morgen scheint Thailand mit spielerischer Leichtigkeit zu meistern. Alles existiert nebeneinander, irritierend und faszinierend zugleich: Teenager, die morgens als erste Amtshandlung Räucherstäbchen im Tempel anzünden und anschließend im Schulbus ihre Multimedia-Handys mit den aktuellsten Nightlife-Tipps aus dem Internet updaten. Proppenvolle Garküchen unter himmelstürmenden Glas-Beton-Palästen und archaische buddhistische Tempel, in denen Mönche mit sonorer Stimme die Sutren des Buddhismus intonieren, neben den klimatisierten Büroräumen von Webdesignern und den zahlreichen Massagesalons.

»Land der Freien«

Eingedenk der Tatsache, dass es in seiner Geschichte zwar manchmal besiegt, aber niemals unterworfen wurde, dass es als einziger Staat in der Region nie unter kolonialem Joch zu leiden hatte, nennt sich der südostasiatische Staat mit Recht Thailand *(Prathet Thai)* – »Land der Freien«. Mit beträchtlichem Geschick passen sich die Thailänder heute dem Westen an, elastisch wie Bambus im Wind. Aber hinter der modernen Fassade und, mehr noch sogar, hinter der

Maske des Lächelns haben sie sich fremden Einflüssen gegenüber mit geduldiger und duldsamer Zähigkeit ihre unverwechselbare Identität bewahrt.
Das Nebeneinander verschiedener Welten und die Gleichzeitigkeit von scheinbar Unvereinbarem ist in Thailand augenfällig und widerspricht ganz deutlich der Sehnsucht vieler Reisender, die von einem buddhistischen Märchenland mit vergoldeten Pagoden, Mönchen in safrangelben Gewändern und farbenfrohen Festen träumen. Auch macht es eine Gesellschaft, die unter der Oberfläche immer noch einem undurchdringlichen Kastensystem gehorcht, den Besuchern oft nicht leicht. Immer wieder stoßen westliche Reisende auf Stolpersteine und Fallgruben, reißen als kulturelle Outsider – ohne es zu wollen – unsichtbare Vorhänge ein, um dann verwundert vor verschlossenen Mienen, vor verriegelten Türen zu stehen.

Unsichtbare Vorhänge

Dieser vorliegende Band *Reisegast in Thailand* möchte Hintergrundwissen vermitteln und Wege aufzeigen, wie Sie im modernen Thailand in den verschiedensten Alltagssituationen auch schroffe kulturelle Klippen umschiffen und lächelnd Ihr Gesicht wahren können. Die Thailänder, stolz auf ihren Staat, aber auch aufgeschlossen gegenüber allem Fremden, machen es Ihnen leicht und helfen Ihnen mit Freundlichkeit und Geduld über die Schwierigkeiten der Eingewöhnung hinweg.

Über den Autor

Roland Dusik, Jahrgang 1956, hat in Nürnberg und Erlangen Pädagogik, Philosophie und Kunstgeschichte studiert, bevor er in München die Bayerische Staatslehranstalt für Photographie besuchte. Seit über 20 Jahren arbeitet er als freier Journalist, Buchautor und Fotograf.
Schwerpunkte seiner Tätigkeit liegen auf Südostasien und Australien. Seine besondere Liebe gehört Thailand, wo er auch längere Zeit gelebt hat. Seit 1993 ist er mit einer Thailänderin aus dem Isaan, dem Nordosten des Königreichs, verheiratet. Heute lebt er mit seiner Frau und den beiden Töchtern in der Nähe von Nürnberg, reist aber nach wie vor regelmäßig in die zweite Heimat. Neben Reisereportagen und sozialkritischen Aufsätzen veröffentlichte er zahlreiche Reiseführer. Bei Iwanowski sind von ihm die Reiseführer Vietnam und Thailand erschienen.

So exotisch wie vertraut – eine kleine Landeskunde

Annäherung an ein südostasiatisches Land

Weltweit beliebtes Urlaubsziel

Über sechs Millionen Touristen, davon 400 000 Deutsche, pro Jahr können nicht irren – Thailand belegt seit vielen Jahren einen Spitzenplatz in den Top Ten der weltweit beliebtesten Urlaubsziele. Die meisten Besucher sind Wiederholungstäter, die auch der elf Stunden lange Flug von mitteleuropäischen Airports in das ferne Königreich nicht schreckt. Verständlich, denn Thailand hat so viel zu bieten, dass ein einziger Aufenthalt nicht annähernd ausreicht, um die ungeheure Fülle an Naturschönheiten und an Kunst- und Kulturschätzen zu erleben. Selbst nach der schweren Wirtschaftskrise, die das Land Ende der 1990er Jahre beutelte, sowie auch nach dem verheerenden Tsunami im Dezember 2004, der in südthailändischen Tourismus-Hochburgen Tausende Menschenleben forderte, blieben die Besucherzahlen ungebrochen hoch.

Trampertreff und Pauschaltourismus

Die ersten Touristen, die in den 1960er Jahren in größerer Zahl nach Thailand kamen, waren vor allem Kulturreisende. Sie steuerten von Bangkok aus die Hauptstädte des alten Siam an, ließen aber die Strände des Südens meistens links liegen. Dann entwickelte sich das Land zu einem Paradies für Globetrotter und Aussteiger auf Zeit, die mit Rucksack und Bastmatte Insel für Insel für sich eroberten. Ihre Beschreibungen weckten das Interesse der Pauschalreisenden. Zu Beginn der 1980er Jahre setzte der Boom ein. Kein Veranstalter konnte es sich erlauben, Phuket & Co. nicht im Katalog zu haben. Etliche Jahre mit dem Negativimage als »Dorado für Sextouristen« behaftet, zieht das Land heute Touristen jeglicher Couleur an: Komforturlauber mit höchsten Ansprüchen ebenso wie Backpacker mit großem Rucksack und kleinem Geldbeutel, Aktivurlauber ebenso wie Erholungssuchende. Thailand wird vielen Erwartungen gerecht, es bietet Exotik und doch nicht zu viel Fremdes, genug Freiraum für die meisten Urlaubsträume.

Doch was schlägt die vielen Gäste in den Bann? Was macht Thailand zu einem Reiseland wie aus dem Bilderbuch? Es sind nicht nur die goldgelben Sandstrände, an denen man unter Palmen die Seele baumeln lassen kann. Es sind nicht nur die farbenprächtigen Tempel. Es ist nicht nur die raffinierte Landesküche, die zu den besten der Welt zählt. Nein, es sind vielmehr in erster Linie die Thailänder – Menschen, denen die Lebensfreude ins Gesicht geschrieben steht. Ob im Hotel oder Restaurant, bei der Massage am Strand oder beim Friseur – fast immer sind die Menschen freundlich und besitzen einen natürlichen Charme, an den sich die Besucher nach ihrer Rückkehr in ihre kalte Heimat noch lange gern erinnern.

Das Äffchen ist zum Kokosnusspflücken abgerichtet.

Zwischen Bergen und Meer – die geografischen Regionen

Das Königreich Thailand, mit einer Fläche von 514 000 km² beinahe so groß wie Deutschland, Holland, Österreich und die Schweiz zusammen, schiebt sich als 1800 km langer Keil zwischen die kulturellen Einflussbereiche Indiens

Massentourismus, Pattaya am Golf von Thailand

Vielfältige Landschaften

und Chinas. Die enorme Nord-Süd-Ausdehnung sorgt für ein vielfältiges landschaftliches Spektrum: von den mit lichten Teakwäldern bedeckten Bergen des Nordens über die von Flüssen und Kanälen durchzogene zentrale Ebene mit wogenden Reisfeldern und Palmenhainen bis hin zu den immergrünen Regenwäldern, paradiesischen Sandstränden, wilden Steilküsten und bunten Korallenriffen im Süden – Szenarien, die unseren Traumvorstellungen von den Tropen sehr nahe kommen.

Form eines Elefantenkopfes

Die Thai vergleichen den Umriss ihrer Heimat auf der Landkarte gern mit einem riesigen Elefantenkopf: Der hohen Stirn des Elefanten entspricht der hohe Norden Thailands. Rechts davon stellt der geschwungene Hinterkopf den Nordosten des Landes dar. Die zentrale Tiefebene breitet sich über das Gesicht des Dickhäuters aus, wobei die Hauptstadt Bangkok etwa da liegt, wo das Elefantenmaul wäre. Der lange, dünne Rüssel, der in die Fluten der Andamanen-See und des Golfs von Thailand taucht, verkörpert Südthailand. Für die Thailänder ist dies kein Zufall, denn ihnen gilt der Elefant, ihr Nationaltier, als ein Symbol des Erleuchteten – einer Legende zufolge wurde Buddha in einer seiner früheren Inkarnationen als weißer Elefant geboren. Der Zergliederung in vier landschaftlich und klimatisch unterschiedliche Landesteile entspricht auch die administrative Gliederung in Zentral-, Nord-, Nordost- und Südthailand.

Zentralthailand – Wiege der Nation

Kernland des Königreichs

Obwohl heute im Einzugsbereich der größeren Städte zunehmend mehr fruchtbares Agrarland in Industriegebiete umgewandelt wird, liefert Thailands große Zentralebene, die »Reiskammer des Landes«, immer noch den Hauptteil der thailändischen Reisproduktion. Zudem gilt sie als das eigentliche Kernland des Königreichs. Seit jeher zählte die Aufschwemmungsebene des Mae Nam Chao

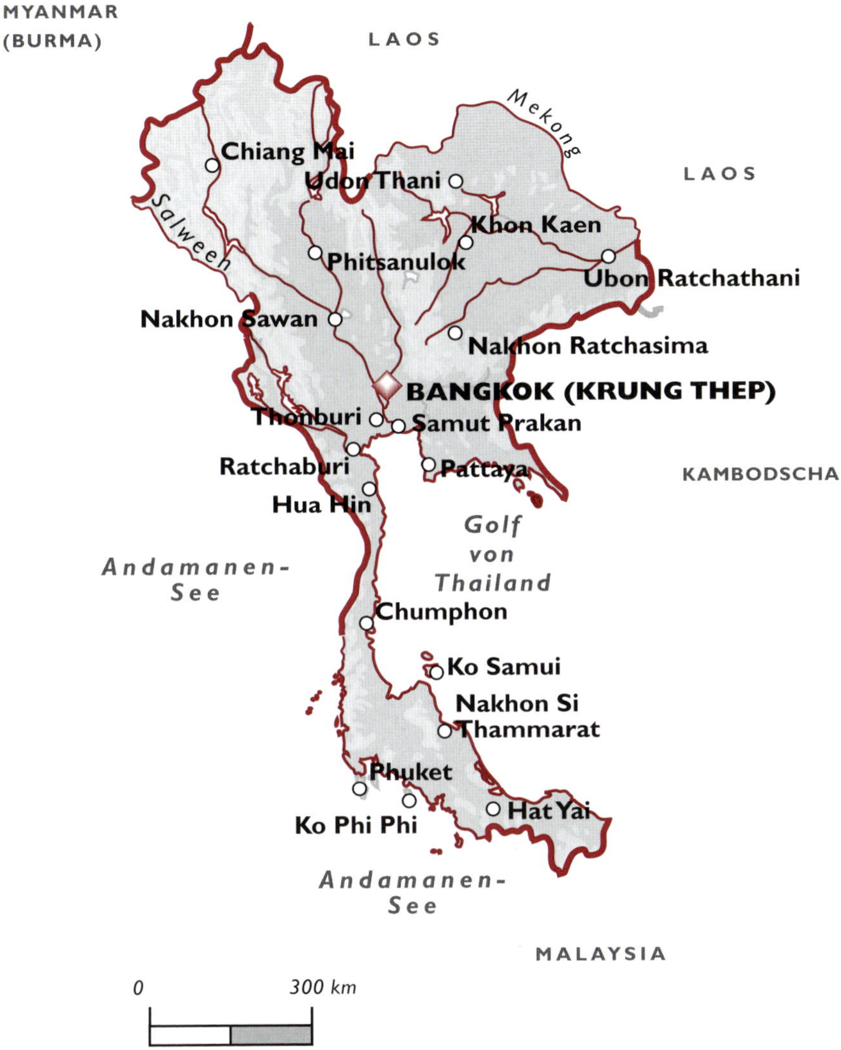
MYANMAR
(BURMA)
LAOS
Mekong
LAOS
Chiang Mai
Udon Thani
Salween
Khon Kaen
Phitsanulok
Ubon Ratchathani
Nakhon Sawan
Nakhon Ratchasima
BANGKOK (KRUNG THEP)
Thonburi
Samut Prakan
Ratchaburi
Pattaya
KAMBODSCHA
Hua Hin
Golf
von
Thailand
Andamanen-
See
Chumphon
Ko Samui
Nakhon Si
Thammarat
Phuket
Hat Yai
Ko Phi Phi
Andamanen-
See
MALAYSIA
0
300 km

Phraya zu den bevorzugten Siedlungsgebieten. Es ist eine Region von außerordentlicher kulturhistorischer Bedeutung, denn auf der Grundlage des Bewässerungsbodenbaus entstanden dort Zivilisationen, die zu den ältesten und höchst entwickelten Südostasiens zählen. Dank der hohen landwirtschaftlichen Erträge blühten dort – seit der Tai-Fürst Intradit im Jahre 1238 die Herrschaft der kambodschanischen Angkor-Dynastie abgeschüttelt und das erste unabhängige Tai-Königreich gegründet hatte – die Hauptstädte des Landes, zunächst Sukhothai und Ayutthaya, dann Thonburi und schließlich Bangkok. Mit ihren prächtigen Tempeln, eindrucksvolle Zeugnisse der alten Kultur und wechselvollen Landesgeschichte, locken die versunkenen Königsstädte Sukhothai und Ayutthaya heute Studienreisende aus aller Welt. Bangkok nahe der Mündung des Mae Nam Chao Phraya in den Golf von Thailand, die mit weitem Abstand größte Stadt des Landes, ist zu einer Megalopolis von rund 12 Millionen Einwohnern geworden, eine pulsierende Weltstadt mit einem unvergleichlichen Nebeneinander von Fortschritt und Moderne, Tradition, Exotik und Chaos.

Nordthailand – lange Zeit im Abseits

Erstes Siedlungsgebiet der Tai-Völker

Reist man von der Zentralebene nach Norden, wandelt sich das Bild der Landschaft schlagartig. Das flache Land, das über Hunderte von Kilometern kaum mehr als 50 bis 100 m über dem Meeresspiegel liegt, steigt innerhalb von nur 20 bis 40 km rasch auf eine Höhe von 1000 m und mehr an. Der Norden Thailands mit schroffen Bergen und tief eingeschnittenen Tälern, Teak- und Kiefernwäldern und traditioneller Stammesbevölkerung, in deren Dörfern sich das Leben seit Generationen kaum geändert hat, entspricht so gar nicht unseren Klischee-

Versunkene Königsstadt Ayutthaya

vorstellungen über das Land. Dabei lag hier das erste Siedlungsgebiet der Tai-Völker. Durch Flusstäler und die schmalen, lang gezogenen Ebenen zwischen den Gebirgszügen zogen sie, vertrieben von Chinesen und Mongolen, ab dem 7./8. Jahrhundert von ihrem Königreich Nan Chao im heutigen südwestlichen China nach Süden. Entlang der Flüsse gründeten sie ihre ersten Siedlungen und Städte, die heute noch die wichtigsten wirtschaftlichen und politischen Zentren des Nordens sind, etwa Chiang Mai und Lamphun im Tal des Mae Nam Ping, Lampang im Tal des Mae Nam Wang und Chiang Rai im Tal des Mae Nam Kok.

Der historische Zug nach Süden

Obwohl die Becken zwischen den Bergketten günstige Voraussetzungen für eine ertragreiche Landwirtschaft boten, wanderten die Tai-Fürsten noch weiter nach Süden, um noch mächtigere Königreiche zu errichten. Während der Sukhothai-Periode (1238–1350) lag der politische Mittelpunkt bereits in der oberen Zentralregion, obwohl das Lan-Na-Reich (vgl. S. 28) als weitgehend unabhängiger Staat bis zur Eroberung durch die Burmesen im Jahre 1556 weiter bestand. Je weiter sich das Zentrum Thailands nach Süden verlagerte, desto mehr wurde die Nordregion zum Randgebiet, an dem weder die Herrscher von Ayutthaya noch von Bangkok großes Interesse hatten. Erst erneute Versuche der Burmesen, den Norden ihrem Reich einzugliedern, veranlassten die Zentralregierung, ihn stärker an das Kernland anzubinden.

Politisch und kulturell autonom

So durchlief Nordthailand lange Zeit in politischer wie auch kultureller Hinsicht eine eigenständige Entwicklung. Neben dem Mon-Erbe (vgl. S. 27), das bis ins 13. Jahrhundert hinein fortwirkte, waren dafür vor allem die Beziehungen zum benachbarten Burma ausschlaggebend, mit dem ein reger kultureller Austausch stattfand. Bis heute lässt sich ein deutlicher Unterschied zwischen Bangkok und dem Norden feststellen. Die Architektur ist verschieden, die Tempel zeigen deutlich burmesischen Einfluss. Auch in vielen Traditionen sowie im Dialekt, in den sich Elemente der Mon-Sprache mischen, kommen die kulturellen Eigenheiten des Nordens zum Ausdruck.

Touristenziel

Heute ist die Nordregion kein abgelegener Landesteil mehr. Verglichen mit der heißen Zentralebene ist das Klima vor allem in den Monaten Dezember bis Februar erfrischend. Besucher staunen dann über die Blütenpracht in der kühlen Bergwelt und genießen Erdbeeren und andere für Thailänder exotische Früchte, die es auf Märkten und an vielen Straßenständen zu kaufen gibt. Die landschaftliche Schönheit, die farbenfroh gekleideten Angehörigen der Akha, Hmong, Karen, Lahu, Lisu, Yao und anderer Bergstämme sowie geschickte Kunsthandwerker machen den Norden zu einem beliebten Ziel für einheimische und ausländische Touristen.

Nordostthailand – Armenhaus der Nation

Der Isaan genannte Nordosten, den der gewundene Lauf des Mekong von Laos trennt, ist mit einem Drittel an Fläche und Bevölkerung Thailands größte Region –- und die ärmste. Sie ist ein mit Trockenwald und Baumsavanne bewachsenes, felsiges Hochplateau, das mit unfruchtbaren Böden und geringen Niederschlägen gestraft ist. Im Unterschied zur Zentralebene wird künstliche Bewässerung wenig praktiziert, sodass die allein vom Monsunregen abhängigen Reisbauern im Jahr nur einmal pflanzen und ernten können. Das hat zur Folge, dass die Ernteerträge um zwei Drittel niedriger liegen. Trotzdem ist der Isaan ziemlich dicht besiedelt. Es gibt zwar einige Städte mit bis zu 250 000 Einwohnern, doch herrscht bäuerlich-ländliches Leben vor.

Reiche Vergangenheit

Bis zur Eroberung der laotischen Hauptstadt Vieng Chan (Vientiane) durch die Siamesen im Jahre 1779 gehörte die nordöstliche Region zum Königreich Laos. Während der Khmer-Herrschaft vom 10.–13. Jahrhundert war die Hochebene eine blühende Provinz, deren wichtigste Stadt Phimai mit der Metropole Angkor in Kambodscha durch eine direkte Straße verbunden war. Zahlreiche Überreste von Tempeln, teils restauriert, teils verfallen, zeugen vom regen geistigen und künstlerischen Leben dieser Zeit. Aus dieser Periode stammt auch der Name Isaan. Die Khmer-Tempel waren meist der hinduistischen Gottheit Shiva geweiht. Der Name Isaan leitet sich vom Sanskrit-Begriff Ishaana ab, was lediglich ein anderer Name für Shiva ist. Der Einfluss der Nachbarländer zeigt sich heute noch in der ethnischen Zusammensetzung: Fast der ganze nördliche Teil des Nordostens wird von Lao sprechenden und ein breiter Grenzstreifen im Süden von Khmer sprechenden Gruppen bewohnt.

Bittere Armut

»Ebene der Tränen« nennen die Thai das Gebiet zwischen Udon Thani, Nakhon Ratchasima, Khon Kaen und Ubon Ratchathani. Obwohl vor allem der Isaan mit seinen billigen Arbeitskräften das Wirtschaftswunder nährte, das Thailand

Hoch im Norden, Akhafrau bei der Handarbeit

Die Menschen im Isaan leben einfach.

Mitte der 1980er Jahre die höchsten Wachstumsraten der Welt bescherte, hat der Nordosten an dem allgemeinen wirtschaftlichen Aufschwung des Landes nur am Rande teilgenommen. Lange hat die Region unter der Vernachlässigung durch die Zentralregierung gelitten. Immer noch leben dort Hunderttausende unterhalb der Armutsgrenze. Erst seit den 1960er Jahren versucht die Regierung in Bangkok durch Bewässerungsprojekte und Industrieansiedlung den Lebensstandard der Bevölkerung zu heben, mit der Gründung einer Universität in Khon Kaen einen kulturellen Mittelpunkt zu schaffen und durch den Ausbau des Straßennetzes die Region an Zentralthailand anzubinden. Doch der Abstand zu den drei anderen Großregionen ist immer noch spürbar. Da die Menschen in Bangkok und in anderen großen Städten das Mehrfache wie auf dem Land verdienen können, sucht man in den Dörfern des armen Nordostens oft vergeblich nach Jugendlichen. Nach Abschluss der Schule zieht es Mädchen wie Jungen nach Bangkok oder in eines der Touristenzentren. Zwischen Dezember und Juni, wenn die Reisfelder brach liegen, arbeiten auch viele Bauern anderswo. Erst wenn mit Einsetzen des Monsuns die Reisaussaat beginnt, kehren die Abwanderer wieder für einige Monate zurück.

Spröde und abweisend

Nur ein Prozent aller Thailand-Touristen verirren sich in die staubige Weite des Nordostens. Die bedeutenden, von Hinduismus und Buddhismus gleichermaßen geprägten Khmer-Tempel wie Prasat Hin Phimai, Prasat Phanom Rung und Khao Phra Viharn sind die wichtigsten Attraktionen des Isaan. Manche Touristen besuchen noch den Khao Yai National Park mit seinen grünen Bergen und Tälern oder Ban Chiang, wo die Reste einer bis zu 7000 Jahre alten stein- und bronzezeitlichen Kultur gefunden wurden, einer der ältesten der Welt. Danach zieht es die meisten Ausländer wieder zurück nach Bangkok oder an die Strände Südthailands. In der Tat empfängt der Nordosten seine Besucher

INFO

Berührungszone – zwei Kulturkreise im Konflikt

Ethnisch ist der Süden die Berührungszone zwischen dem thailändisch-buddhistischen und dem malaysisch-muslimischen Kulturkreis. Nördlich der Linie Phang Nga – Nakhon Si Thammarat leben überwiegend Buddhisten, südlich davon Muslime. Insgesamt sind etwa 73 Prozent der Bevölkerung des Südens ethnische Thai, 25 Prozent Malaien und 2 Prozent Chinesen. Nach Süden nimmt der Anteil der Malaien mehr und mehr zu. Die drei südlichsten Provinzen, Pattani, Yala und Narathiwat, haben eine deutliche muslimische Mehrheit. Verschiedene politische Gruppen streiten dort mehr oder weniger gewalttätig um die Durchsetzung von Zielen, die vom gesellschaftlichen Wandel bis zu klarem Separatismus reichen. Nach Anschlägen und gewaltsamen Auseinandersetzungen zwischen Regierungstruppen und muslimischen Aufständischen verhängte die thailändische Regierung Anfang Januar 2004 in den drei Südprovinzen das Kriegsrecht. Der Konflikt beschränkt sich auf diese drei Provinzen. In allen anderen Regionen des Südens können sich Besucher sicher fühlen. (vgl. S. 43)

nicht mit offenen Armen, sondern eher spröde und abweisend: Die Landschaft der waldärmsten Region Thailands ist karg und monoton, die Städte sind wenig attraktiv. Im Isaan zeigt sich das »Land des Lächelns« ungeschminkt.

Südthailand – Inseln, Palmen, Traumstrände

Unbeschwertes Südseeleben?

Ob an der Andamanen-Küste, vor der sich traumhafte Inseln wie Perlen an einer Kette aneinander reihen, oder an der westlichen Golfküste und den Inseln im Golf von Thailand – überall im südlichen Thailand erfüllt sich für viele Besucher die Idealvorstellung von einer tropischen Landschaft: dschungelbedeckte, schroffe Bergketten, malerische Fischerboote mit plakativen Farben, idyllische Buchten, vorgelagerte Koralleninseln und vor allem von Kokospalmen gesäumte Bilderbuchstrände mit puderzuckerfeinem Sand. Diese zählen zu den schönsten Asiens, wenn nicht gar der Welt. Zu den attraktivsten Ferienregionen Thailands gehören auch die Inseln Phuket und Ko Samui. Doch hat der Tourismus vielerorts im Süden noch gravierender in das Leben der Einheimischen eingegriffen als anderswo. Mehr als andere Reiseziele in Thailand haben die Ferienregionen des Südens alle Vor- und Nachteile touristischer Entwicklung mitgemacht. Der Tourismus bringt Geld ein, wirft aber im Süden auch ökologische Probleme auf: Es gilt der Müllberge Herr zu werden und für eine vernünftige Abwasseraufbereitung zu sorgen.

Im Süden ist vieles anders.

Allein schon wegen seiner Form – ein schmaler Streifen von etwa 1000 km Länge auf der Malaiischen Halbinsel, die an ihrer engsten Stelle gerade noch 40–50 km breit ist – unterscheidet sich der Süden deutlich vom Rest des Landes. Anders sind aber auch das Klima sowie die Geschichte, Kultur, Sprache und Religion der dort lebenden Menschen. Mit weniger als 15 Prozent Anteil an der Gesamtfläche Thailands ist der Süden die kleinste Region. Die Reisproduktion dient hier meist nur der Selbstversorgung. Es werden Kokosnüsse und Südfrüchte angebaut. Nahe der Grenze zu Malaysia gibt es Gummibaumplantagen.

Einheit in Vielfalt – die Bevölkerung Thailands

Noch niemals ernsthafte Rassenkonflikte

Das Königreich Thailand hat rund 67 Millionen Einwohner. Die durchschnittliche Bevölkerungsdichte von 130 Einwohnern pro Quadratkilometer ist im internationalen Vergleich nicht sonderlich hoch, aber regional sehr unterschiedlich. Während die Bergregionen des Nordens und Westens nur dünn besiedelt sind, drängen sich in bevorzugten Siedlungsgebieten, wie zum Beispiel dem Becken des Mae Nam Chao Phraya, bis zu weit über 1000 Menschen auf einen Quadratkilometer. Größte Stadt und Mittelpunkt aller politischen und wirtschaftlichen Aktivitäten ist die Hauptstadt Bangkok mit je nach Jahreszeit 7 bis 9 Millionen Einwohnern allein in ihrem Kerngebiet. Zweitgrößte Stadt und wirtschaftliches Zentrum des Nordens ist Chiang Mai mit etwa 350 000 Einwohnern. Obwohl rund 80 Prozent der Landesbewohner ethnische, also »echte« Thai (Tai) mit relativ einheitlicher Kultur sind, gibt es in den einzelnen Landesteilen Minoritäten, die ihre kulturelle Identität weitgehend bewahrt haben. Ernsthafte Rassenkonflikte hat Thailand in seiner Geschichte niemals erlebt.

Die Thai

Vorfahren aus Südchina

Die Vorfahren der Thai, die Tai wie sie von Anthropologen bezeichnet werden, breiteten sich zwischen dem 7./8. und 13. Jahrhundert von ihrem Königreich Nan Chao in der heutigen südchinesischen Provinz Yunnan (wo heute noch viele Tai leben) über weite Teile des jetzigen Thailand aus. Sie verdrängten die Mon und die Khmer, die dort blühende Reiche errichtet hatten, nahmen aber deren Kulturtraditionen auf und entwickelten sie weiter. Vom Königreich Sukhothai an bis zum heutigen Tag sind sie die staatstragende, das gesellschaftliche und politische Leben bestimmende Gruppe.

Sonnenuntergang auf der Insel Phuket

Trotz aller Ähnlichkeiten sind die Thai nicht ganz die große homogene Gemeinschaft, als die sie auf den ersten Blick erscheinen. Sie zerfallen in mehrere Einzelgruppen, die unterschiedliche Dialekte sprechen und ihre eigenen Traditionen haben. Die vier Hauptgruppen – die Bewohner der Zentralebene, die Thai des Nordens, Nordostens und Südens – entsprechen den wichtigsten geografischen Regionen des Landes.

Zentral-Thai

Vor allem die Zentral-Thai *(thai klaang)* aus der Region zwischen Sukhothai und Chumphon, dem »Tor zum Süden«, waren in der Landesgeschichte politisch und ökonomisch stets dominierend. Sie lebten in der Vergangenheit in feudal strukturierten Gesellschaften, in denen sich das Wertesystem, die Etikette und der Sinn für Ästhetik entwickelten, die heute noch das gesellschaftliche Leben prägen. Die Zentral-Thai sprechen das Standard-Thai, die Schulsprache.

Nord-Thai

Die Nord-Thai *(thai nüa),* auch Tai Yuan genannt, leben vor allem in Chiang Mai und anderen Städten Nordthailands. Ähnlich wie die Menschen im zentralen Thailand legen sie großen Wert auf ausgefeilte gesellschaftliche Umgangsformen.

Thai-Lao und Thai-Khmer

»Wir sind Laoten, aber thailändische Staatsbürger«, pflegen die Thai-Lao oder *khon isaan* im bitterarmen Nordosten Thailands zu sagen. Die Menschen des Isaan haben ihre eigene »nordöstliche« Identität entwickelt, die sie von den Thai in den anderen Landesteilen unterscheidet. In ethnischer, kultureller und sprachlicher Hinsicht stehen sie den Laoten von jenseits des Mekong näher als den Thai der Zentralebene. Ihre wohlhabenderen Landsleute in Bangkok und anderen Regionen betrachten die Isaan-Menschen etwas von oben herab als »unkultivierte Vettern vom Lande«, schätzen sie aber zugleich wegen ihres Fleißes. Die ebenfalls im Nordosten, vorwiegend in der an Kambodscha grenzenden Provinz Surin, lebenden Thai-Khmer sind sprachlich und kulturell von Kambodscha beeinflusst.

Süd-Thai

Heimat der als temperamentvoll geltenden Süd-Thai *(thai phak)* ist die Region südlich von Chumphon. Sie haben eine dunklere Hautfarbe und sprechen einen für Thailänder aus anderen Landesteilen oft schwer verständlichen Dialekt. Ohne großen Wert auf Etikette und Höflichkeitsformeln zu legen, leben und handeln die Süd-Thai im Unterschied zu ihren Landsleuten auf eine sehr direkte, geradlinige Art und Weise.

Ethnische Minderheiten der Tiefländer

Chinesen

Die größte ethnische Minderheit, etwa 10 Prozent der Gesamtbevölkerung, sind die Chinesen, deren Vorfahren schon lange vor den Tai ins Land kamen, um Handel zu treiben. Sie ließen sich zuerst an den Küsten des Südens nieder, später siedelten sie auch in anderen Regionen. Die Hochphase der chinesischen Einwanderung fiel aber erst ins 19. und frühe 20. Jahrhundert, als die Abschaffung von Sklaverei und Leibeigenschaft einen großen Bedarf an Arbeitskräften nach sich zog. Stets herrschte in Thailand ethnische und kulturelle Toleranz: Das chinesisch-thailändische Zusammenleben gilt als ein Musterbeispiel erfolgreicher und friedlicher Assimilation. Die enge Verwandtschaft der Thai mit den

Chinesen ermöglichte eine weitgehende Verschmelzung, sodass es manchmal schwierig ist, die Chinesen als eigenständige ethnische Gruppe auszumachen. Im Unterschied zu manchen Nachbarländern mussten die Chinesen in Thailand nie abgekapselt von ihrer nicht-chinesischen Umwelt leben. Nichts steht der Schließung von Mischehen im Wege, die in Thailand auf allen sozialen Ebenen zu finden sind. Thailands ehemaliger Premierminister Thaksin Shinawatra stammt von Chinesen ab, ebenso zahlreiche Minister und Generäle sowie die Direktoren der meisten Banken und Großunternehmen.

Malaien

Die nächstgrößere Gruppe unter den ethnischen Minderheiten des Tieflands sind Menschen malaiischer Abstammung, die dem muslimischen Glauben sunnitischer Richtung anhängen. Sie stellen etwa 5 Prozent der Bevölkerung und konzentrieren sich größtenteils in den vier Südprovinzen Pattani, Narathiwat, Satun und Yala nahe der malaysischen Grenze. Traditionell fühlen sich viele Thai-Muslime mit dem nahen islamischen Nachbarland Malaysia enger verbunden als mit dem weit entfernten Bangkok.

Vietnamesen und Kambodschaner

Zu den in den Tiefländern lebenden Nicht-Thai zählen auch Vietnamesen, die sich in den 1950er Jahren im Nordosten ansiedelten, um den Kämpfen gegen die Franzosen in ihrem Land zu entrinnen, sowie Hunderttausende Kambodschaner, von denen viele nach dem vietnamesischen Einmarsch in Kambodscha im Jahre 1979 über die Grenze flüchteten. Vietnamesen und Kambodschaner stellen zusammen mit den Nachfahren der Mon etwa 3,5 Prozent der Bevölkerung.

Inder

Vor allem im Stadtbild von Bangkok fallen Inder auf, die oft noch ihre traditionelle Kleidung tragen und durch ihre dunklere Hautfarbe zu erkennen sind. Meist sind sie dort schon seit Generationen ansässig. Heute ist Thailand die Heimat von rund 100 000 Menschen indischer Abstammung, zumeist Sikhs und Hindus aus dem Punjab, dem Nordwesten Indiens. Viele leben in Bangkoks

Entbehrungsreiches Leben, Akhakinder in ihrem Bergdorf

Stadtteil Pahurat. Ihre Domäne ist traditionell der Handel mit Stoffen und Edelsteinen. Seit der Teilung des indischen Subkontinents sind zudem zahlreiche Menschen aus Pakistan nach Thailand eingewandert. Wie die thailändischen Muslime malaiischer Herkunft gelten die Thailänder indischer und pakistanischer Abstammung nicht als »echte« Thai, denn sie sind keine Buddhisten. Allgemein bezeichnet man die im Lande lebenden Hindus oder Muslime als *khääk* – »Gäste«.

Illegale Einwanderer

Schätzungen zufolge leben in Thailand mehr als 2 Millionen illegale Einwanderer, zumeist Burmesen, aber auch Laoten, Bangladeshi und Nepalesen. Bei ihnen handelt es sich in der Regel um Wirtschaftsflüchtlinge, die in Thailand auf bessere Verdienstmöglichkeiten hoffen. Als illegale ausländische Arbeitnehmer werden sie durchweg in schlecht bezahlten Branchen, den so genannten *Three-D-Jobs (dirty, dangerous, degrading),* eingesetzt, für die sich keine thailändischen Arbeiter finden.

Ethnische Minderheiten der Bergländer

Stadtmenschen und Bergmenschen

Bunt geht es zu im hohen Norden Thailands. Neben den ethnischen Thai, die im Norden *khon muang* (»Stadtmenschen«) heißen, beherbergt die Region »Bergmenschen« oder *chao khao,* die ein entbehrungsreiches Leben führen. Diese ethnischen Minderheiten, die im Verlauf ihrer konfliktreichen Geschichte dem Druck mächtigerer Völker weichen mussten oder von Kriegen und Diktaturen hin- und hergetrieben worden sind, gliedern sich in drei Hauptsprachgruppen: die austro-asiatische, die gewöhnlich unterhalb der 1000 m Höhenlinie, sowie in die sino-tibetische und tibeto-birmanische, die gewöhnlich über dieser siedeln. Zusammen stellen sie etwa 1,5 Prozent der thailändischen Gesamtbevölkerung.

Die austro-asiatische Urbevölkerung

Im Verlauf ihrer Wanderung nach Süden assimilierten die Vorfahren der heutigen Thai die aus austro-asiatischen Mon-Khmer-Stammesverbänden bestehende Urbevölkerung oder drängten diese in bergige Rückzugsgebiete ab. Dort begannen die Ureinwohner, zu denen als Hauptgruppe die Lawa gehören, dem Dschungel das Land für ihre Dörfer und Felder abzuringen. Gemeinsam ist allen Bergvölkern der austro-asiatischen Sprachfamilie eine sesshafte Lebensweise in den Tälern der Höhenlagen zwischen 300 und 1000 Metern mit einfachen Formen der Landwirtschaft, vorwiegend Anbau von Nassreis sowie Viehzucht und Fischfang als Wirtschaftsgrundlage. Das Siedlungsgebiet der Lawa erstreckt sich südlich von Chiang Mai. Nur noch vereinzelt blieb ihre alte Mon-Khmer-Kultur unverfälscht erhalten. Verbreiteter ist eine Anpassung an die Lebens- und Wirtschaftsformen ihrer Thai-Nachbarn, mit denen sie sich zunehmend vermischen.

Sino-tibetische und burmesische Völker

Die Vorfahren der Völker, die zu den sino-tibetischen und tibeto-birmanischen Sprachfamilien gehören, siedelten meist erst vor etwa 150 bis 200 Jahren, aus Burma, China und Tibet kommend, in bislang unzugänglichen Berggebieten im Norden des Landes. Zu diesen ethnisch stark gegliederten Völkern gehören als bedeutendste Untergruppen die Akha, Hmong, Karen, Lahu, Lisu und Yao, die nördlich von Chiang Mai leben. Zusammen bilden sie ein buntes Mosaik von etwa zwei Dutzend verschiedenen Minderheiten, die in der geografischen Isolation der nordthailändischen Bergwelt bis heute viele ihrer kulturellen Eigenheiten bewahrt haben. Größtenteils leben die Bergvölker in verstreuten, lose organisierten dörflichen Gemeinschaften, die wirtschaftlich weitgehend autark sind. Sie besitzen ein hoch entwickeltes Sozialsystem, in dem der Rat der Ältesten eine bedeutende Rolle spielt. Ein Kennzeichen ihrer vorwiegend auf Bergkämmen errichteten Dörfer sind meist ebenerdig gebaute, große Holzhäuser, in denen manchmal mehrere Familien leben. Viele Bergvölker demonstrieren ihre kulturelle Identität durch unterschiedliche Stammestrachten.

Minderheitenpolitik

Für die Regierung in Bangkok sind die »Bergmenschen« ebenso Bürger des Königreiches wie alle anderen auch. So werden die Bergvölker durch Regierungsprogramme immer mehr in das Leben der Nation einbezogen. Doch schon allein im Interesse des Fremdenverkehrs – der Trekkingtourismus in den Bergen des Nordens ist ein bedeutender regionaler Wirtschaftsfaktor – ist man aber bemüht, es nicht zu einer »Thaiisierung« der Bergstämme kommen zu lassen, sondern deren kulturelles Erbe zu bewahren.

INFO

Grünes Trekking in Nordthailand

Durch den Bau von Straßen sind heute viele Dörfer der Bergvölker bequem erreichbar. Doch immer noch ist die schönste Art, in die Bergdörfer zu kommen, die schweißtreibendste: Trekking. Obwohl der Trekking-Tourismus im Norden Thailands schon seit geraumer Zeit floriert und viele Dörfer bereits auf Besucher eingestellt sind, erscheint eine Wanderung in den Bergen Nordthailands doch wie ein Zeitsprung in eine andere Welt. Der Trekking-Tourismus hat zwar bisweilen die Lebensgemeinschaften in den Bergdörfern verändert, ihnen aber auch neue Einkommensmöglichkeiten erschlossen, was die Lebensqualität vielerorts deutlich verbessert hat. Verantwortungsvolle Tourunternehmer haben eine Art »sanften«, sozial- und umweltverträglichen Trekking-Tourismus entwickelt, der Abenteuer mit Naturerkundung und Völkerverständigung verbindet. Englischsprachige einheimische *guides* unterrichten die Wanderer während des Treks über Sitten und Gebräuche der Hochlandvölker, über Flora und Fauna. Abseits der Touristenzentren ist ein guter Führer unentbehrlich, weil die Orientierung im zerklüfteten Bergland oft nicht einfach ist und vor allem auch, weil nicht in jedem Dorf jemand zu finden ist, der Thailändisch spricht, geschweige denn Englisch. Zudem trug die inflationäre Entwicklung bei den Trekking-Touren dazu bei, dass Fremde längst nicht mehr in jedem Bergdorf willkommen sind. Bei mehrtägigen, gut organisierten Treks wandert man in Kleingruppen von sechs bis maximal zehn Teilnehmern und übernachtet in den einfachen Pfahlbauten der Einheimischen. Bei gemeinsamen Abendessen mit den Dorfältesten lernen die Trekker hautnah die traditionelle Lebensweise ihrer Gastgeber kennen.

Das »Land der Freien«

»Stolz können wir Thai unser Königreich ›Land der Freien‹ nennen. Dass diese Unabhängigkeit aber kein Geschenk des Himmels ist, zeigt ein Blick in die Geschichte. Immer mussten wir unsere Freiheit verteidigen.«
Kukrit Pramoj (ehemaliger thailändischer Premierminister)

Im Zeitraffer durch Thailands Geschichte

Die Anfänge

Ab ca. 5000–4000 v. Chr.: Erste Besiedlungsspuren im Gebiet des heutigen Thailand. Kunstvoll bemalte Tongefäße und Bronzegegenstände, die man bei Grabungen im nordostthailändischen Ban Chiang zu Tage förderte, belegen, dass Thailand eine Wiege der asiatischen Zivilisation war.

Um 250 v. Chr.: Der indische Kaiser Ashoka entsendet buddhistische Mönche nach Südostasien, um die Lehre Siddharta Gautamas zu verbreiten.

Frühe Reiche

6.–10. Jahrhundert: Im Gebiet des heutigen Zentralthailand bilden aus dem burmesischen Raum stammende Mon-Völker das Dvaravati-Reich mit der Hauptstadt Lopburi. Tai-Stämme, ursprünglich in südlichen und südwestlichen Regionen des heutigen China beheimatet, wo sie um die Zeitenwende das Königreich Nan Chao gründeten, werden ab dem 7./8. Jahrhundert nach Süden abgedrängt und formieren sich in Nachbarschaft der Mon zu kleinen Stadtstaaten.

Begegnung mit der Vergangenheit, vor dem Wat Phra Kaeo in Bangkok…

… und am Khmer-Tempel in Phimai/Isaan

8.–13. Jahrhundert: Der Süden Thailands befindet sich im Einflussbereich des buddhistischen Königreichs Sri Vijaya, das von Südsumatra aus weite Teile des heutigen Indonesiens und der Malaiischen Halbinsel beherrscht.

10.–13. Jahrhundert: Die mit den Mon verwandten Khmer beherrschen von Kambodscha aus ein Reich, das einen Großteil des heutigen Thailand einschließt. Der Mongolen-Herrscher Kublai Khan erobert das Nan-Chao-Reich und löst eine weitere Wanderwelle der Tai in südliche Richtung aus. Die Tai-Stämme verdrängen die Mon und die Khmer, übernehmen von ihnen aber die buddhistische Religion und Kultur. Fürst Mengrai vereinigt die einzelnen Tai-Enklaven zum Lan-Na-Reich (»Land der Million Reisfelder«) mit der Hauptstadt Chiang Mai.

Das Königreich Sukhothai

1238: Intharathit, ein Stammesführer der Tai, schüttelt die Herrschaft Angkors ab und gründet das erste unabhängige Tai-Königreich mit Sukhothai als Hauptstadt.

1277–1317: Während der Blütezeit von Sukhothai umfasst das Reich unter König Ramkhamhaeng, der heute noch als »Vater Thailands« verehrt wird, fast das gesamte Gebiet des heutigen Thailands mit Ausnahme des Lan-Na-Reichs im Norden. König Ramkhamhaeng erklärt den Theravada-Buddhismus zur Staatsreligion und entwickelt ein eigenes Schriftsystem für die Tai-Sprache. Sukhothai wird zur Wiege der thailändischen Kultur.

Das Königreich Ayutthaya

um 1350: Ein aufständischer Prinz erobert Sukhothai und gründet nördlich des heutigen Bangkok Ayutthaya als seine Hauptstadt, wo er als König Rama Thibodi I. regiert.

INFO

Der Name Siam

Die Khmer bezeichneten die von Norden her eingewanderten Tai aufgrund ihrer Hautfarbe als *Shyama*. Aus diesem Sanskrit-Begriff, der »dunkel« bedeutet, formte sich Mitte des 14. Jahrhunderts der Name des Königreichs von Ayutthaya: Syam oder Sayam. Der englische Kaufmann James Lancaster prägte 1592 die erste bekannte englische Schreibweise dieses Wortes – Siam.

Gottkönigtum und absolute Monarchie im alten Siam

INFO

Ursprung der absoluten Monarchie: Nach der endgültigen Unterwerfung des einst so mächtigen und vorbildhaften Khmer-Reiches im Jahre 1431 übernahmen die siamesischen Könige nicht nur das Hofzeremoniell und wesentliche Elemente des kambodschanischen Kunstempfindens, sondern auch die Vorstellung der Angkor-Herrscher vom Gottkönigtum *(devaraja)*, welches die absolute Monarchie begründete. Die Khmer betrachteten den König als Inkarnation eines Hindu-Gottes, in der Regel Vishnus oder Shivas. Da sie das Religions- und Herrschaftskonzept der Khmer für gut befanden, übernahmen die Ayutthaya-Könige deren Auffassungen, wobei sie buddhistische und hinduistische Vorstellungen verbanden. Ihrer Machtausübung wurde somit das Siegel himmlischer Legitimität aufgedrückt, und die Herrscher konnten göttliche Verehrung noch zu Lebzeiten beanspruchen. Während in den Vorgängerreichen die Aufgaben der Herrscher vorwiegend weltlicher Natur waren und sich ihre Untertanen jederzeit mit ihren Nöten an sie wenden konnten, standen die Ayutthaya-Könige als Bevollmächtigte des Himmels hoch über dem gemeinen Volk. Da ihre Herrschaft auf religiösen Grundlagen basierte, konnte sie uneingeschränkt und nahezu unkontrolliert ausgeübt werden. Aus dem väterlich-gütigen Herrscher der Sukhothai-Periode, der auf die Stimme des Volkes hörte, wurde der absolute Monarch, dem als »Großmeister allen Lebens« *(chao maha djivit)* die Macht über Leben und Tod seiner Untertanen zustand.

Spiegelbild des hinduistischen Universums: Die soziale und politische Ordnung des Reiches Ayutthaya war symbolisch als ein Modell des hinduistischen Universums aufgebaut, in dessen Zentrum sich als Sitz der Götter der heilige Berg Meru erhob. Analog dazu wurde die Hauptstadt als Mittelpunkt des Landes angesehen, der Königspalast als Spiegelbild des heiligen Berges. Der König auf seinem Thron wurde mit dem hinduistischen Götterkönig Indra identifiziert, der von der Spitze des Berges Meru aus regiert. Eine Hierarchie von Fürsten und Beamten spiegelte das erhabene Gefolge wider, das Indra dient. Wie die Götter des Meru galten die Palastbewohner, die Frauen und Kinder des Königs sowie die hohen Hofbeamten, als sakrosankt. Vor dem König musste die höchste Ehrerbietung gewahrt werden. Kein Bürger durfte ihm ins Antlitz schauen. Strenge Vorschriften regelten die Art den König anzusprechen oder über ihn und seine Handlungen zu reden. Daraus entwickelte sich schließlich eine eigene Hofsprache, die sich bis zur Unverständlichkeit von der Umgangssprache unterschied. Im Lauf der Zeit nahm der Herrscherkult groteske Formen an. So durften zum Beispiel niedere Beamte oder Diener bei Androhung der Todesstrafe die heiligen Personen nicht berühren. Diese Vorschrift führte noch 1880 zum tragischen Tod der Gemahlin von König Chulalongkorn und drei ihrer Kinder, die bei einem Bootsunglück auf dem Mae Nam Chao Phraya ertranken, weil keiner ihrer Begleiter sie zu retten wagte.

ab 1370: Das Reich Sayam (Siam), wie Thailand damals heißt, entwickelt sich zum mächtigsten Staat in ganz Südostasien.

1431: Die Siamesen erobern Angkor und übernehmen das Hofzeremoniell, Gesetze der Khmer-Kultur und vor allem die Vorstellung der Angkor-Herrscher vom Gottkönigtum, welches die absolute Monarchie begründet.

1592: König Naresuan vertreibt die Burmesen aus Ayutthaya, die 15 Jahre zuvor die Stadt erobert und geplündert hatten. Unter den Königen Naresuan (1590–1605) und Narai (1656–1688), den bedeutendsten Herrschern der Ayutthaya-Dynastie, errichten zunächst Portugiesen, später Spanier, Franzosen, Engländer und Holländer Handelsniederlassungen in Ayutthaya.

1767: Ende des »Goldenen Zeitalters«, als burmesische Truppen Ayutthaya brandschatzen, plündern und verwüsten. Bis zum heutigen Tag empfinden die Thai die Zerstörung der alten Königsstadt als größte nationale Katastrophe in ihrer Geschichte.

Der Aufstieg der Chakri-Dynastie

1768: General Taksin vertreibt die Burmesen und lässt sich in Thonburi, der heutigen Schwesterstadt von Bangkok am westlichen Ufer des Mae Nam Chao Phraya, zum König krönen.

Heldengedenken: furioser Ritt auf einem Wasserbüffel gegen die Burmesen, Ban Rachan, 1767

Unvergessen bis heute: Rama V.

1782: General Phraya Chakri, der Stammvater des heutigen thailändischen Herrscherhauses, entmachtet Taksin, besteigt als Rama I. den Thron und verlegt seine Residenz nach Bangkok. Als Erbe der Ayutthaya-Monarchie sieht er seine Aufgabe darin, Größe und Glanz des alten Reiches wieder aufleben zu lassen. Unter seiner Regentschaft (1782–1809) entstehen der prachtvolle Royal Grand Palace und der Königstempel Wat Phra Kaeo. Mit Feldzügen gegen Kambodscha und Laos erweitert Rama I. die Machtsphäre Siams.

1809–1824: Rama II. annektiert das malaiische Sultanat Kedah.

1824–1851: Während der Regierungszeit von Rama III. wird im Wat Pho in Bangkok die erste Universität des Landes gegründet.

1851–1868: Rama IV. (König Mongkut) wendet durch kluge Bündnispolitik, welche die Rivalität zwischen England und Frankreich nutzt, die Gefahr der Kolonialisierung ab. Unter der Regentschaft des fortschrittlichen Herrschers vollzieht sich die revolutionäre Wandlung des Bildes vom Gottkönig zu dem einer Vaterfigur.

1868–1910: Rama V. (König Chulalongkorn), ein passionierter Reformer, schafft die Sklaverei ab, modernisiert die Infrastruktur und führt ein weltliches Erziehungssystem ein. Trotz des von ihm entwickelten, an westlichen Vorbildern orientierten Staatskonzepts und aller anderen Neuerungen bildet weiterhin der konservative Theravada-Buddhismus das Fundament des Königreichs. Neben dem jetzigen König Bhumipol ist König Chulalongkorn der am meisten verehrte aller Thai-Könige. Am 23. Oktober, seinem Todestag, legen Tausende Menschen vor seinem Reiterstandbild nahe der Thronhalle in Bangkok Blumengebinde nieder.

Thailand in der ersten Hälfte des 20. Jahrhunderts

ab 1910: Da Rama VI. das umfassende innenpolitische Reformprogramm seines Vorgängers nicht konsequent weiterführt, stellen immer mehr Thailänder das absolutistische Regierungssystem in Frage.

1932: Am 24. Juni wird nach einem unblutigen Staatsstreich jüngerer Offiziere und Intellektueller die absolute Monarchie abgeschafft und König Prajadibok bzw. Rama VII. (1925–1935) zum konstitutionellen Monarchen »degradiert«. Die Reformer spalten sich in ein ziviles und ein militärisches Lager, eine Spaltung, die bis heute in der thailändischen Politik von Bedeutung ist.

1938: Ein Militärputsch beendet die kurze Periode der Demokratisierung.

1939: Während der Militärdiktatur unter General Phibul Songkram wird die Pan-Thai-Doktrin wieder belebt, welche die Vereinigung aller Tai-Völker in einem Großreich unter der Führung von Bangkok anstrebt. Siam wird offiziell in Thailand (»Land der Freien«) umbenannt.

1942–1945: Thailand wird von japanischen Truppen besetzt und erklärt als Verbündeter Japans Großbritannien und den USA den Krieg. Nach Kriegsende Abschluss von Friedensverträgen mit den Alliierten.

Brücke am Kwai, unter japanischer Besatzung im Zweiten Weltkrieg erbaut, legendär geworden durch David Leans Spielfilm von 1957

Nach dem Zweiten Weltkrieg

1946: Nach dem mysteriösen Tod von Rama VIII. besteigt König Bhumipol Adulyadej (Rama IX.), heute dienstältester Monarch der Welt, den Thron. In den Folgejahren werden Phasen der Demokratisierung immer wieder von Zeiten unterbrochen, in denen der Premierminister mit beinahe diktatorischer Macht regiert.

1955–1975: An der Seite der USA beteiligt sich Thailand am Koreakrieg. Angesichts der angespannten Lage in Vietnam, Laos und Kambodscha bindet sich Thailand ab Ende der 1950er Jahre noch stärker an die USA. Während des Vietnamkrieges von 1964 bis 1975 gestattet die thailändische Regierung den USA gegen umfangreiche Wirtschaftshilfe die Errichtung militärischer Stützpunkte vor allem im Nordosten des Landes, von wo aus US-Bomber Luftangriffe auf Ziele in Indochina fliegen.

1971: Nach Demonstrationen von Kriegs- und Diktaturgegnern löst Feldmarschall Thanom Kittikarchorn das Parlament auf und verhängt das Kriegsrecht. Viele Oppositionelle, vor allem Studenten, wenden sich dem Kommunismus zu und gehen in den Untergrund.

1973: Studentendemonstrationen und die Intervention von König Bhumipol führen zum Sturz des Militärregimes und zu demokratischen Reformen.

1976: Ein Putsch gegen die gewählte Regierung beendet die Reformphase.

1980–1988: Unter der Regierung von General Prem Tinsulanonda stabilisiert sich zwar die politische Situation, Thailand ist jedoch immer noch weit entfernt von einer Demokratie nach westlichem Muster, da der Einfluss des Militärs auf das politische Geschehen weiterhin groß ist.

1992: Die Unzufriedenheit über das Demokratiedefizit führt zu Massendemonstrationen. Nach der verfassungswidrigen Ernennung von General Suchinda Kraprayoon zum Premierminister kommt es zu Unruhen in Bangkok, die vom Militär brutal niedergeschlagen werden. Nach Intervention von König Bhumipol tritt Suchinda Kraprayoon zurück. Anand Panyarachun wird Interims-Premierminister.

Auf dem Weg ins 21. Jahrhundert

1993–1995: Die neue Thai-Demokratie beginnt Wurzeln zu schlagen. Unter Premierminister Chuan Leekpai verabschiedet das Parlament eine demokratische Verfassung.

1995: Banharn Silapa-archa wird neuer Premierminister. Mit Bildung seines Kabinetts löst erstmals seit über 60 Jahren ein gewählter ziviler Premier einen ebensolchen Vorgänger ab.

1996: Nach vorgezogenen Parlamentswahlen wird Chavalit Yongchaiyudh Premierminister.

1997: Die einst boomende thailändische Wirtschaft gerät an den Rand des Kollapses. Vereinbarung über ein internationales Hilfskreditpaket für Thailand. Chuan Leekpai löst Chavalit Yongchaiyudh als Premierminister ab.

2001: Am 6. Januar gehen der Multimilliardär Thaksin Shinawatra und dessen Partei *Thai Rak Thai* (»Thai lieben Thai«) bei Neuwahlen als klare Sieger hervor.

2002: Die wirtschaftliche Talfahrt ist beendet. Die Wachstumsrate stabilisiert sich bei rund 5 Prozent.

2003: Während einer dreimonatigen Kampagne gegen Drogenhändler werden nach amtlichen Angaben 2500 Menschen erschossen.

2004: Beginn einer Gewaltwelle am 3. Januar im überwiegend muslimischen Süden Thailands; die Regierung verhängt am Folgetag das Kriegsrecht über die Provinzen Narathiwat, Pattani und Yala.

26. Dezember: Ein verheerender Tsunami, ausgelöst durch ein Seebeben im Indischen Ozean, reißt in südthailändischen Tourismus-Hochburgen Tausende von Menschen in den Tod.

2005: Die Parlamentswahlen vom 2. Februar bestätigen die Regierung Thaksin Shinawatra, obwohl man dem Premierminister vorwirft, sein politisches Amt zu missbrauchen, um sich und seiner Familie wirtschaftliche Vorteile zu verschaffen.

2006: Am 9. Juni feiert man in Bangkok mit überwältigendem Prunk das 60-jährige Thronjubiläum von König Bhumipol Adulyadej (Rama IX.).

19.–23. September: Nach dem so genannten »seidenen Putsch«, dem 20. Militärputsch in der Geschichte des Landes seit dem Ende der absoluten Monarchie, erklärt das Oberkommando der Streitkräfte die Regierung Thaksin Shinawatra für abgesetzt.

13. Oktober: Drei Wochen nach dem Putsch setzt die Militärführung mit Billigung von König Bhumipol Adulyadej ein neues Parlament ein.

2007: Am 23. Dezember – also 15 Monate nach dem Putsch – erteilen die Thailänder der Militärherrschaft eine klare Abfuhr, als bei Parlamentswahlen die von Anhängern des gestürzten Premiers Thaksin Shinawatra gegründete Partei PPP (People's Power Party) einen deutlichen Erfolg erzielt.

2008: Erneute Unruhen gipfeln im Spätherbst in tagelangen Blockaden der beiden größten Flughäfen Thailands und ziehen erstmals auch Touristen in Mitleidenschaft. Schon in den Monaten davor hatten sich Regierungsgegner und Befürworter vor dem Parlament teils blutige Gefechte geliefert, bei denen es mehrere Tote und zahlreiche Verletzte gab. Zu einem vorläufigen Ende der Gewalt kommt es erst, als Thailands Verfassungsgericht die PPP wegen Wahlbetrugs verbietet und der Thaksin nahe Regierungschef zurücktreten muss.

2009/2010: Ob sich unter der neuen thailändischen Regierung etwas grundlegend ändert und ob sich künftig in Thailand eine echte demokratische Regierungsform wird durchsetzen können, bleibt abzuwarten.

INFO

Zwischen konstitutioneller Monarchie und Republik?

Die für Ausländer so schwer verständlichen Szenen spielten sich vor dem Hintergrund des andauernden Kampfes zwischen alter und neuer Macht ab. Die Schlüsselfiguren: der ehemalige Premierminister Thaksin Shinawatra, der durch autokratischen Führungsstil und skrupelloses Geschäftsgebaren die alten, königsnahen Eliten herausforderte und – obwohl 2006 abgesetzt und wegen Amtsmissbrauchs zu einer Haftstrafe verurteilt – immer noch einer der einflussreichsten Männer des Landes ist, und König Bhumipol, die graue Eminenz der thailändischen Politik. Die Ursache des heftigen Gegeneinanders der beiden Lager liegt in einem zukünftigen Ereignis: Was passiert, wenn der über 80-jährige und gesundheitlich angeschlagene König Bhumipol einmal stirbt? Es gibt keinen würdigen Nachfolger, denn sein Sohn, Kronprinz Vajiralongkorn, genießt längst nicht den Respekt, der seinen Vater oftmals befähigte, als Vermittler aufzutreten, brisante Situationen zu entschärfen und das Land wieder auf einen demokratischen Pfad zu lenken. Und die Wunschkandidatin der meisten Thailänder, Kronprinzessin Maha Chakri Sirindhorn, ist nach den strengen Regeln des Königshauses von der direkten Thronfolge ausgeschlossen.
Eine alte Prophezeiung besagt, dass die Ära der Chakri-Dynastie mit dem jetzt amtierenden Rama IX. enden wird. Was danach kommt, lässt die Weissagung offen. Haben die konstitutionelle Monarchie und ihre traditionellen buddhistischen Werte, wie es die meisten Thailänder hoffen, weiterhin Bestand? Oder ist Thailand auf dem Weg zu einer autokratischen Republik, in der die Machthaber tun und lassen, was sie wollen? Der Streit ist noch lange nicht ausgefochten, Thailand steht politisch vor einer ungewissen Zukunft.

Thailand heute: Politik, Wirtschaft, Bildung

»Die Übersetzung von Thailand als ›Land der Freien‹ ist im Grunde genommen irreführend. Es müsste ›Land der Individualisten‹ heißen, und die sind bekanntlich schwer zu regieren.«
Kukrit Pramoj (ehemaliger thailändischer Premierminister)

Generäle geben den Ton an

20 Staatsstreiche und 18 Verfassungen

Als die thailändischen Fernsehanstalten in der Nacht des 19. September 2006 ihr normales Programm durch Bilder des Königs und patriotische Musik ersetzten, war erfahrenen Beobachtern sofort klar, was dies zu bedeuten hatte: Das Militär war eben im Begriff, die Macht mit Waffengewalt aus den Händen des demokratisch gewählten, aber wegen Korruption, Vetternwirtschaft und Polarisierung des Landes in Misskredit geratenen Ministerpräsidenten Thaksin Shinawatra zu übernehmen. Thailands jüngste Geschichte ist geprägt von einer starken Präsenz, bisweilen sogar brutalen Machtentfaltung des Militärs im politischen Leben. Seit der Abschaffung der absoluten Monarchie im Jahre 1932 haben, abgesehen von Perioden der Demokratisierung, fast immer Generäle oder den Militärs nahe stehende Politiker das politische Geschehen in Thailand bestimmt. Zwanzig Staatsstreiche und achtzehn Verfassungen seit 1932 klingen weltrekordverdächtig. Von gewalttätigen Exzessen, zu denen es etwa unter dem Militärregime im Nachbarland Myanmar (Burma) kam und immer noch kommt, ist Thailand jedoch von wenigen Ausnahmen abgesehen verschont geblieben.

Klientelsystem

Wichtiger als die meisten Wahlen erwiesen sich in den letzten Jahrzehnten die alljährlichen Beförderungslisten der Armee, in denen sich die künftigen Machtstrukturen abzeichneten. In der Regel schanzte der jeweilige Oberkommandierende alle einflussreichen Posten seinen ehemaligen Klassenkameraden von der Militärakademie zu. In jeder Absolventenklasse hatte sich meist ein eigenes Klientelsystem verfestigt, das oft auch für eine politische Richtung stand. Wenn nun etwa ein Offizier in einen höheren Rang aufstieg oder ein hohes Regierungsamt anstrebte, zog er seine ihm loyalen, ehemaligen Mitstreiter auf seinem Weg an die Spitze mit. Die Kameraden wiederum unterstützten ihn im Hinblick auf die eigene Karriere nach Kräften. Dies alles funktionierte nach dem Prinzip der deutschen »Seilschaften«.

Allerdings interessierten sich höhere Militärs und Polizeibeamte nicht nur für Politik, sie nisteten sich auch in den Vorständen zahlreicher Finanz- und Handelsgesellschaften ein und wurden durch zum Teil illegale und korrupte wirtschaftliche Machenschaften reich. So machte ein berüchtigter Polizeichef sein Glück im Opiumhandel. Ein General und späterer Premierminister eignete sich ein Vermögen an, indem er Gelder der staatlichen Lotterie abzweigte. Auch heute sind Ex-Militärs aus dem Wirtschaftsleben des Landes nicht mehr wegzudenken. Sie sitzen im Aufsichtsrat der *Thai Airways* oder lenken die riesige Garnelenzucht-Industrie im Süden des Landes, die wegen ihrer Umwelt zerstörenden Praktiken verschrien ist.

Königs Geburtstag in Bangkok

Das Königshaus – Garant innerer Stabilität

Wie ein Halbgott verehrt

Auch wenn die thailändischen Könige ihre Macht als absolute Herrscher 1932 verloren, wird der heutige Monarch, dessen Porträt in der armseligsten Hütte hängt, wie ein Halbgott verehrt. Die Monarchie ist in Thailand keineswegs einfach eine staatliche Institution neben anderen. Als oberster Hüter der nationalen Einheit und Harmonie verkörpert der König das Staatsideal. Als Seele und Säule der Nation hält er das Schicksal jedes Einzelnen und das Wohlergehen des ganzen Landes in seinen Händen. Zudem ist er der große Sicherheitsfaktor in der thailändischen Politik. Ohne die Monarchie, die wie eine Klammer alle Schichten der Gesellschaft zusammenhält, hätte Thailand, das wie seine Nachbarn nicht eben frei von Spannungen sozialer, wirtschaftlicher und auch politischer Natur ist, kaum über Jahrzehnte seinen anhaltenden Erfolgskurs steuern können. Das Königshaus war und ist ein Element der Einheit, Entwicklung und Kontinuität, ungeachtet der mitunter wechselnden Regierungsformen.

Vermittler und ruhender Pol

Der Respekt, den der König genießt, befähigte ihn wiederholt, als Retter der Nation aufzutreten und brisante Konfliktsituationen zu entschärfen. Die Studentenunruhen von 1973 und die Massendemonstrationen von 1992, die schließlich zum Sturz der autoritär regierenden Militärs führten, hätten ohne die Interventionen des Königs leicht im Chaos enden können. Er brachte behutsam, aber mit unanfechtbarer Autorität Regierungen der Versöhnung zustande. So konnte das Königshaus mit seiner jahrhundertealten Tradition Thailand bis heute vor den heftigsten politischen Turbulenzen bewahren und dem Land eine in

Allerorts die Königsfamilie in Überlebensgröße, hier in Udon Thani

der Region nicht selbstverständliche Stabilität verleihen. Dem König ist es auch zu verdanken, dass der jüngste Staatsstreich im September 2006 gegen die in Misskredit geratene Regierung von Ministerpräsident Thaksin Shinawatra ohne jegliches Blutvergießen »sanft wie Seide« verlief. In jeder Krise blicken die Thai auf den König, denn niemand würde es wagen, gegen seinen Willen zu handeln. Selbst linksorientierte Studenten äußerten sich einmal so: »Thailand ist in den Nachwehen des Vietnamkrieges als Dominostein nicht gefallen, weil es Buddha und unseren heiligen König gibt.«

Um das Wohl des Volkes bemüht

König Bhumipol ist jedoch nicht nur der Garant der innenpolitischen Stabilität, als aufgeklärter, volkstümlicher Monarch nimmt er die Sorgen der Armen ernst und setzt sich engagiert für eine bessere Infrastruktur auf dem Lande ein. Er gilt als konsequenter Verfechter des Umweltschutzes. Früher reiste König Bhumipol den größten Teil des Jahres rastlos durch das Land, um sich zum Wohl seiner Untertanen zu engagieren. Weit über 1500 Entwicklungsprojekte in der Landwirtschaft, Wiederaufforstung, Bewässerung sowie im Bildungs- und Gesundheitswesen gehen auf seine Initiative zurück. An die Bergstämme des Nordens ließ er Saatgut für Gemüse, Obst und Blumen verteilen, damit sie den Opiumanbau aufgaben.

Tief verinnerlichtes Gottkönigtum

Das Gottkönigtum ist seit der Ayutthaya-Periode (vgl. S. 28ff.) ebenso wie hinduistische Elemente und die buddhistische Frömmigkeit tief in der thailändischen Mentalität verankert. Beispielsweise breiten Frauen bei Besuchen des Königs in ihren Dörfern Tücher auf seinem Weg aus. Durch bloße Berührung – so glauben sie – verwandelt sein Schuh die Stoffe in geweihte Glücksbringer. In Rahmen gefasst und an den Holzwänden der heimischen Hütte aufgehängt sollen sie der Gnade des königlichen Besuchs Dauer verleihen. Bis in die heutige Zeit haben die Thai ihre althergebrachte Ehrfurcht vor dem König bewahrt und sogar gesetzlich verankert. Wenn sie der Meinung sind, dass ihr Königshaus auch nur im Ansatz verunglimpft wird, hört aller Spaß auf. Nicht erfunden ist die Geschichte von jenem Touristen, der verhaftet wurde, weil er einen wegflatternden Geldschein mit dem Fuß festhielt. Jeder Baht-Schein zeigt nämlich das Bild des Königs, und mit dem Fuß auf jemanden zu zeigen oder gar auf ihn zu treten, gilt als eine der schwersten Beleidigungen. Eine Gefängnisstrafe erhielt auch ein in Chiang Mai lebender Schweizer, der in betrunkenem Zustand Porträts des Königs mit schwarzer Farbe besprühte. Nach thailändischem Recht stehen auf die Beleidigung von König und Königsfamilie bis zu fünfzehn Jahre Haft.

Personenmacht und Machtpersonen

Dualistische Gesellschaftsstruktur

Obwohl im alten Königreich Siam Schuldknechtschaft und Frondienst verbreitet waren, war es keine Sklavenhaltergesellschaft. Vielmehr teilte sich die Gesellschaft in *nai* und *prai,* in jene, die das Recht hatten, Befehle zu geben, und jene, die diese Befehle ausführen mussten, ansonsten aber als freie Bauern ihrer landwirtschaftlichen Tätigkeit nachgehen konnten. Diese dualistische Gesell-

INFO

Das politische System Thailands

Staatsform: Thailand besitzt seit 1932 die Staatsform einer konstitutionellen Monarchie. Staatsoberhaupt, Oberbefehlshaber der Streitkräfte sowie zugleich religiöses Oberhaupt und damit höchste moralische Autorität im Land ist seit dem 9. Juni 1946 König Bhumipol Adulyadej (Rama IX.), der am 5. Mai 1950 offiziell zum König gekrönt wurde. Eine beratende Funktion hat der Kronrat, der vom Monarchen ernannt wird. Kronprinzessin ist Bhumipols Tochter Maha Chakri Sirindhorn, die beim Volk ebenso beliebt ist wie ihr Vater, Kronprinz und designierter Nachfolger der weniger populäre Prinz Vajiralongkorn. Die Verfassung gewährt dem König weitreichende Befugnisse. So kann er zur »Abwendung nationaler Not« Notverordnungen mit Gesetzeskraft erlassen, die allerdings von der Nationalversammlung mit Zweidrittelmehrheit bestätigt werden müssen. Zudem ernennt der König den Premierminister, der Mitglied des Abgeordnetenhauses sein muss, und alle Minister. Kein Gesetz tritt in Kraft, bevor es nicht der König abgezeichnet hat.

Gesetzgebung: Die Nationalversammlung *(Ratha Sapha)*, das oberste gesetzgebende Organ, besteht aus dem Abgeordnetenhaus *(Sapha Poothaen Rassadorn)* mit 500 Sitzen und einer vierjährigen Legislaturperiode sowie dem Senat *(Wuthi Sapha)* mit 200 parteiunabhängigen, in Direktwahl bestimmten Mitgliedern mit einer sechsjährigen Amtsperiode. 400 der Abgeordneten werden in Direktwahl, 100 von ihnen über Parteilisten mit Fünfprozentklausel bestimmt. In Thailand herrscht Wahlpflicht. Wer nicht wählt, verliert sein passives Wahlrecht und das Recht, an Volksbegehren teilzunehmen.

Verwaltungsgliederung: Die vier Großregionen Thailands – Zentralregion, Norden, Nordosten und Süden – sind in 76 vorwiegend nach ihren Hauptstädten benannte Provinzen *(changwat)* unterteilt, die sich wiederum in 795 Bezirke *(amphoe)* gliedern. Die unterste Ebene der Verwaltung bilden gut 7000 Gemeinden *(tambon)* und fast 70 000 Dörfer *(baan)*.

Nationalflagge: Die drei Grundwerte, auf denen Thailands Gesellschaft aufgebaut ist, werden von der Monarchie, dem Buddhismus und von der Nation verkörpert. Die Farben der Nationalflagge Thailands – Rot, Weiß und Blau – spiegeln dies wider: Rot steht für Blut, die Menschen, welche die Nation bilden. Der blaue Streifen steht für die Monarchie und die weißen symbolisieren den Buddhismus.

schaftsstruktur wirkt bis heute in der politischen Kultur der Thai nach: Macht und Autorität werden ehrfürchtig respektiert und Konflikte mit Höhergestellten vermieden. Andererseits ist der Patron seinen Untergebenen gegenüber nicht nur Schutzherr, sondern auch zur Fürsorge verpflichtet. Doch der politischen Elite Thailands wird immer wieder vorgeworfen, ihre eigenen Interessen über die der Gemeinschaft zu stellen und sich auf Kosten anderer zu bereichern, auch wenn dadurch die Lebensgrundlagen der Nation geschädigt werden.

Verflochten: Politik und Wirtschaft

Parlamentarier sind in Thailand in Wirklichkeit oft politische Unternehmer, die in ihre Wahl eine Menge Geld investiert haben und bei jeder Abstimmung im Parlament auf die Mehrung ihres Kapitals um Zins und Zinseszinsen achten. Politik und Wirtschaft sind in Thailand auf lukrative Art so eng miteinander verschlungen, dass die Politiker mehr als zurückhaltend sind, wenn es an die Umsetzung von Reformen geht. Es fehlt der politische Wille, wirklich etwas zu verändern oder gar von der Macht zu lassen. Denn Macht in Thailand bringt schließlich Geld.

Der »Berlusconi Asiens«

Ein besonders drastisches Beispiel für die Verquickung eines politischen Amtes mit persönlichen wirtschaftlichen Interessen lieferte der im September 2006 von den Militärs abgesetzte Ministerpräsident Thaksin Shinawatra. Im Januar zuvor hatte er seine Anteile an dem von ihm gegründeten Unternehmen *Shin Corp.* für knapp 2 Mrd. US-Dollar an Singapurs staatliche Finanzholding *Temasek* verkauft. Kurz vor der Besiegelung des Geschäfts drückte er im Schnellverfahren noch ein Gesetz durchs Parlament, das ihm Steuerfreiheit für den Deal sicherte. Damit hatte Thaksin, über dessen dubiose Geschäfte zuvor schon oft gemunkelt worden war, das Fass zum Überlaufen gebracht. Sein Machtmissbrauch, der die Grenze zwischen Business und Regierungsamt zusehends verschwimmen ließ, löste 2006 die umfangreichsten Protestaktionen in Thailand seit 1992 aus. Vor allem Angehörige des gebildeten, oft westlich orientierten Mittelstands gingen auf die Straße. Sie waren von Thailands stark personalisierter Politik enttäuscht, denn die politischen Parteien des Landes – mit Ausnahme der Demokratischen Partei *(Pak Prachatipat)* vielleicht – unterscheiden sich programmatisch kaum. Sie bestehen meist aus Gefolgschaften (einfluss-) reicher Persönlichkeiten, wie eben im Falle des geschassten Thaksin Shinawatra, des »Berlusconi Asiens«. Ministern und Parlamentariern, für die Politik nicht das »Bohren dicker Bretter«, sondern das »Einstreichen dicker Bestechungsgelder« ist, signalisierte der König häufig und öffentlich seinen Widerwillen. Er zähmte sie, konnte aber die Kumpanei von Politik und Wirtschaft nie zerschlagen.

Kaum Chancen für demokratische Reformen

Schon in den 1970er und 1980er Jahren gab es Rufe nach mehr Mitbestimmung. Es setzten temporäre Entwicklungen ein, die alte Hierarchien aufweichten und Werte wie Gleichheit und Rechtsstaatlichkeit betonten. Doch die Allianz aus Politik, Big Business und Militärs blockte stets ab: »Seht her, es geht doch allen gut. Zu viel Demokratie ist schlecht für die Wirtschaft.« Obwohl die Thai heute mehr Pluralismus und Meinungsfreiheit kennen als ihre Nachbarn, leiden sie immer noch an den »typischen« asiatischen Krankheiten: an Korruption,

Vetternwirtschaft, Stimmenkauf, Wahlmanipulation und staatlicher Willkür. Bis heute benötigt ein Premierminister zuerst den Rückhalt des Militärs, dann die Zustimmung des Königs, der anderen Parteien und der Geschäftswelt. In dieser Aufzählung eines Politologieprofessors der Thammasat-Universität in Bangkok kommt das Volk bezeichnenderweise nicht vor. Seit der Abschaffung der absoluten Monarchie im Jahr 1932 hat Thailand mehr Staatsstreiche als Wahlen erlebt. Und bei den Wahlen gewannen in der Regel diejenigen, welche die meisten Stimmen kaufen konnten. Beim Stimmenkauf benutzen Politiker das System der fein gestaffelten sozialen Hierarchie (vgl. S. 53ff.). Skrupellos profitieren sie vom Respekt ihrer Landsleute gegenüber den Reicheren und Mächtigeren. Arme Thai nehmen das Geld nicht einfach und machen sich davon, sondern sie stimmen pflichtbewusst für den »Wohltäter«. Unabhängige Beobachter stellten bei Wahlen immer wieder strafbare Varianten der Wählerbeeinflussung fest, von Handgeldern über frei ausgeschenkten Mekhong-Whisky bis zu kostenlosen Haarschnitten. Die wenigen integren Politiker, die mit Argumenten statt Wahlgeschenken um Stimmen warben, konnten sich nur selten durchsetzen.

Die Defizite sind im Wertesystem begründet.

Das gesellschaftliche und politische System Europas, verdichtet in der parlamentarischen Demokratie, basiert auf der Grundüberzeugung von der konstruktiven Funktion des Konflikts: Konflikte zwischen Regierung und Opposition, zwischen Arbeitgebern und Arbeitnehmern, zwischen der Presse und der Obrigkeit schützen und mehren den Freiheitsraum der Bürger, sofern diese Konflikte nach vorgegebenen, von der Verfassung und den Gesetzen definierten Regeln ausgetragen werden. Die wirtschaftliche Prosperität schuf in Bangkok eine breite Mittelschicht. Männer und Frauen mit guter Schulausbildung und politischem Bewusstsein fordern mehr Mitsprache bei der Gestaltung des Landes und stellen die dominierende Rolle der Armee in der Gesellschaft mehr und mehr in Frage. Doch haben die Thailänder per se Probleme mit der parlamentarischen Demokratie, weil die Idee des konstruktiven Konflikts mit der eigenen politischen Tradition kollidiert, die auf (oberflächlicher) Harmonie und Konsens gegründet ist und Konflikte als

Niemals aus der Reihe tanzen! Jungakademiker am Königspalast

INFO

Der Krisenherd im Süden

Von den über 3 Millionen thailändischen Muslimen leben drei Viertel im Süden des Landes, vor allem in den vier Provinzen Pattani, Narathiwat, Satun und Yala nahe der Grenze zu Malaysia. Die Bevölkerung dieser einst unabhängigen Sultanate, von Siam im 18. Jahrhundert annektiert, hat immer wieder versucht, sich der Assimilierungspolitik der Regierung in Bangkok zu widersetzen. Einen Höhepunkt erreichten die Unruhen in den 1960er und 1970er Jahren, als viele Separatisten sich der kommunistischen Untergrundbewegung anschlossen. Auch heute ist die kulturelle, sprachliche und familiäre Bindung der Thai-Muslime nach Malaysia viel stärker als etwa nach Bangkok oder auch nur zu ihren thai-buddhistischen Nachbarn. Ein Großteil der Thai-Muslime beherrscht die Thai-Sprache weder in Wort noch Schrift. Von der Zentralregierung fühlen sie sich in politischen, wirtschaftlichen und sozialen Belangen vernachlässigt. Nach einer Reihe von Anschlägen und gewalttätigen Auseinandersetzungen zwischen Regierungstruppen und muslimischen Aufständischen verhängte die thailändische Regierung Anfang Januar 2004 das Kriegsrecht über die drei Provinzen Narathiwat, Pattani und Yala. Auch in jüngerer Vergangenheit wurden Menschen bei Bombenanschlägen verletzt oder getötet, die Zahl der Todesopfer soll bei fast 2000 liegen. Vor allem Soldaten, Polizisten, Beamte, Lehrer und Mönche geraten ins Visier fundamentalistischer Separatisten, da sie die Regierung in Bangkok symbolisieren. Wie sich die Verhältnisse entwickeln und ob die kulturelle Eigenständigkeit der Südprovinzen im Rahmen des thailändischen Staatsverbandes gesichert werden kann, hängt weitgehend vom politischen und sozioökonomischen Kurs der Zentralregierung in Bangkok ab.

»Konfrontation« empfindet, die der unterlegenen Seite unweigerlich das Gesicht raubt. Demokratie in Thailand kann also nur eine spezifische Thai-Demokratie sein, die Elemente der thailändischen Tradition integriert und Verfahrensweisen entwickelt, die den Konfrontationsstil westlicher Demokratien abmildern, aber dennoch ein System der Kontrolle politischer Macht schaffen.

Brutale Strafaktionen gegen »Revolutionäre«

Gemäß der thailändischen Harmonie-Ethik (vgl. S. 53ff.) haben sich alle Mitglieder der Gesellschaft je nach ihren Positionen und Aufgaben so zu verhalten, dass der gesellschaftliche Frieden und die harmonische Einheit gewahrt bleiben. Jeder hat seine Standespflichten zu tun und sollte nicht aufgrund von ambitiösen Plänen und Idealen auf eigene Faust die gegebenen Strukturen verändern wollen. In der thailändischen Ethik ist das Entscheidende nicht, was getan werden soll, sondern wer es zu tun hat. Jeder Stand, und innerhalb seines Standes, jedes Individuum, hat seine Berufung, die ihm bestimmt, was es zu tun hat. So hat ein Reisbauer andere Pflichten als ein Lehrer, und dieser wiederum andere als ein Politiker. Gegen dieses besondere Wirkungsgesetz der Thai-Politik, das zu verstehen einem Ausländer schwer fällt, verstießen im Oktober 1976 einige

Hundert Studenten der Thammasat-Universität, als sie auf eine in den Augen der meisten Thai unzulässige Weise für mehr Freiheitsrechte demonstrierten. Damit provozierten sie ihren Ausschluss aus dem Gesellschaftsverbund. Die darauf folgende blutige Strafaktion des Militärs war in der Empfindungswelt der thailändischen Nation deshalb nur eine konsequente Entscheidung.

Müder Tiger – zwischen Hightech und Unterbeschäftigung

Das thailändische Wirtschaftswunder

Vom Agrar- zum Schwellenland

In den späten 1950er Jahren begann Thailands Metamorphose von einem klassischen Agrarland zu einer Nation an der Schwelle zum Industriestaat. Zugleich wurde das Fundament für einen Großteil des Wirtschaftswachstums gelegt, dessen sich Thailand seither erfreut. Die 1960er Jahre waren geprägt von einer Abkehr vom staatlichen Dirigismus im Wirtschaftsleben und einer großzügigen Förderung privater in- und ausländischer Investitionen. Zugleich wandte die thailändische Regierung hohe Summen für die Infrastruktur auf, etwa für Straßen und Elektrizitätswerke, Stadtentwicklung und Bildungseinrichtungen. Das Resultat war beeindruckend: In den 1960er Jahren konnte Thailands Wirtschaft eine durchschnittliche jährliche Wachstumsrate von über 8 Prozent verzeichnen, ein Wert, der damals in der Region nur von Südkorea übertroffen wurde.

Die Landwirtschaft verliert an Bedeutung.

Die am stärksten expandierenden Wirtschaftszweige waren die verarbeitende Industrie, der Dienstleistungssektor und der Bergbau. Konzentrierte sich die verarbeitende Industrie zunächst darauf, Konsumgüter für den Binnenmarkt zu schaffen, produzierte man später verstärkt Fertigprodukte wie Textilien, Schuhe und elektronische Artikel für den Export. Der Strukturwandel zugunsten der Industrie hatte zur Folge, dass der Agrarsektor seine Bedeutung als Basis der thailändischen Volkswirtschaft verlor. Obwohl heute noch fast die Hälfte der Beschäftigten in der Landwirtschaft arbeitet, werden dort nur noch 10 Prozent des Bruttosozialprodukts erwirtschaftet. Dennoch liefern Thailands Kleinbauern weiterhin genügend Reis für die Ernährung ihrer Landsleute und darüber hinaus einen beachtlichen Überschuss für den Export – Thailand ist weltweit der größte Reisexporteur.

Japanische Investitionen als Katalysator

Als Japan in den 1970er Jahren in Thailand zu investieren begann, erlebte die Wirtschaft einen weiteren Aufschwung. Banken und Luxushotels schossen aus dem Boden, neue Industriebetriebe wurden gegründet, achtspurige Umgehungsstraßen um Bangkok herum gebaut. Das Wirtschaftswachstum im letzten Drittel des 20. Jahrhunderts hat Zigtausende von neuen Arbeitsplätzen im Einzelhandel, im Dienstleistungssektor und in anderen Bereichen geschaffen. Große Zuwachsraten verzeichnete auch der Tourismus, der den Reisexport als erstrangige Devisenquelle ablöste. Der ursprünglich kleine Mittelstand aus chinesischen Geschäftsleuten und thailändischen Beamten wuchs beständig an. Aber nicht alle profitierten vom Wirtschaftswachstum, vor allem nicht die Bauern, die nach wie vor mit wenig effektiven Methoden ihre Felder bestellten.

Tiger auf dem Sprung

Eine Dekade lang, von 1985 bis 1995, wuchs die thailändische Volkswirtschaft schneller als jede andere weltweit: um 10 Prozent pro Jahr. Die Liberalisierung des Finanzmarktes lockte Anleger aus aller Welt an. Vor allem Fonds-Manager aus dem Westen investierten Milliarden in den jüngsten »asiatischen Tiger«, der sich als *Newly Industrialized Country (NIC)* anschickte, das Wirtschaftswunder Hongkongs, Singapurs, Südkoreas und Taiwans nachzuahmen. Damals avancierte Thailand zum wirtschaftlichen Musterschüler in Südostasien. Massenhaft verließen Thailänder, vor allem aus dem verarmten Nordosten, ihre Dörfer, um in Bangkok ihr Glück zu suchen. Die Hauptstadt wurde zur Großbaustelle: Wo Teakvillen zwischen den Reisfeldern standen, türmten sich alsbald neue Einkaufszentren, Hotels und Büropaläste – die Skyline der Stadt veränderte sich fast täglich. Das Hotel *Dusit Thani* ragte noch Ende der 1970er Jahre mit seinen 22 Stockwerken als damals höchstes Gebäude einsam aus dem Häusermeer empor. Wer heute unter dem spitzen Dach der Nobelherberge aus dem Fenster blickt, sieht aufgetürmten Beton rundum. Als verhängnisvoll sollte sich jedoch erweisen, dass die Baukonjunktur zu einem großen Teil auf nicht abgesicherten Auslandskrediten basierte.

Die Wirtschaftskrise von 1997

Der Einbruch

Über viele Jahre hinweg von astronomischen Steigerungsraten verwöhnt, wurde die thailändische Wirtschaft 1997 von einem schweren Schlag getroffen. Mit der so genannten »asiatischen Krise«, die sich mit dem Verfall der Immobilienpreise angekündigt hatte, brach das ökonomische Kartenhaus über Nacht zusammen. Innerhalb weniger Tage fielen die Börsenkurse ins Bodenlose, und die thailändische Währung verlor 50 Prozent ihres Wertes. Westliche Spekulanten verdienten Milliarden Dollar. In Thailand mussten unzählige Firmen Konkurs anmelden. Hunderttausende von Menschen verloren ihren Job.

Moloch Bangkok 1995

Doch es gab auch zahlreiche »hausgemachte« Ursachen

Hausgemachte Ursachen

für den Währungskollaps: Überschuldung, Finanz- und Immobilienspekulation, Korruption, Vetternwirtschaft, Geschäftsabsprachen, Selbstzufriedenheit – kurzum eine allgemeine Misswirtschaft. Die Regierung Chavalit Yongchaiyudh, die sich bislang mehr um die Verteilung persönlicher Pfründe als um eine solide Wirtschaftspolitik gekümmert hatte, versuchte, den drohenden Staatsbankrott durch Steuererhöhungen und massive Kreditaufnahme abzuwenden. Doch der Internationale Währungsfond machte strukturelle Wirtschaftsreformen und vor allem die Sanierung des maroden Bankwesens zur Bedingung für neue Kredite. Nach dem Rücktritt von Chavalit veranlasste die neue Regierung unter Ministerpräsident Chuan Leekpai die Schließung zahlreicher illiquider Geldinstitute sowie eine Abwertung des thailändischen Baht um knapp ein Drittel seines Wertes, was zu einer vorübergehenden Beruhigung der Situation führte. Die schwierige wirtschaftliche Lage dauerte jedoch bis zur Jahrtausendschwelle an und erfasste auch andere asiatische Staaten, vor allem Malaysia und Indonesien. An den Wirtschafts-Crash erinnern heute noch zahlreiche Bauruinen, welche die Skyline von Bangkok »zieren«: Skelettartige Rohbauten, um die sich kein Kran mehr dreht, und die nun in der feuchten Tropenluft verfallen.

Der Weg aus der Krise

Während die Exportwirtschaft schon bald wieder schwarze Zahlen verzeichnete, konnte sich die Binnennachfrage aufgrund des niedrigen Lohnniveaus lange nicht erholen. Zahlreiche Bau- und Industriearbeiter zogen von Bangkok und anderen Städten zurück aufs Land. Viele vormals wohlhabende Menschen verloren einen Großteil ihres Vermögens. Die wirtschaftliche Talfahrt war erst 2002 beendet und die Wachstumsrate stabilisierte sich bei rund 5 Prozent. Vor allem Kleinbetriebe der exportorientierten Leichtindustrie erhielten großzügige staatliche Subventionen mit dem Ziel, die Arbeitslosenquote zu senken und die

Auf dem Weg zur Arbeit, Bauern bei Chiang Mai

Binnennachfrage anzukurbeln. Um im globalen Wettbewerb mit billig produzierenden Nachbarländern wie Vietnam und der Volksrepublik China bestehen zu können, setzte man auf eine weiter gefächerte Produktionspalette für den Export. Neben Textilien und Lebensmitteln lassen mittlerweile vor allem High-Tech-Produkte wie Computer und Computerteile die Devisenkassen klingeln.

Unschöne Folgen – soziale Probleme

Wohlstandsgefälle zwischen Stadt und Land

In Bangkok sieht man die Aufsteiger, die mit dem Mercedes oder BMW ins Büro fahren, die in teuren Appartementhäusern wohnen und Golf im Grünen spielen. Der Graben wird immer tiefer zwischen den Oberen Zehntausend und den einfachen Leuten, die zusammengepfercht im Bus fahren, den Arbeitern und Angestellten, die sich mit einem lächerlichen Lohn zufrieden geben müssen, weil ein Überfluss an Arbeitskräften besteht, den Tagelöhnern, die mit der ganzen Familie in Rohbauten schlafen und jeden Morgen darauf hoffen, dass jemand sie anheuert, den Bauern, die ihre Dörfer verlassen, weil sie ihr Land verloren haben. Das jährliche Pro-Kopf-Einkommen von rund 2500 US-Dollar ist eines der höchsten in Südostasien. Allerdings sagt dieser Durchschnittswert nichts über die tatsächliche Verteilung des Wohlstands im Lande aus. Längst nicht alle Bevölkerungsgruppen haben im gleichen Maß Anteil am Wohlstand. Der wirtschaftliche Boom brachte relativ wenigen Reichtum, den meisten aber nicht das erhoffte Glück. Nutznießer sind in erster Linie die in den Städten lebenden Angehörigen der politischen und wirtschaftlichen Elite, während vor allem ein Großteil der Landbevölkerung weiterhin in sehr ärmlichen Verhältnissen verharrt.

Reisbauern auf Wanderschaft

Da man bei der Wirtschaftsplanung lange Zeit die Interessen der armen Bauern nicht ausreichend berücksichtigt hat, ist das Entwicklungsgefälle zwischen Stadt und Land gravierend. Es braucht nur eine Ernte wegen Trockenheit oder zu viel Regen auszufallen, dann stehen viele kleine Bauern vor dem Ruin. Sie können weder neues Saatgut kaufen, noch die Schulden des Vorjahres bezahlen. Es bleibt ihnen nur die Flucht in die Stadt, in der Hoffnung, dort irgendeine Arbeit zu finden.

Die prekäre Lage vor allem der Bauern im unfruchtbaren Nordosten des Landes erklärt ihren hohen Anteil an der Migration innerhalb Thailands. Zu Beginn der Trockenzeit, nachdem die Reisernte eingebracht ist und es in der Landwirtschaft keine Arbeit mehr gibt, verlassen jedes Jahr Hunderttausende ihre Familien und ziehen auf die Baustellen und in die Fabriken Bangkoks oder anderer großer Städte. Niemand vermag genau zu sagen, wie viele Einwohner Bangkoks Zuwanderer aus der Nordostregion sind. Die meisten von ihnen sind nicht offiziell registriert. Schätzungen zufolge könnten sie etwa die Hälfte der Stadtbevölkerung ausmachen.

Viele Mädchen und junge Frauen vom Lande gehen in den Städten der Prostitution nach, um die Not ihrer Familien zu lindern. Menschen aus dem Isaan

Gegen die gleißende Sonne schützen Kopftuch und lange Ärmel, Reisernte, Phuket

stellen auch einen Großteil der Bediensteten in der Tourismusindustrie des Südens. Ungezählte treibt die Armut ins Ausland. Mit Hilfe teurer Arbeitsvermittler, für die erst einmal der Familienbesitz verpfändet werden muss, werden die Auswanderer in Richtung Singapur, Malaysia, Taiwan, Japan oder in den Nahen Osten verfrachtet, wo sie als Hausmädchen oder Kellnerin, Bauarbeiter oder Lastwagenfahrer Geld verdienen. In manchen Jahren entspricht die Höhe der jährlichen Überweisungen der im Ausland arbeitenden Thai dem Wert des Reisexports des ganzen Landes.

Ohne Fleiß kein Reis – über die Mühsal der Bauern

Wasserbüffel und Kleintraktoren

Abseits von den Reiserouten der Touristen, häufig nur wenige Kilometer von den künstlichen Ferienburgen entfernt, lässt sich unverfälschtes thailändisches Landleben beobachten. Geduldig zieht ein vor einen einfachen Holzpflug gespannter Wasserbüffel im Zeitlupentempo seine Bahnen durch den Morast eines abgeernteten Reisfelds. Allerdings sieht man heutzutage auch zunehmend Kleintraktoren, die mit überbreiten Stahlrädern lospreschen und den Schlamm dabei aufwirbeln. Diese »eisernen Büffel« sind weitaus teurer als lebendige Zugtiere, sie leisten aber auch mehr und erleichtern den Bauern die Arbeit erheblich.

Knochenarbeit

Trotz dieser und manch anderer Modernisierungsmaßnahme hat sich in Thailand die Anbautechnik seit den Zeiten der frühen Einwanderer im Prinzip kaum geändert. Jeder Handvoll Reis geht mühsame Arbeit voraus – etwa zehnmal mehr als für andere Feldfrüchte. Auf bewässerten Keimbeeten lassen die Reisbauern das Saatgut zu Hand hohen Setzlingen heranwachsen. Nach 30 bis 40

Tagen werden die kleinen Schößlinge einzeln in mühevoller Handarbeit in die großen, vorher gründlich bewässerten und gepflügten Felder versetzt. Nach der Reifezeit, die je nach Reissorte drei bis fünf Monate dauern kann, wird das Feld trocken gelegt. Man erntet nur die Rispen, die Körner tragen, und nicht wie bei anderen Getreidearten den ganzen Halm.

Arbeitsteilung und Kooperation

Traditionell wird beim Reisanbau Arbeitsteilung praktiziert. Männer verrichten die gröberen Arbeiten wie das Anlegen und Instandhalten der Felder und Bewässerungsvorrichtungen, während Frauen für die zeitaufwändigen Tätigkeiten wie das Setzen der Reispflanzen, das Jäten von Unkraut und das Schneiden der Ähren bei der Ernte zuständig sind. Es genügt jedoch nicht, dass nur die Familie und die Dorfgemeinschaft, die beiden grundlegenden Arbeitseinheiten, zusammen helfen. Unumgänglich ist auch Kooperation auf regionaler und staatlicher Ebene, denn die notwendigen, groß angelegten Bewässerungs- und Wasserschutzbauten überfordern die Möglichkeiten einzelner Familien oder Dörfer.

Moderne Gentechnik-Methoden

Manch alte Traditionen geraten durch die Einführung neuer Agrartechniken und moderner Erntemethoden zusehends in Vergessenheit. Seit den 1990er Jahren pflanzen die thailändischen Bauern nicht mehr nur ihre zahlreichen traditionellen Reissorten an, sondern auch Hybridsorten, die in den Laboren des *International Rice Research Institute* im nordostthailändischen Udon Thani gentechnisch entwickelt wurden. Durch die Einführung von Hochertragssorten konnten die jährlichen Erntemengen auf über 5 Tonnen pro Hektar gesteigert werden. Doch der Anbau von Hybridsorten erfordert den Einsatz von kostspie-

Bildung verspricht sozialen Aufstieg, Schüler in der Provinz ligen Düngern, von Phosphat, Stickstoff und Kalium, die den Boden vor Auslaugung bewahren sollen, sowie von Insektiziden und Herbiziden, um Ungeziefer und Krankheitsbefall fernzuhalten. Zudem reichen die im Labor entwickelten Reissorten im Geschmack nicht an die traditionellen Sorten heran, und auch im Nährwert bleiben sie dahinter zurück.

Reis ist mehr als nur ein Grundnahrungsmittel.

Reis hat eine geradezu mystische Bedeutung in Thailand, wo er seit Urzeiten den Hauptteil der täglichen Nahrung bildet. Seine Vorrangstellung hat den Reis zu mehr als einem bloßen Nahrungsmittel werden lassen. Die Thai betrachten ihn als göttliches Gewächs und als Symbol des Gedeihens. Er ist die Grundlage der menschlichen Existenz und man darf ihn nie verschwenden. Auf dem Dorf gilt immer noch: Wer sich seine Selbstachtung und die Achtung seiner Nachbarn bewahren will, für den sind täglich drei Mahlzeiten mit weißem Reis obligatorisch. Und es wäre beschämend, nicht stets einen Reisvorrat im Haus zu haben. Der Lebensrhythmus des Dorfes wird von den Wachstumsphasen dieser Pflanze bestimmt. Zahllos sind Riten, Zeremonien und Opferfeste, alle mit dem Ziel, Götter, Geister und Dämonen zu besänftigen und um eine reiche Ernte zu bitten.

Wissen ist Macht – aber längst nicht für alle

Schlüssel zum Erfolg

Angefangen bei der städtischen Oberschicht bis fast ins letzte Dorf hat sich mittlerweile längst die Erkenntnis durchgesetzt, dass Schulbildung der Schlüssel zum Erfolg, zum sozialen Aufstieg in der modernen Thai-Gesellschaft ist. So hat denn Thailand auch mit 94 Prozent eine der höchsten Alphabetisierungsraten in Südostasien. Es besteht eine allgemeine neunjährige Schulpflicht. Thailändische Kinder, die in der Regel mit sechs oder sieben Jahren eingeschult werden, besuchen zunächst sechs Jahre die Grundschule *(prathom)*. Die Sekundarstufe *(mathayom)* umfasst zwei Abschnitte von jeweils drei Schuljahren: Drei Jahre für diejenigen, die planen weitere drei bis fünf Jahre auf eine Handelsschule *(wichaachiip)* zu gehen, sechs Jahre für diejenigen, die auf einer Hochschule oder Universität *(mahaawithayaalai)* weiterstudieren wollen.

Der Schulbesuch ist Pflicht.

Das gesamte Erziehungssystem steht unter staatlicher Kontrolle, jedoch gibt es mehrere Tausend Privatschulen. Der Besuch der öffentlichen Kindergärten und Schulen ist kostenlos. Lediglich die Kosten für Schulkleidung, Essen und Lehrmaterial müssen die Eltern tragen. Vor allem im armen Nordosten scheitert ein regelmäßiger Schulbesuch oft am Unvermögen der Familien, das dafür nötige Geld aufzubringen. Nicht selten werden Kinder aus armen Familien schon vorzeitig von der Grundschule genommen, um mit kleineren Arbeiten das Familieneinkommen aufzubessern. Private und internationale Schulen für die einheimische Elite und Ausländer gibt es in Bangkok sowie in Chiang Mai und anderen größeren Provinzstädten.

Thailand besitzt zwanzig staatliche und fünf private Universitäten sowie zahlreiche Handelsschulen und technische Hochschulen. Zwei von Thailands Universitäten, Thammasat und Chulalongkorn in Bangkok, werden zu den fünfzig besten in ganz Asien gezählt. Die Regierung hat erkannt, dass gut ausgebildete junge Menschen das größte »Kapital« des Landes sind. Sie fördert deshalb eine qualifizierte Berufsausbildung auch für Unterprivilegierte und garantiert Chancengleichheit beim Hochschulzugang – zumindest auf dem Papier. Die Realität sieht anders aus. Da ein Studium an Hochschulen und Universitäten mit erheblichen Kosten verbunden ist, wird Studieren zu einem Luxus von wenigen Gutverdienenden.

Chancengleichheit nur auf dem Papier

Die Einführung der allgemeinen Schulpflicht hat zu einer grundlegenden Veränderung der Lebensperspektive der Landbevölkerung geführt: Handarbeit, vor allem auf dem Feld, gilt immer mehr als rückständig, als gleichbedeutend mit Zurückbleiben in Armut und Dummheit. Weiter als einfacher Bauer zu leben, selbst wenn ein genügendes Einkommen garantiert ist, wird von vielen immer mehr als »Ausgeschlossensein vom Fortschritt« angesehen. Man schuftet zwar weiter auf dem Feld, aber mit dem Ziel vor Augen, wenigstens einigen der eigenen Kinder den Aufstieg in die einzig richtige, zukunftversprechende Welt der Stadt zu eröffnen.

Zwischen Auswendiglernen und Anpassung

Obwohl Bildung als hohes Gut zum Erreichen materiellen Erfolgs gilt, setzt das Schulsystem in fast allen Altersstufen aufs Auswendiglernen des Stoffs statt auf unabhängiges Denken. Im Geiste der harmonieorientierten Verhaltensethik bringen die thailändischen Bildungseinrichtungen angepasste, wohlerzogene und unkritische Schüler und Studenten hervor, die keine Fragen zu stellen, sondern stereotype Texte aufzusagen haben. Selbstverantwortung, Kreativität und Kritikfähigkeit sind keine Themen an thailändischen Schulen und Universitäten. So erzieht die thailändische Obrigkeit einen Menschentyp, der sich ganz am Auftreten und Verhalten seines Vorgesetzten orientiert, Instruktionen in unkritischer Ergebenheit ausführt und bei ausbleibenden Anweisungen in Passivität verharrt.

Scheu vor Konfrontation und Kritik

Ein ausländischer Gastprofessor an einer angesehenen Bangkoker Universität erzählt, er habe aus pädagogischen Gründen in seine Vorlesung einmal einen logischen Fehler eingebaut. Auf sein mehrfaches Nachfragen, ob jemandem etwas aufgefallen sei, erntete er nur Schweigen. Schließlich meldete sich ein Student: Natürlich hätten alle den Fehler bemerkt, »aber wir können doch einen Professor nicht kritisieren«. Die tief verinnerlichte Grundregel des Respekts besagt, dass ein Älterer oder Ranghöherer immer und in jedem Fall Recht hat. Wagt das jemand laut anzuzweifeln, verletzt er ein ungeschriebenes Gesetz einer jahrhundertealten Tradition. Auch ein anderer ausländischer Dozent, der seit Jahren in Thailand lebt, bemerkte rasch die nachteiligen Folgen der Konfliktscheu (vgl. S. 147) für das intellektuelle Klima: »Kritik an der eigenen akademischen Arbeit, wie konstruktiv auch immer, wird oft als persönliche Beleidigung verstanden.«

Gesellschaft und Soziales

Jeder hat seinen festen Platz

Im Siam Paragon, einem der exklusivsten Konsumpaläste Bangkoks, gehen schwer bewaffnete Männer vor einer Boutique in Stellung. Innen wirft sich das Personal auf den Boden. Ein Raubüberfall? Geiselnahme? Nein – ein weibliches Mitglied der Königsfamilie beim Einkaufsbummel! Und da bürgerliche Thailänder ihren Kopf nie höher tragen dürfen als die Royals, legt die von Bodyguards umringte elegante Dame jedes Mal den Laden flach, wenn sie in einem der unteren Regale stöbert. Westliche Reisende, die Zeuge dieser Szene werden, mögen irritiert sein. Ein Thailänder findet daran nichts ungewöhnlich.

Die gesellschaftliche Pyramide

Einerseits sind die Thai Individualisten, tolerant und selbstbewusst, stolz auf ihre uralte Kultur, die sich vom Kolonialismus nie unterjochen ließ, und auf ihr uns fremdes Wertesystem. Andererseits ist die thailändische Gesellschaft – mit ihrem König als »Vater des Volkes« an der Spitze – seit alters her durch und durch hierarchisch, ja fast kastenartig, gegliedert. Jeder – ungeachtet seiner ethnischen Herkunft, egal, ob er in der Stadt oder auf dem Land lebt – hat seinen Platz und damit seine Pflichten, aber auch Rechte in der Gesellschaft. Zwar ist die Thai-Gesellschaft im Rahmen der »Modernisierung« des Landes durchlässiger geworden, doch prägen Über- und Unterordnung, Abhängigkeitsverhältnisse sowie Loyalitäts- und Gehorsamspflichten heute noch alle Aspekte des sozialen Gefüges. Ob im Privatleben oder in seiner beruflichen Laufbahn, niemand kann sich den strengen Über- und Unterordnungsverhältnissen entziehen. Indem jeder die zwar ungeschriebenen, aber tief verinnerlichten Regeln akzeptiert und seinen Pflichten nachkommt, trägt er dazu bei, dass die verschiedenen Teile der Gesellschaft eine Einheit bilden.

Ranghöhere und Rangniedrigere

Die strengen Hierarchien in der Thai-Gesellschaft wirken sich auf das alltägliche Verhalten der Menschen untereinander aus und prägen bestimmte Verhaltensmuster. Da gesellschaftliche Beziehungen zunächst einmal als Begegnungen zwischen Ranghöheren *(phuu yai)* und Rangniedrigeren *(phuu noi)* angesehen werden, ist es extrem wichtig, den eigenen Status und den des Gegenübers richtig einzuschätzen. So wird in jeder Interaktion zwischen zwei Personen immer sorgfältig abgeklärt, welcher Partner nach Alter, Bildung, sozialer Herkunft, beruflicher Position und vielleicht auch Reichtum – um nur die wichtigsten Kriterien zu nennen – vom Gegenüber als der überlegene, der statushöhere zu betrachten ist.

Die Anerkennung dieser hierarchischen Unterscheidungen drückt sich dann in vielfältigen, fein differenzierten Interaktionsformen aus: im Grüßen, in der Körperhaltung, im Blickkontakt oder in sprachlichen Feinheiten. So wird von Untergebenen erwartet, dass sie in ihre Sätze bestimmte Höflichkeits- oder Unterwürfigkeitsformeln einflechten, wobei Männer andere Suffixe verwenden als Frauen. Vor allem aber ist der niedriger Stehende zu mehr Respekt *(kreeng djai)* verpflichtet als der Höhere. Letzterer allerdings muss nicht minder auf das Wohlbefinden *(sabai djai)* seines Partners achten. Bedenkt man noch die indi-

Lässig durch Bangkok: Die moderne Thailänderin ist mobil.

Delikates Wechselspiel

viduellen Eigenheiten der kommunizierenden Partner, so wird wohl ersichtlich, dass das Bewahren des sozialen Gleichgewichtes ein delikates Wechselspiel von aufeinander abgestimmten Verhaltensweisen bedingt. Ausländern, welche an die Umgangsformen in einer »klassenlosen«, demokratischen Gesellschaft gewöhnt sind, kostet es eine geraume Zeit, die fein verästelten thailändischen Interaktionsweisen zu durchschauen, sofern sie diese überhaupt jemals verstehen.

Das Netz des Gebens und Nehmens

Die soziale Stellung im gegenwärtigen Leben wird durch das eigene Karma, also die Bilanz von »Altlasten« und »Guthaben« aus früheren Leben, legitimiert. (vgl. S. 79) Basierend auf dem kosmischen Naturgesetz des Karmas wird die soziale Stellung eines Menschen von Thailändern im Grundsatz nie in Frage gestellt oder angetastet. Wer oben steht und erfolgreich ist, hat ein günstiges Karma, wer arm ist und vom Pech verfolgt wird, hat ein schlechtes Karma. Einerseits dient diese Auffassung häufig dazu, soziale Ungleichheiten und Ungerechtigkeiten zu rechtfertigen, andererseits ergeben sich aus den sozialen Stellungen heraus aber auch bestimmte soziale Verpflichtungen, die das gesellschaftliche Leben regulieren. Höhergestellten sollte man mit Respekt begegnen, schweigend zuhören, solange sie reden, und niemals widersprechen. Niedriger-

INFO

Die thailändischen »ABCs«

An der Spitze der thailändischen Gesellschaft stehen traditionell der König und die Königliche Familie. Den zweithöchsten Rang in der Sozialpyramide nimmt eine kleine Elitegruppe ein, deren Mitglieder zwei der in Thailand wichtigsten Kriterien für sozialen Status besitzen: Macht und Geld. Diese Gruppe setzt sich aus den so genannten »As«, »Bs« und »Cs« zusammen: der Führungsschicht der Armee (fast durchweg ethnische Thai), den »Bankern und Bossen« der Geschäftswelt (fast ausschließlich chinesischstämmige Thai) sowie den auf Englisch *civil servants* genannten Staatsangestellten (auf den unteren und mittleren Ebenen meist ethnische Thai, in den höheren Rängen und auf Ministerialebene überwiegend chinesischstämmige Thai).
Dieser wohlhabenden Minderheit, die alle wichtigen Positionen in Militär, Wirtschaft und Verwaltung für sich beansprucht, steht die besitzlose oder einkommensschwache Masse der Bevölkerung gegenüber: einfache Arbeiter und Bauern, zusammen etwa 60–70 Prozent der Bevölkerung. Einen mittleren Rang in der Sozialpyramide nimmt die zahlenmäßig noch relativ unbedeutende, aber aufgrund der Wirtschaftsentwicklung wachsende urbane Mittelschicht ein. Nicht ohne Selbstironie hat König Bhumipol Adulyadej seine Position in der gesellschaftlichen Hierarchie einmal so beschrieben: »Traditionalisten sehen ein Königreich wie eine Pyramide, mit dem Monarchen an der Spitze und dem Volk darunter. In Thailand steht diese Pyramide auf dem Kopf. Deshalb spüre ich manchmal einen Schmerz in der Schulter.«

Jeder Thai kennt seinen Platz. Auch den, der den meisten Schatten bietet, Busfahrer in der Mittagspause

gestellten gegenüber sollte man umgekehrt väterliches oder mütterliches Wohlwollen zeigen und sich für sie verantwortlich fühlen. So hat derjenige, der oben steht die Pflicht, für die von ihm oder ihr Abhängigen zu sorgen, das können Angestellte, Untergebene, weniger begüterte Verwandte sein. Dafür wird ihnen Dankbarkeit und Loyalität entgegengebracht. Wer als Privilegierter die erwartete Rolle nicht erfüllt, kann weder Respekt noch Gehorsam erwarten.

In Thailand funktioniert dieses *bunkhun* genannte komplementäre System der sozialen Rollen sehr gut, denn für die meisten Menschen gilt, dass sie sowohl jemandes Untergebener wie jemandes Übergeordneter sind. Aus diesem feudal anmutenden Beziehungssystem mit verteilten Pflichten und Ansprüchen erklären sich aber auch Vetternwirtschaft, Autoritätsgläubigkeit, Patronage und Abhängigkeit sowie das Fortbestehen undemokratischer Strukturen trotz moderner Verfassung, denn jeder bemüht sich, ein möglichst großes Netz des Gebens und Nehmens zu knüpfen.

Freunde fürs Leben?

Freundschaften existieren üblicherweise nur zwischen »Gleichen«, weil aber in der Thai-Gesellschaft fast jeder zu jedem entweder einen höheren oder niederen Rang einnimmt, werden freundschaftliche Beziehungen wie wir sie kennen meist von Anfang an blockiert, genauer: durch ein gegenseitiges Abhängigkeitsverhältnis des »Höher« oder »Tiefer« *(phuu yai – phuu noi)*, des »Älter« oder »Jünger« *(phii-noong)* und durch Gruppenbindungen ersetzt. Freunde in unserem Sinne, denen man auch einmal sein Herz ausschütten kann, kommen daher nicht vor, wohl aber »Geschäfts-Freunde« – der Richtige zur richtigen Zeit am richtigen Platz.

Natürlich sehnen sich viele Thailänder nach »echten« Freunden, nach so genannten *phüan taai* (wörtlich »Sterbefreunde«), die in jeder Lebenslage für sie

Ausländer bleiben außen vor.

da sind. Doch solche Freundschaften im westlichen Sinn sind eher die Ausnahme. Sie werden meist bereits in der Kindheit oder Schulzeit geschlossen, wenn man noch nicht allzu sehr in das komplizierte Beziehungsnetz eingebunden ist. Wesentlich öfter treten die *phüan kin* in Erscheinung, die so genannten »Trink- und Essensfreunde«, die immer dann auftauchen, wenn sie etwas brauchen. Ausländer stehen generell außerhalb dieses Netzes, können also kaum echte Loyalität erwarten. Ein gewisser Respekt wird ausländischen Gästen wegen ihres relativen Wohlstandes, der ja auf ein günstiges Karma hindeutet, zwar durchaus entgegengebracht, doch im Streitfall gehört immer den Landsleuten die größere Loyalität.

Die Familie – Urzelle der thailändischen Gesellschaft

Koexistenz auf kleinstem Raum

Hierarchische Strukturen kennzeichnen auch die Beziehungen innerhalb der Großfamilie, die nach wie vor das tragende Element der traditionellen thailändischen Sozialordnung darstellt. Ein großer Teil der Bevölkerung Thailands lebt auf sehr engem Raum zusammen. Das kann bisweilen sehr mühsam sein. Die Koexistenz in der Großfamilie wäre schier unerträglich, wenn die gesellschaftliche Tradition nicht jedem Mitglied einen genauen Rang und genaue Pflichten zuweisen würde. Reibungsflächen werden dadurch vermieden, dass persönliche Interessen hinter Gemeinschaftsinteressen zurückstehen, dass jeder zu gesittetem, sozial bewusstem und maßvollem Verhalten bereit ist. In der von Blutsbanden zusammengehaltenen Miniaturgesellschaft spielen zudem Form, Höflichkeit und Achtung vor dem Alter eine zentrale Rolle.

INFO

Die Würdepunkte am Hof von Ayutthaya

Schon das alte Siam war eine strikt hierarchische Kastengesellschaft. In der feudalen Pyramide hatte jeder seinen genau festgelegten Platz – und sogar einen präzise bezifferbaren Wert. So wurde im 15. Jahrhundert am Hof von Ayutthaya unter König Borommatrailokanat eine Rangordnung der Mitglieder des Königshauses und des Adels festgelegt und die gesellschaftliche Funktion jedes Einzelnen genau definiert. Jedermann in der Bevölkerung, außer dem König, der über der Rangordnung stand, erhielt eine Punktzahl *(sakdi na)*, die sowohl seine Ansprüche als auch seine Pflichten anzeigte. Den höchsten Rang nach dem König nahm mit 100 000 Punkten der Vizekönig ein. Andere Adelige hatten 500 bis 50 000 Punkte. Die große Mehrheit der freien Bürger verfügte über 25 Punkte oder weniger. Am unteren Ende standen Bettler und Sklaven mit nur fünf Punkten. Die Richter der damaligen Zeit beurteilten jedes Vergehen nach einer voluminösen Tabelle von Würdepunkten: Das Leben eines Sklaven war demnach weniger wert als der kleine Finger eines Prinzen.

Erlauchte Damen und Möchtegerns – Anrede und Titel

INFO

In der streng hierarchisch gegliederten Thai-Gesellschaft gleicht die Anrede einem Ritual, denn ein Name und erst recht ein Titel ist ein wichtiger Hinweis auf den sozialen Status des Gesprächspartners. Erst wenn die Position des Gegenübers und die damit verbundene richtige Anrede klar sind, ist ein entspanntes Plaudern möglich. Viele Thailänder schmücken sich gerne mit akademischen oder Amtstiteln und legen großen Wert darauf, dass diese bei der Anrede in korrekter Form gebraucht werden. Großen Respekt genießen vor allem Lehrer und Ärzte, ihre Titel sind *khruu* (Schullehrer), *aadjaan* (Hochschullehrer) und *moo* (Doktor). *Khunying* (»erlauchte Dame«) oder – noch eine Stufe höher – *than phuuying* (Edelfrau) sind königliche Titel, die Frauen durch Heirat mit einem hohen Beamten oder durch eigene Verdienste erwerben. Nicht alle Frauen, die rein äußerlich eine *khunying* darstellen, tragen auch den Titel. Die Möchtegerns werden *khunnai* genannt. Die respektvolle Anrede für einen älteren Mönch oder Abt ist *luang pho,* für einen jüngeren Mönch *luang phii.* Im alltäglichen Umgang hört man als Anrede häufig Ausdrücke aus der Familiensprache, etwa *lung* (»Onkel«), die höfliche, respektvolle Anrede vor allem älterer Männer, oder *paa* (»Tante«), das Pendant für Frauen. Oft wird sogar der Name weggelassen und die entsprechende Person nur mit ihrem Titel angesprochen. Verwirrend für Nicht-Thai ist die Tatsache, dass es für das deutsche »Sie« und »Du« im Thailändischen 15 – je nach Stand und Beziehung unterschiedliche – Personalpronomen gibt. Unter Gleichgestellten benutzt man in der Regel den Begriff *khun.*

Familienhierarchie

Wie im außerfamiliären gesellschaftlichen Leben hat in der Großfamilie fast niemand den gleichen Status wie sein Gegenüber. Prinzipiell gilt: Den Eltern und Großeltern gebührt der allerhöchste Respekt. Und auch für die in der Familienhierarchie Rangniedrigeren gilt: Die ältere Person ist tonangebend. Aber auch Geschlecht und Verwandtschaftsgrad spielen eine Rolle. Während wir lediglich von Bruder und Schwester sprechen, heißt in Thailand sowohl der ältere Bruder als auch die ältere Schwester *phii;* das jüngere Geschwister nennt man *noong.* Durch den Zusatz *chaai* (männlich) oder *saao* (weiblich) wird das Geschlecht bezeichnet. Eine *phii saao* hat mehr zu sagen als ein *noong chaai.* Das *phii-noong*-Verhalten setzt sich durch die gesamte Familienhierarchie fort und kann sehr kompliziert sein, weil oft ein ganzer Klan unter einem Dach wohnt und Seniorität nicht nur vom eigenen Alter abhängt: So wird eine jüngere Kusine dennoch *phii* genannt, weil ihre Eltern älter sind als die eigenen. Nicht selten sorgen die Regeln und Vorschriften der Anrede selbst bei Thailändern für Verwirrung.

Thailänder glauben an »starke Familien«, die als soziale Schutzgemeinschaften verstanden werden und auch so funktionieren. In einem Land, in dem ein Sozialversicherungssystem nach westlichem Muster unbekannt ist, vermittelt der Familienverband dem Einzelnen nicht nur Geborgenheit, sondern auch Sicherheit. Anstelle des Staates knüpft und erhält die Großfamilie das soziale Netz und garantiert jedem ihrer Mitglieder eine Absicherung im Falle von Altersgebrechlichkeit, bei Krankheit oder bei allen nur denkbaren Schicksalsschlägen. Sie bietet den besten Schutz gegen äußere Bedrohung und bildet den Rahmen für verwandtschaftliche Hilfe bis hin zum Nepotismus. Sollten einzelne Familienmitglieder in Not geraten, finden sie stets Rückhalt im Kreis der Familie.

Hilfe bis hin zum Nepotismus

Bei Krediten ersetzt die Familie meist die Bank, aber auch Autos, ja sogar persönliche Kleidungsstücke werden innerhalb der Familie »sozialisiert«. Diese gegenseitige Unterstützung wird von jedem einzelnen Mitglied der Großfamilie eingefordert. Thailänder leben in einer Welt des Teilens und Teilhabens – die Bindung an die Familie und die damit einhergehenden Pflichten haben Vorrang gegenüber den Bedürfnissen des Individuums und auch denen der Gesellschaft. Einzelinteressen sind dem Wohlergehen der Familie unterzuordnen. So wird in einer Großfamilie alles Geld aufgeteilt. Ob ein Krankenhausaufenthalt oder ein Familienfest finanziert werden muss, alte Eltern oder arbeitslose Geschwister zu versorgen sind – stets fühlt sich die ganze Familie dafür verantwortlich. In diesem Versorgungssystem sind Alters- oder Pflegeheime überflüssig. Beim bloßen Gedanken an derartige Einrichtungen reagieren Thailänder fassungslos: Wie kann man nur seine eigenen Eltern in ein Heim abschieben und von fremden Menschen versorgen lassen?

Ein Herz für Kinder

Wenn die Kleinen auch früh mit dem Ernst des Lebens konfrontiert werden – bis es soweit ist, gehören sie sicherlich zu den glücklichsten Kindern der Erde, denn für Thai sind Kinder schlicht *naa rak* – liebenswert. Die Kleinsten sind die Größten im Familienklan. Sie werden reichlich mit Liebe, Zuwendung und

Die Großfamilie, soziale Schutzgemeinschaft

INFO

»A condom a day keeps the doctor away«

Obwohl in den Gesellschaftsschichten, die von Thailands wirtschaftlichem Aufschwung ausgeschlossen sind, Kinder immer noch als einzige Chance auf eine finanziell besser gestellte Zukunft gelten, als eine Art Sparvertrag, der möglichst hohe Rendite zu bringen hat, kann kein Land in Asien bessere Resultate im Kampf gegen die Bevölkerungsexplosion vorweisen als Thailand. Nach jahrzehntelanger Arbeit zeigt die staatlich propagierte Familienplanung Erfolg und dient heute anderen asiatischen Ländern als Vorbild: Das Bevölkerungswachstum von einst besorgniserregenden 3 Prozent ist auf mittlerweile gerade noch 0,7 Prozent gesunken. Die niedrige Geburtenrate führte aber auch dazu, dass sich die Zusammensetzung der thailändischen Bevölkerung in den letzten Jahrzehnten deutlich verändert hat: Der Anteil junger Menschen nimmt ab, während der Seniorenanteil stetig steigt.
Zu verdanken sind die Erfolge bei der Familienplanung in erster Linie den unorthodoxen Methoden des ehemaligen Gesundheitsministers Meechai Viravaidya und seiner Mitarbeiter, die den Gebrauch von Kondomen im ganzen Land populär machten – nicht nur um die Geburtenrate zu senken, sondern auch zur Aids-Vorbeugung. Zu den witzigen Kampagnen (Motto: *A condom a day keeps the doctor away)* zählten Kondom-Aufblas-Wettbewerbe, Restaurants mit dem Namen *Cabbages & Condoms,* in denen die Gäste mit der Rechnung kostenlos Kondome erhielten, und Happenings, bei denen Verkehrspolizisten zur Freude der Passanten von hübschen Mädchen ein Dreierpäckchen *Meechais* in die Hand gedrückt bekamen. So erfolgreich hat sich der Minister verewigt. Früher hieß es umständlich *thung yaang anamai* – Gesundheitsgummitüte.

Nestwärme verwöhnt. Kaum hat ein thailändisches Kind das Licht der Welt erblickt, wird es fürsorglich bemuttert und umhegt. Unbeschwert verbringen kleine Thai ihre ersten Lebensjahre, werden viel getragen, herumgereicht, berührt. Wie selbstverständlich gleiten sie in die Welt der Erwachsenen hinein, indem sie von klein auf bestimmte Aufgaben im Haus oder Hof verrichten müssen. Strafen wie Schelte oder gar Schläge gibt es so gut wie nie, denn den Erwachsenen gelten die Kinder als Reinkarnationen verstorbener Vorfahren und damit als besonders rein und verehrungswürdig. Bisweilen kommt es aber durchaus vor, dass sich vor allem derart umsorgte Jungen zu kleinen Prinzen entwickeln, welche die ganze Familie tyrannisieren.

Großfamilie versus Kleinfamilie

Während in der Provinz die Großfamilie noch immer die Regel ist, überwiegt in städtischen Regionen die Kleinfamilie. Und obwohl auch eine räumliche Trennung zumeist nicht an der Loyalität des Einzelnen gegenüber dem Familienkollektiv rührt und die allermeisten Thai Zeit ihres Lebens ihren Eltern Achtung und Respekt zollen, empfinden doch immer mehr von westlichen Standards beeinflusste junge Menschen die familiäre Nähe auch als Enge, Hilfe auch als

Kleiner Prinz aus Bangkok

Kontrolle und Gruppendasein auch als Unfreiheit. Manche sehen in der Abwanderung in die großen Städte eine Möglichkeit, sich zumindest zeitweilig aus der Umklammerung der (ländlichen) Großfamilie zu befreien. Einige beginnen auch zaghaft »ich« zu sagen – und nicht immer nur »wir«.

Huhn, Katze, Vogel, Maus – Namen und Spitznamen

Es bedurfte eines königlichen Dekrets, um im Jahre 1916 die Untertanen seiner Majestät dazu zu bringen, Familiennamen anzunehmen, meist mehrsilbige, aus Sanskrit- oder Pali-Elementen gebildete Wortungetüme wie Poolsawasdi, Prukpongswalee, Sisemamuang, Tangtongtavy oder Wigayatipat, die für europäische Zungen schier unaussprechlich scheinen. Bis zum heutigen Tage werden im Alltag allerdings alle Staatsbürger, vom Straßenfeger bis zum Premierminister selbst, von jedermann bei ihrem Vornamen oder Spitznamen gerufen. Familiennamen werden nur in Dokumenten, auf Formularen und im Schriftverkehr genannt.

Die fast immer mehrsilbigen offiziellen Vornamen lassen sich bestimmten Kategorien zuordnen, die weiblichen beispielsweise Blumen (Malee, Malevan), Edelsteinen (Kaimuk, Pailin) oder Himmlischem (Amphorn, Darawan). Die männlichen fallen unter Oberbegriffe wie Göttliches (Siva), Ewigkeit (Nirandon) oder Siegreiches (Wirija).

Ungemein beliebt sind Spitznamen *(chüü len,* wörtlich: Spielname), die oft geradewegs aus einem Lehrbuch der Zoologie zu stammen scheinen. So hören einige Hunderttausend Thailänderinnen auf die Namen *Kai* (Huhn), *Maeo* (Katze), *Nok* (Vogel), *Nuu* (Maus) oder *Tao* (Schildkröte). Männer werden oft *Chaang* (Elefant), *Maa* (Pferd), *Muu* (Schwein) oder *Suea* (Tiger) gerufen, wobei Namen wie »Schwein« keineswegs als Beleidigung aufgefasst werden. Andere beliebte Spitznamen für Männer und Frauen, die Eigenschaften oder Zustände ausdrücken können, sind *Daao* (Stern, bedeutet soviel wie leuchtend oder attraktiv), *Daeng* (rot, bezieht sich auf einen hellen Teint), *Dam* (schwarz, bezieht sich auf eine dunkle Hautfarbe), *Kaeo* (Glas, bedeutet soviel wie klar oder rein), *Lek* (klein), *Nit* (winzig), *Nooi* (wenig, gering) oder *Uan* (dick).

Bei der Anrede unter Gleichgestellten setzt man bei Männern wie bei Frauen vor den Vor- oder Spitznamen den Begriff *khun.* Ohne dieses Höflichkeitspartikel würde man – außer im engsten Familien- und Freundeskreis – die Anrede als sehr rüde empfinden (vgl. S. 155 und S. 197).

Das Dorf – Bollwerk thailändischer Identität

Die dörfliche Solidargemeinschaft

Jahrhunderte lang war die thailändische Gesellschaft eine reine Agrargesellschaft. Trotz der Landflucht und obwohl sich ländlicher und städtischer Lebensstil zunehmend überlappen und gegenseitig beeinflussen, ist der Urbanisierungsgrad mit 32,5 Prozent heute noch relativ niedrig. Obwohl der Anteil der in der Landwirtschaft beschäftigten Erwerbstätigen von knapp 90 Prozent Anfang der 1950er Jahre auf heute unter 50 Prozent gesunken ist, ist die absolute Zahl der Bauern aufgrund des Bevölkerungswachstums gestiegen. Nach wie vor bildet neben der Großfamilie der Dorfverband die entscheidende Einheit im sozialen Leben der Thai. Das Dorf *(baan)* ist die Gemeinschaft, in der weit über die Hälfte aller Thai aufwächst und einen Großteil ihres Lebens verbringt. Hier leben die Menschen wie eh und je im Rhythmus der Jahreszeiten, im Wechsel von Säen, Pflanzen, Ernten und Dreschen. Obwohl sich durch das Vordringen der Moderne bis in die hintersten Winkel für die Dorfbewohner ein kulturelles Spannungsfeld aufgetan hat, in dem vielfältige Werte, Bedürfnisse und Tendenzen aufeinander stoßen, besteht innerhalb einer Dorfgemeinschaft immer noch ein starkes Zusammengehörigkeitsgefühl – allerdings mit Einschränkungen. Einst beschützte das dörfliche Solidaritätsgefühl die einzelnen Mitglieder der Gemeinschaft in Notlagen und Gefahrensituationen durch ein althergebrachtes System der gegenseitigen Hilfeleistung und Zusammenarbeit. Früher, so erzählen ältere Dorfbewohner wehmütig, halfen sich alle Familien unentgeltlich oder für ein Mittagessen beim Hausbau, bei der Aussaat und bei der Ernte. Heutzutage lässt die traditionelle gegenseitige Hilfeleistung merklich nach. Werden beispielsweise Helfer zum Einbringen der Ernte benötigt, müssen diese in der Regel entlohnt werden.

Rund um den Brunnen im Dorf, Ko Phi Phi

Mädchen im Mekong Valley

Jeder soll zufrieden sein.

Die im Dorf bewährte Praxis vieles gemeinschaftlich zu tun, zeigt sich aber noch bei wichtigen Entscheidungen, die das dörfliche Leben betreffen. An der Spitze des Dorfes steht zwar ein gewählter Dorfvorsteher *(phuu yai baan),* der meist von einem Ältestenrat sowie den Lehrern und Mönchen unterstützt wird, doch kommt der Dorfversammlung eine große Bedeutung zu. Dort wird versucht, in ausgiebigen Beratungen, unter Berücksichtigung aller Einzel- und Gruppeninteressen sowie nach langem Abwägen des Für und Wider, möglichst einstimmige, alle zufrieden stellende Beschlüsse herbeizuführen. Dieser Prozess der Entscheidungsfindung wird geprägt vom Leitmotiv des sozialen Miteinanders – dem Geist des Ausgleichens und der Harmonie. Zum Zwecke der Konfliktvermeidung machen in der Regel alle Beteiligten Zugeständnisse, andererseits aber soll nach der Diskussion jeder Einzelne in der gefällten Entscheidung Elemente seiner Vorstellungen wiedererkennen. Für alle Belange, die über die Dorfgrenzen hinausgehen, ist die Gemeinde *(tambon),* der Zusammenschluss mehrerer Dörfer, zuständig.

Noch trennen Welten Dorf und Metropole.

Der Wirtschaftsschub der 1980er und 1990er Jahre hat Bangkok in eine kosmopolitische Weltstadt verwandelt mit futuristischen Hochhausfassaden und Konsumpalästen beiderseits von Schnellstraßen und einer modernen, westlich orientierten Gesellschaft, in der Reichtum ungeniert zur Schau gestellt wird. Eine ähnliche Entwicklung haben auch größere Provinzstädte wie Chiang Mai im Norden, Udon Thani im Nordosten oder Hat Yai im Süden erlebt. In den atemberaubenden Boomjahren, die nur durch die Wirtschaftskrise Ende der 1990er Jahre einen leichten Dämpfer erhielten, schossen in den Städten Hochhäuser, Luxushotels und riesige Shoppingcenter wie Pilze aus dem Boden. Billige Arbeitskräfte aus ländlichen Regionen sowie auch aus den umliegenden armen

INFO

Leben in einem Pfahlbautendorf

Die klassische Hausform der Thai-Dörfer ist der Pfahl- oder Stelzbau aus Holz und Bambus. Aufgrund der natürlichen Ventilation schafft das aus der Bodenfeuchtigkeit herausgehobene Pfahlhaus eine klimatisch optimale Wohnweise, zugleich bietet es einen guten Schutz gegen Bodenungeziefer, Parasiten und Schlangen, früher auch vor Tigern und anderen wilden Tieren. Warum vor allem die Häuser im regenreichen Zentral- und Südthailand auf Stelzen stehen, begreifen Besucher spätestens während eines tropischen Gewitters in der Monsunzeit: Die Sintfluten können so nicht in die Wohnungen steigen.
Durch die Pfahlbauweise entsteht ein gut durchlüfteter Raum unter dem Wohnhaus, der als Geräteschuppen und Vorratskammer oder als Bereich für die Kleintierhaltung genutzt wird. Häufig befinden sich dort auch ein Webstuhl und ein Reismörser. Das Innere ist ein Allzweckraum, der in eine Veranda mündet. Im hinteren Bereich liegen die durch Wände aus Bambusgeflecht voneinander getrennten Schlafräume. Da sie in der Regel keinen Rauchabzug besitzt und auch wegen der Brandgefahr, befindet sich die Küche meist in einem kleinen Anbau. Das Mobiliar in den Häusern ist spärlich. Vor allem bei ärmeren Leuten ersetzen Reisstrohmatten Tische, Stühle und Betten. Mögen die Behausungen auf dem Land auch einfach bis spartanisch sein, so ist den Landmenschen nichts so wichtig wie ein eigenes Haus, in dem die ganze Familie unter einem Dach leben kann. Dass dabei keinerlei Privat- oder Intimsphäre gewahrt werden kann, stört nicht weiter, denn alle sind von Kindesbeinen an das Zusammenleben auf engstem Raum gewöhnt.
Das Leben in einem Thai-Dorf ist friedlich und gelassen. Es beginnt früh am Tag, in der Regel noch vor dem Morgengrauen, wenn die Hähne zu krähen anfangen und die Hunde zu bellen aufhören. Nach der Morgentoilette kochen die Frauen Reis und bereiten die Speisen für die Mönche des Dorftempels, die nach Sonnenaufgang bei ihrem Almosengang durch das Dorf ziehen.
Nach der Mönchsspeisung nehmen die Familienmitglieder schnell und jeder für sich allein das Frühstück ein. Früh begeben sich Frauen und Männer zu den Reisfeldern, die sich rings um das Dorf erstrecken, denn die mühevolle Arbeit des Reissetzens oder -schneidens fällt in den Morgenstunden leichter, wenn die Sonne noch nicht erbarmungslos vom Himmel brennt. Auf der Dorfstraße machen sich Schulkinder, adrett gekleidet in braunen oder blauen Uniformen, zu Fuß oder mit dem Fahrrad auf ihren oft kilometerlangen Schulweg.
Während die Eltern und älteren Geschwister außer Haus sind, versorgen Großmutter *(yaai)* oder Großvater *(taa)* die Kleinkinder. Mittags, während der heißesten Tageszeit, unterbrechen die Dörfler die Feldarbeit für eine ausgiebige Pause. Meist treffen sie sich zum gemeinsamen Mittagessen in Bambuspavillons am Rande der Reisfelder. Den Abschluss des Tages bildet ein Abendessen im Kreis der Familie. Ab 22 Uhr wird es still im Dorf.

Ländern Laos, Kambodscha und Myanmar trugen wesentlich zum Wirtschaftswunder bei. In Zeiten von Wirtschaftsflauten oder -krisen kehren die zahlreichen Wanderarbeiter zurück aufs Land. Somit dienen die Dörfer als wirtschaftlicher Rückhalt für die Städte, denn die Familien können ihre arbeitslosen Verwandten in schlechten Zeiten versorgen.

Aber auch auf dem Land wird modernisiert.

Im Gegensatz zur Entwicklung in den Städten schien das Leben in der Provinz lange Zeit stillzustehen. Doch die einst bäuerliche, weltabgewandte Gesellschaft hat sich mit dem Wirtschaftswachstum der vergangenen Jahrzehnte ebenfalls modernisiert und verwestlicht. Motorräder, Mobiltelefone und das Internet sind inzwischen selbst in entlegene Dörfer und auf kleine Inseln vorgedrungen und haben den Lebensalltag verändert. Mit dem Schritt in das moderne, industrielle Zeitalter gerieten viele traditionelle Werte in Vergessenheit, an ihrer Stelle wuchsen neue Bedürfnisse. Materielle Statussymbole zählen heute auch in den Dörfern oft mehr als heitere Genügsamkeit, Wettbewerbsdenken verdrängt zusehends die Beschaulichkeit. Auch in den Dörfern entstanden neue Eliten aus Amtsinhabern, Händlern, Bauunternehmern und Geldverleihern. Angehörige dieser Gruppe beherrschen die Dorfkomitees und verschaffen sich oft gegenüber ihren weniger gut situierten Nachbarn Rechte und Vorteile. So drohen traditionelle Familien- und Dorfstrukturen zusammenzubrechen und das überlieferte Wertesystem seine gesellschaftliche Tragkraft zu verlieren.

Doch immer noch scheint das Dorf eine Art Bollwerk gegen die umfassenden gesellschaftlichen Umwälzungsprozesse der jüngeren Vergangenheit Thailands zu sein. König Bhumipol hat dies erkannt und deshalb alle in Bangkok lebenden, aus der Provinz zugewanderten Thai moralisch dazu verpflichtet, wenigstens einmal im Monat für einige Tage zu ihren Familien ins Dorf zurückzukehren.

In luftiger Höhe, mit flatternder Fahne, Dorf bei Phangna

Die meisten Zuwanderer vom Land, die in der Anonymität der Stadt oft unter Vereinsamung leiden, muss man dazu nicht auffordern. Sie nutzen jede Gelegenheit, dorthin zurückzukehren, wo sie ihre Wurzeln haben. In einem Großstadtmoloch wie Bangkok plagt sie das permanente Heimweh. Die Thailänder nennen dieses Gefühl *khit thüng baan* – Denken an das Dorf. Mit ihrem Dorf und ihrer Familie fühlen sich die Menschen vom Land ihr Leben lang verbunden. So sind vor bedeutenden Feiertagen wie dem buddhistischen Songkran-Neujahrsfest sämtliche Busse und Züge von Bangkok in die Provinzen bis zum Bersten überfüllt. In einer wahren Völkerwanderung verlassen an die zwei Millionen Menschen die Hauptstadt, um Verwandte auf dem Land zu besuchen.

Permanentes Heimweh

Individuum und Vaterland – Patriotismus

Alle Thai, gleich welchen Standes oder Alters, ob Regierungsbeamter in Bangkok oder Reisbauer im armen Isaan, haben die in den thailändischen Lehrbüchern für Staatsbürgerkunde genannten obersten Tugenden eines Thailänders – Vaterlandsliebe, Königstreue und Identifikation mit der nationalen Kultur – tief verinnerlicht. Sie lieben ihr Land und das Königshaus auf eine für Europäer kaum nachvollziehbar Weise. Dabei mag eine Rolle spielen, dass Thailand – wie Japan – als einziges asiatisches Land nie unter Kolonialherrschaft zu leiden hatte.

Für Europäer kaum nachvollziehbar

Schule, Staat und Medien tun vieles, um das Nationalbewusstsein aufrechtzuerhalten und zu stärken. Vor Unterrichts- oder Vorlesungsbeginn treten Schüler und Studenten, ja sogar Kindergartenkinder, zu einem Fahnenappell an, wobei sie die Nationalhymne *(phleng chat thai)* oder patriotische Lieder singen. Radio und Fernsehen senden die Nationalhymne landesweit täglich um 8 und 18 Uhr. In kleineren Städten und Dörfern ist sie über Lautsprecher auf den Straßen zu hören. Als Zeichen der Ehrerbietung bleiben die Thailänder dann stehen, ganz egal was sie gerade machen. Nur im Straßenlärm von Bangkok und anderen großen Städten »überhören« die meisten Passanten die Nationalhymne. Jede Nacht endet das Fernsehprogramm mit der Nationalhymne, wobei Bilder der Flagge oder der Königsfamilie eingeblendet werden.

Fahnenappell und Nationalhymne

In den Kinos wird vor jeder Filmvorführung die königliche Hymne abgespielt. Hier wird erwartet, dass sich das Publikum erhebt und bis zum Verklingen des letzten Tons stehen bleibt. Auch *farang* (Ausländer) sollten dem Beispiel der Einheimischen folgen, denn es gilt als grobe Beleidigung der thailändischen Nation wie der Monarchie, wenn man beim Erklingen der nationalen oder königlichen Hymnen sitzen bleibt oder weitergeht.

Für die Thailänder sind all diese Verhaltensweisen, die das Nationalbewusstsein schüren, ein selbstverständliches alltägliches Ritual. Und auch die vielen Flaggen, die rot-weiß-blau gestreifte Thailands und die gelben der Monarchie und der buddhistischen Tempel, die überall, wohin man schaut, im Winde flattern, gehören zum Alltag. Gerade bei manchem Deutschen mag dabei ein Gefühl der

Selbstverständliche Rituale

Guten Morgen Thailand! Vor Schulbeginn wird Nationalbewusstsein eingetrichtert.

Peinlichkeit aufkommen, nicht so bei einem Thailänder.

Ihren Patriotismus tragen die Thai jedoch nicht mit Arroganz zur Schau. Auch anderen Nationen bringen sie Sympathie entgegen, vor allem den Deutschen, deren Fleiß und Zuverlässigkeit sie bewundern. Nicht besonders beliebt sind Araber, denen man den Vorwurf macht, sie hätten ihren Reichtum nicht selbst verdient, sondern durch glückliche Fügungen erhalten. Zudem verübelt man es ihnen, dass sie zwar zu Hause den muslimischen Sittenkodex im Umgang mit Alkohol und Frauen strikt befolgen, in Thailand aber nach Lust und Laune gegen diese Vorschriften verstoßen. Unbeliebt sind auch Südasiaten, etwa Inder, Pakistani und Bangladeshi. Dies ist meist deren entspanntem Verhältnis zur Reinlichkeit zu schulden. Für Thailänder »stinken« sie schlichtweg und man kann öfter beobachten, dass in öffentlichen Verkehrsmitteln Thai, die neben Indern stehen oder sitzen, dezent ihre Finger vor die Nase halten. Auch europäische Ausländer sollten deshalb besonders auf ihre Reinlichkeit achten, um nicht mit dem weit verbreiteten Vorurteil *farang men* (Alle Ausländer stinken) bedacht zu werden.

Fremdenfeindlichkeit?

Frauen in Thailand – leichte Mädchen mit Mandelaugen?

Das größte westliche Missverständnis

Frauen in Thailand – da denkt man(n) in Europa meist gleich an leichte Mädchen mit Mandelaugen: lieb, anschmiegsam und immer für die Männer da. Sie gelten als Zierrat, im Zweifelsfall als käuflich. Der Mythos von der sinnenfreudigen Thailänderin ist so alt wie dauerhaft. Dienend, sanft zum Mann aufschauend? Da ist man bei den meisten Frauen in Thailand allerdings an der falschen Adresse - das größte westliche Missverständnis gegenüber Thailand betrifft seine Frauen.

Ohne Frauen stehen die Räder der Wirtschaft still.

Die Wirklichkeit ist: Frauen und Mädchen haben mit flinken Händen zu einem großen Teil Thailands Wirtschaftswachstum der letzten Jahrzehnte erarbeitet. Sie stellen rund die Hälfte der thailändischen Arbeitskräfte. Damit zählt die Rate weiblicher Erwerbstätigkeit zu den höchsten der Welt. Fabriken, in denen Fertigprodukte wie Kleidung, Schuhe und Lederwaren für den Export hergestellt werden, beschäftigen fast ausschließlich Frauen. Frauen sind aber nicht nur in arbeitsintensiven Industriezweigen tätig, immer mehr Frauen schaffen den beruflichen Aufstieg. In Handels- und Industrieunternehmen, in staatlichen und privaten Sozialeinrichtungen, in Verwaltung und im Gesundheitswesen trifft man immer mehr Frauen in Führungspositionen, die ihre Managementaufgaben effizient und souverän erledigen. Vereinzelt sind Frauen sogar in klassische Männerdomänen wie Armee und Polizei vorgedrungen.

Innerhalb des Hauses tonangebend

In der ländlichen Gesellschaft, wo der (Groß-) Familienverband noch intakt ist, sind es seit Jahrhunderten die Frauen, die Haus, Hof und Markt managen. Nach außen mag der Mann die Familie repräsentieren, innerhalb des Hauses aber ist die Frau die Tonangebende. In der Regel ist sie es, die Entscheidungen in allen wichtigen Familien- und Finanzangelegenheiten trifft und das Familienvermögen zusammenhält. Seit eh und je ist es Tradition, dass der Familienbesitz von Mutter zu Tochter vererbt wird. Auch ist der Handel auf den Märkten, wo man fast nur Händlerinnen sieht, traditionell eine Domäne der *phuu ying haa kin* (»Frauen, die nach Essen suchen«). Und die Klischeevorstellung vom kleinen hilflosen Thai-Mädchen passt auch nicht ganz zu der Tatsache, dass schon 1964, lange bevor Feministinnen in der westlichen Welt von so etwas auch nur träumten, in Thailand die erste Bank von Frauen für Frauen eröffnet wurde.

Starke Frauen in Thailands Geschichte

Die zerbrechlich wirkenden Wesen zeigen bei Bedarf ausgeprägtes Selbstbewusstsein. Aber das ist nichts Neues, keine Folge der Frauenbewegung. Eher ein Stück Tradition. Die Siamesinnen trugen schon im 17. und 18. Jahrhundert Männerkleider und Bubiköpfe und zogen reihenweise in die Schlachten gegen den Erzfeind Burma. So legen heute noch zahlreiche Einheimische auf der Insel Phuket nahe der Stadt Thalang vor dem *Heroines Monument* Blumengebinde und andere Opfergaben nieder, zum Gedenken an die beiden Kriegerinnen Thao Thep Kasattri und Thao Sri Sunthorne. Die beiden energischen Frauen führten im Jahre 1785 im so genannten Thalang-Krieg die siegreiche thailändische Streitmacht gegen ein angreifendes burmesisches Heer an. Als bei einem Scharmützel der thailändische Heerführer und zahlreiche seiner Soldaten zu Tode kamen,

Schönheitskönigin

sahen sich die Bewohner von Thalang einer übermächtigen feindlichen Streitmacht ausgeliefert. Daraufhin schritten die beiden Frauen zur Tat und verkleideten alle weiblichen Bewohner des Ortes als Männer. Die überraschten Burmesen nahmen an, sie hätten es mit einem großen Heer zu tun und ergriffen die Flucht. Und in Nakhon Ratchasima, dem »Tor zum Nordosten«, erinnert ein Denkmal an Khun Ying Mo alias Thao Suranari, unter deren Führung 1826 ein Angriff der Laoten zurückgeschlagen wurde. Von dieser frühen Emanzipation ist den thailändischen Frauen viel geblieben, vor allem wenn sie der Oberschicht angehören.

Kampf um Gleichberechtigung

War Bildung noch bis weit in die erste Hälfte des 20. Jahrhunderts fast ausschließlich ein männliches Privileg, so stellen heute Frauen 55 Prozent der Schüler und Studenten in Schulen und an Universitäten. Dies ist dem fortschrittlichen König Chulalongkorn (Rama V.) zu verdanken, der in der zweiten Hälfte des 19. Jahrhunderts alle Schulen für Mädchen öffnete. Die Gleichstellung von Jungen und Mädchen bewirkte aber erst ein Gesetz, das König Vajiravudh (Rama VI.) 1921 erließ. Und erst 1930 durfte sich Raem Phromobon als erste Studentin an der juristischen Fakultät der Thammasat-Universität in Bangkok immatrikulieren. Später wurde sie, als erste Rechtsanwältin des Landes, zur Leitfigur der Frauenbewegung. Bis Mitte des 20. Jahrhunderts war es Thai-Frauen verwehrt, ein politisches Amt zu übernehmen. Erst 1949 zog für die Provinz Ubon Ratchathani eine Frau in die Volksvertretung in Bangkok. Und auch heute wird bei Parlamentswahlen immer wieder deutlich, dass die Frauen in Thailand um ihren Platz im öffentlichen Leben kämpfen müssen: Sie stellen weniger als 10 Prozent der Abgeordneten im Parlament in Bangkok und das obwohl 1997 mehr Frauenrechte in die neue Verfassung einfügt wurden. Verschlossen sind Frauen die höheren Entscheidungsebenen in Politik und Militär sowie auch die Schaltstellen der Macht am Königshof.

Frauen im Buddhismus

Starke Mutter, Lisu Village, Mae Hong Son

Von der Gleichberechtigung ist man vor allem auch im religiösen Leben noch weit entfernt. Buddha lehrte die Menschen zwar, dass jeder unabhängig von Rasse und Geschlecht gleichermaßen berechtigt ist, an der spirituellen Reise teilzunehmen, die zur Befreiung von Habgier, Zorn und Illusion führt, im thailändischen Volksbuddhismus spielen Frauen jedoch nach wie vor eine untergeordnete Rolle. Allein Männer dürfen die safrangelbe Robe anlegen und zum Mönch ordiniert werden, weshalb für junge Frauen ein Klosteraufenthalt eher die Ausnahme ist. Dagegen verbringen alte Frauen als weiß gekleidete Nonnen *(mae chii)* ihren Lebensabend häufig in einem Kloster, entweder in eigenen Klostergemeinschaften oder innerhalb eines Mönchsklosters. Wie die Mönche führen sie ein asketisches Leben, sind ihnen aber nicht gleichgestellt. Während die Mönche meditieren und sich mit dem Studium der heiligen Schriften beschäftigen, müssen sich die Nonnen mit der Reinigung der Gebäude oder der Verwaltung der Finanzen befassen: Hausfrauen im Kloster.

Über Liebe, Beziehungen und Sexualität

Frauenfeindliches Umfeld

Die Leistungen der Thailänderinnen nötigen umso mehr Respekt ab, wenn man bedenkt, dass sie in einem noch zutiefst machistisch-chauvinistischen Umfeld leben. Der *United Nations Development Fund for Women* sieht in Thailand »große Probleme in den Beziehungen der Geschlechter«. Und eine Sprecherin der thailändischen *Foundation for Women* sagt: »Die Freundlichkeit der Thai-Männer im öffentlichen Umgang endet oft hinter der Haustür.«

Nebenfrauen erlaubt

Bereits im Königreich Ayutthaya besaßen adelige Herren das Recht, sich neben ihren Hauptfrauen ehemalige Sklavinnen als Konkubinen zu nehmen. Obwohl die Polygamie 1935 per Gesetz abgeschafft wurde, folgen heute noch wohlhabende thailändische Männer dieser Gepflogenheit und leisten sich eine *mia noi,* eine Nebenfrau. Je nach Einkommen können sie auch mit mehreren – sozial keineswegs geächteten – Nebenfrauen in einem eheähnlichen Verhältnis zusammenleben, was bei vielen auch als eine Art Statussymbol gilt.

Als Jungfrau in die Ehe

Während bei einheimischen Männern der Bordellbesuch zum gesellschaftlich anerkannten Lebensgefühl gehört und schon unter Studenten der Abstecher in den Puff fast als eine Art Volkssport gilt, wird von einer wohlanständigen thailändischen Frau nach wie vor erwartet, dass sie als Jungfrau in die Ehe geht. Der Verlust der Jungfräulichkeit, in Thailand auch heute noch Maßstab für Tugendhaftigkeit, kann junge Frauen ins gesellschaftliche Abseits treiben. Und eine Frau, die mit einem Geliebten Ehebruch begeht, sinkt in den Augen der Gesellschaft auf den Rang einer billigen Hure. Dies haben die Thai-Frauen so verinnerlicht, dass nur wenige zu Seitensprüngen bereit wären.

Liebesheirat oder arrangierte Ehe

»Ich will nicht den Mann heiraten, den meine Eltern für mich bestimmt haben.« Mit dieser zur damaligen Zeit unerhörten Petition wandte sich 1866 eine Thailänderin an König Mongkut. Und das Wunder geschah: Der Monarch änderte das Gesetz, nach dem Frauen damals nicht als eigenständige Personen galten. Fortan durften sich Frauen ihren Lebenspartner selbst aussuchen. Heute sind die meisten Ehen in Thailand Liebesheiraten, wenn auch vor allem in besseren Gesellschaftskreisen bisweilen die Eltern aus Standesdenken oder wirtschaftlichen Interessen nach wie vor eine Eheschließung arrangieren. Der einzige Ausweg ist dann, überhaupt nicht zu heiraten und ein Singledasein im westlichen Sinne zu führen, was in Bangkok immer häufiger vorkommt.

Ungerecht ist aber heute noch das thailändische Scheidungsgesetz: Der Ehebruch der Frau reicht zur Scheidung aus. Ein Ehebruch des Mannes ist aber nur dann ein Scheidungsgrund, wenn die Ehefrau nachweisen kann, dass ihr Gatte für seine Geliebte den gleichen Unterhalt aufwendet wie für seine Angetraute. Wer könnte jemals einen solchen Beweis erbringen? Während ein wegen Ehebruchs geschiedener Mann keineswegs mit sozialer Ächtung rechnen muss, hat eine geschiedene Frau in der Gesellschaft, am Arbeitsplatz und meist auch in der Familie das Gesicht verloren und meist nur die Möglichkeit, sich ebenfalls als Geliebte – allerdings höchstens noch zweit- oder drittrangig – aushalten zu lassen. Oder sich, sofern noch nicht zu alt, auf dem freien Markt der käuflichen Liebe zu verhökern. Verlassene Ehefrauen, ob offiziell geschieden oder nicht, haben es in Thailand nicht leicht. Vor allem stehen sie vor wirtschaftlichen Problemen, denn kaum ein thailändischer Mann, der Frau und Familie verlassen hat, leistet Unterhaltszahlungen, auch wenn diese richterlich angeordnet wurden.

Betrogene Frau haben das Nachsehen.

Traditionsgemäß wird von einer thailändischen Frau immer noch erwartet, dass sie die Untreue ihres Mannes hinnimmt. Oft tut sie das auch, sofern der Ehemann nicht die Familie vernachlässigt oder die Würde seiner Frau verletzt. So finden sich viele thailändische Frauen mit den Bordellbesuchen ihrer Ehemänner ab. Für sie sind diese Eskapaden so etwas wie »den Teufel mit dem Beelzebub austreiben«. Sie sind der Meinung, es ist besser, ihn gelegentlich zu einer »Goldenen Blume« *(dook mai thong)* – wie Prostituierte umgangssprachlich genannt werden – gehen zu lassen, als dass er sich eine Geliebte hält, die das gesamte Familienbudget aufzehrt. Nicht immer aber gelingt es Ehefrauen, so zurückhaltend zu reagieren. Es kommt immer wieder vor, dass betrogene Frauen ihren untreuen Gatten im Affekt umbringen oder zumindest so verstümmeln, dass Untreue fortan unmöglich ist.

Wo das Lächeln weint – Prostitution in Thailand

Eine Million Freudenmädchen

Thailand ist wahrscheinlich das Land mit den meisten Prostituierten auf der Welt. Trotz Aids spielt der Sextourismus immer noch eine große Rolle, aber der »Bedarf« im eigenen Land ist ebenfalls groß. Thailands kommerzielle Sexindustrie wird von den thailändischen Männern weit mehr genutzt als von ausländischen Touristen – neun von zehn Bordellbesuchern sind Einheimische. Seit Jahrzehnten amüsieren sich Thai-Männer in Nachtclubs mit Mekhong-Whisky und Mädchen, die man nicht nur zum Tanzen mieten kann, oder in schwülstig dekorierten Massagesalons, in denen meist noch weitere »Dienstleistungen« geboten werden. Da auch die amerikanischen GIs während des Vietnamkrieges dieses Angebot weidlich nutzten, gefolgt von Hunderttausenden Sextouristen, wurde Thailand seit den 1960er Jahren zu einem florierenden Markt des Menschenhandels und der Prostitution. Auch der Aidsschock schadete nur kurz dem Geschäft. Nach vorsichtigen Schätzungen leben heute in Thailand mindestens eine Million Frauen und Mädchen von der Prostitution, rund 100 000 sind minderjährig.

INFO

Aids auf dem Vormarsch

Nach Angaben des thailändischen Gesundheitsministeriums leiden bis zu 75 Prozent der Prostituierten an einer oder mehreren Geschlechtskrankheiten. Schätzungsweise 40–50 Prozent von ihnen sind mit dem HI-Virus infiziert. Besonders hoch ist die Durchseuchungsrate in den einfachen Provinzbordellen, weil dort die meist thailändischen Kunden sich häufig weigern, Kondome zu benutzen. Insgesamt über 610 000 Menschen in Thailand trugen nach Schätzungen des *UNAIDS Report* 2008 Ende 2007 den HI-Virus in sich. Alarmierend sind mittlerweile auch die Zahlen der an Aids Erkrankten, aber auch hier liegen keine exakten Statistiken vor. Die am meisten von der Immunschwächekrankheit betroffenen Gruppen sind weibliche und männliche Prostituierte, Drogensüchtige und die so genannten *kathoey*, Transvestiten bzw. Transsexuelle. Obwohl man bereits seit Jahren das Thema Aids öffentlich diskutiert und vor der rasanten Ausbreitung der Seuche warnt, fällt es schwer, überlieferte Verhaltensmuster zu ändern. Trotz gesellschaftlicher Ächtung ist die Betreuung und Behandlung von Aids-Kranken vergleichsweise gut organisiert und zum großen Teil sogar kostenfrei. Dennoch verzeichnete der *UNAIDS Report* 31 000 Aidstote im Jahr 2007.

»Anschaffen«, um die Familie zu ernähren

Thailändische Statistiken besagen, dass die meisten Prostituierten des Landes aus der armen Nordostregion stammen, die wenigsten aus dem relativ wohlhabenden Süden. Nicht selten sind sie die einzigen Verdiener einer Großfamilie, die ohne ihre regelmäßigen Überweisungen überhaupt nicht existieren könnte. Schon herrscht in manchen ländlichen Regionen akuter Frauenmangel, da in vielen Dörfern bis zu drei Viertel der Mädchen fortgezogen sind, um in Bangkok oder größeren Provinzstädten fürs Elternhaus zu arbeiten oder »anzuschaffen«. Die unzähligen Red-Light-Etablissements, in denen die Prostituierten ihrem Gewerbe nachgehen, haben, so unterschiedlich sie auch in ihrer Ausstattung sind, eine Gemeinsamkeit: Sie halten sich im Verborgenen, da Prostitution und obszöne Shows in Thailand offiziell verboten sind. Bereits 1904 wurden Gesetze zur Regelung der Prostitution erlassen. Seit 1960 gibt es das Gesetz zur Unterdrückung der Prostitution, das für Prostituierte und Zuhälter hohe Geldstrafen oder Gefängnisstrafen zwischen drei und sechs Monaten vorsieht. Aber wie viele andere Gesetze steht auch dieses nur auf dem Papier. In den allermeisten Fällen dient es lediglich dazu, das schmale Einkommen von Polizisten aufzubessern.

Das Prostitutionsbusiness hält sich nicht an Gesetze.

Für die Betreiber von Bordellen, Bars und Massagesalons lohnt es sich sehr, gute Verbindungen zu einflussreichen Polizeioffizieren zu haben. Mit regelmäßigen Schmiergeldzahlungen gelingt es ihnen meist, Razzien abzuwenden, die zu einer Schließung des Betriebs führen könnten. Bislang ist es keiner Regierung gelungen, das Gesetz von 1960 gegen die Interessen der im Prostitutionsbusiness tätigen mafiotisch organisierten Geschäftsleute durchzusetzen.

Bar in Patong, Phuket: Hier kommt jeder Freier auf seine Kosten.

Prostitution in Thailand hat eine lange Tradition.

Prostitution wurde in Thailand immer sozial akzeptiert, das reicht weit in die Feudalgeschichte zurück. Bereits im Königreich Ayutthaya erfreute sich die so genannte *sopenee,* die schöne, gebildete Frau, die einen Mann nicht nur im Bett zu unterhalten verstand, besonderer sozialer Wertschätzung. Selbst Könige verehrten »die, die niemandes Eigentum sein durfte«. Eine *sopenee* gehörte jedem, der sie sich leisten konnte; sie wurde von der Gesellschaft als wohlfeile Ware betrachtet.

Wie der Autor H. S. Hallet in seinem Reisebericht *A Thousand Miles on an Elephant* aus dem Jahre 1890 berichtet, schossen in Bangkok Mitte des 19. Jahrhunderts Bordelle wie Pilze aus dem Boden. Zu jener Zeit erlebte die siamesische Hauptstadt einen starken Zustrom von chinesischen Einwanderern, die sich vor allem in dem heute als Chinatown bezeichneten Bezirk niederließen. Die Zuwanderer aus dem Reich der Mitte hatten meist Frau und Familie in der fernen Heimat zurückgelassen. Auf diese Weise tat sich eine »Marktlücke« auf, die junge siamesische Frauen zu nutzen verstanden.

Nach den Chinesen die Amerikaner

Einen weiteren Bordell-Boom erlebte Thailand Mitte der 1960er Jahre, als die Amerikaner während des Vietnamkrieges in Thailand Militärstützpunkte errichteten und die US-Armee Bataillone von kampfmüden Soldaten zur Erholung (offiziell R & R genannt – *rest and recreation)* in das Königreich verfrachtete. Schnell sprach sich die Spendierfreudigkeit der GIs herum, und im Umfeld der amerikanischen Basen, etwa in U-Tapao oder Udon Thani, sowie in Bangkok und Pattaya entstanden *recreation areas* mit unzähligen Bars und Massagesalons, in denen gegen harte Dollars alles geboten wurde.

Bumstourismus

Als sich die Amerikaner aus Südostasien zurückzogen, hinterließen sie schöne Urlaubseinrichtungen, viele Animiermädchen und ebenso zahlreiche Ärzte, die ihr Geld mit der Heilung von Geschlechtskrankheiten verdienten. Dieser gut eingespielten Prostitutionsinfrastruktur bedienten sich schon bald so genannte Bums-Touristen aus aller Herren Länder: Ende der 1970er Jahre waren drei Viertel der Thailand-Touristen allein reisende Männer. Die Berichterstattung in westlichen Medien prägte damals das Bild von Thailand als »Sexdorado«. Es entstand das verhängnisvolle Bild des willigen, zärtlichen Thai-Mädchens, das seinen Freier liebt. Diese Männerfantasie ist bis heute oft immer noch stärker als die Furcht vor Aids. Als Sexoasen für Touristen sind vor allem die Patpong Road in Bangkok und der Badeort Pattaya an der Ostküste berühmt-berüchtigt geworden. Aber auch in anderen Ferienregionen, etwa in Patong auf der Insel Phuket, gibt es eine Rotlichtszene.

Massage-salons und Go-Go-Bars

Nichts ist dort leichter, als ein Mädchen zu kaufen. Tausende warten durchnummeriert in Massagesalons hinter Spiegelglas auf Kundschaft. In den vorwiegend von *farang* besuchten Go-Go-Bars, auf denen sich Thailands Ruf als Sexparadies in erster Linie gründet, tanzen Mädchen in knappen Glitzerbikinis zu Rockmusik auf Laufstegen. Go-Go-Girls erhalten ein Grundgehalt als Tänzerinnen und Animiermädchen, das sie aber deutlich aufbessern können, wenn sie sich gegen eine geringe Summe von einem Kunden für eine Nacht oder länger »auslösen« lassen.

Image-problem

Während die Regierung anfangs beide Augen zudrückte, weil die Devisen der Freier dem armen Land willkommen waren, wurde ihr der zweifelhafte Ruf bald zum Imageproblem. Denn Thailand ist seit den 1980er Jahren selbst dabei, die Schwelle zum Industriestaat zu überschreiten. Schon seit Jahren kämpft das Land gegen den Ruf, ein Zentrum der Prostitution in Südostasien zu sein. Obwohl der reine Sextourismus heute nur noch einen Bruchteil aller Thailand-Reisen ausmacht, reichen seine Auswüchse, um ein ganzes Land und oft auch seine Besucher in Misskredit zu bringen. Auszumerzen ist die Prostitution im Lande wohl kaum, da sie als »bedeutender Wirtschaftsfaktor« viel Geld einbringt: Schätzungen zufolge werden über 10 Prozent des thailändischen Bruttosozialprodukts in diesem Gewerbe erwirtschaftet.

Kathoey – das »dritte Geschlecht«

Der Tag geht, die *kathoey* kommen. Verführerisch bewegen sich die »Andersartigen« – so die Übersetzung – durchs Nachtleben. In den Rotlichtbezirken von Bangkok und Pattaya gibt es Etablissements, in denen besonders hübsche, gut gewachsene Mädchen arbeiten, die sich bei genauerem Hinsehen als Transvestiten entpuppen. Oft Meisterwerke der plastischen Chirurgie oder durch Hormone zu Hermaphroditen gewandelt, bieten die *ladyboys* in Travestie-Shows perfekte Inszenierungen, die einen Vergleich mit Las Vegas nicht scheuen müssen. Weder Mann noch Frau, gehören die *kathoey* als Transsexuelle zum »dritten Geschlecht«. Sie bewegen sich zwischen männlicher und weiblicher Erscheinung und bleiben manchmal im Bereich dazwischen. Sprachlich ist das »dritte Geschlecht« in Thailand jedoch durch Anrede und Geschlechtspartikel feminin belegt – sie gelten als *saao praphet soong,* als »zweite Art von Frau«. Schon seit Jahrhunderten nehmen Transsexuelle einen festen Platz im gesellschaftlichen Geflecht ein.

Glaube und Aberglaube in Thailand

Buddha auf neuen Pfaden

Am Erawan-Schrein

Rushhour in Bangkok. An der verkehrsreichen Kreuzung Ploenchit Road und Ratchadamri Road verglüht Autoblech, hängen blaugraue Abgasschwaden in der heißen Luft. Unmittelbar im Schnittwinkel der beiden Straßen mischt sich der Duft von Räucherstäbchen mit Abgasgestank, schwingt klassische Thai-Musik zwischen dem Motorenlärm. Die grazilen Tänzerinnen in ihren klassischen Prunktrachten, die am Erawan-Schrein einer vergoldeten Statue der vierköpfigen Hindu-Gottheit Brahma huldigen, sind keine Halluzination: Ihre märchenhafte Anmut ist auch ein Stück thailändischer Wirklichkeit.

Der Erawan-Schrein liegt neben dem einstigen *Erawan Hotel.* Als das Luxushotel in den 1950er Jahren gebaut wurde, kam es immer wieder zu mysteriösen Unfällen. Viele Handwerker verletzten sich schwer oder stürzten gar vom Gerüst zu Tode. Als das Projekt immer mehr in Verzug geriet, zog man Geisterexperten *(moo phi)* zu Rate. Diese kamen der Ursache rasch auf die Spur: Während der Bauarbeiten waren viele Erdgeister von ihrem Platz vertrieben worden. Sie irrten nun ruhelos umher und zahlten den Menschen ihren Frevel heim.

Öffentlicher Wallfahrtsort

Als Ersatz wurde an einer Ecke des Neubaus der Erawan-Schrein errichtet. Die Geister waren mit ihrer neuen Heimstatt offensichtlich zufrieden, denn die Unfälle hörten auf. Schon bald schrieb man dem Schrein Glück bringende Kräfte zu und er wurde zu einem öffentlichen Wallfahrtsort. Das alte *Erawan Hotel* hat man Ende der 1980er Jahre abgerissen und als *Grand Hyatt Erawan* neu errichtet. Aber der Erawan-Schrein steht unverändert an seinem Platz. Zu ihm pilgern Bauarbeiter und Bankdirektoren, Barmädchen knien hier mit gefalteten Händen neben Hausfrauen. Zu jeder Tages- und Nachtzeit umringen Bittsteller die Brahma-Statue, entzünden Räucherstäbchen und Kerzen und legen so viele duftende Jasmingirlanden nieder, dass die Tempeldiener sie alle paar Minuten wegräumen müssen.

Irdische Wünsche

Buddhisten sind sie allesamt, das schon, aber buddhagleich und somit frei von Begierden sind sie nicht. Glück in der Liebe, im Spiel, im Beruf erflehen sie von Brahma. So mancher stellt zum Dank für einen in Erfüllung gegangenen Wunsch einen hölzernen Elefanten auf. Andere erfolgreiche Bittsteller danken Brahma, indem sie eine Darbietung klassischer Lakon-Tänze finanzieren. Wenn man weiß, dass die überwiegende Mehrheit der Thailänder Buddhisten sind, mag man sich fragen: Warum beten sie eine hinduistische Gottheit an? Warum glauben sie überhaupt an Geister, von denen in den buddhistischen Lehrbüchern doch nichts geschrieben steht?

In der Blütezeit von Sukhothai wurde während der Regentschaft von König Ramkhamhaeng (1277–1317) der aus Ceylon übernommene Theravada-Buddhismus zur Staatsreligion erhoben. Bis heute prägt diese Schule des Buddhismus, zu dem sich 95 Prozent der Thai bekennen, das Gesicht des Landes. Thailand ist der Staat mit dem größten buddhistischen Bevölkerungsanteil der Welt. Nahezu jeder Thai ist bekennender Buddhist.

Ob Buddha den Papierdrachen sehen kann? Wer weiß?

Als heute noch de facto Staatsreligion beeinflusst der Buddhismus in hohem Maße auch das politische und wirtschaftliche Geschehen.

Der thailändische Volksbuddhismus

Staatsreligion und Weltanschauung

Bei der von der Bevölkerungsmehrheit praktizierten Religion handelt es sich aber nicht um eine puristische Form des Theravada-Buddhismus. Mit der Zeit bekam dieser einen eigenen thailändischen Charakter und entwickelte sich zu einer lebensfrohen Symbiose aus Hochreligion, Naturreligion, Aberglauben und Folklore. Eingesprenkelt sind zudem hinduistische Glaubenselemente. Die meisten thailändischen Buddhisten haben zwar die Grundideen der Lehre des Buddha erfasst, doch sie wissen wenig von den Textbüchern des Buddhismus, aus denen die Mönche in den Klöstern rezitieren. Nach wie vor ist ihr Denken und Handeln stark von vorbuddhistischem Gedankengut beeinflusst. Obwohl bereits in der Vergangenheit thailändische Monarchen als Hüter der reinen buddhistischen Lehre versuchten, die verschiedenen Geisterkulte zu verbannen, ist unter den Thai der Geisterglaube immer noch weit verbreitet. So ist der in Thailand praktizierte Buddhismus eher eine Art Weltanschauung, philosophisch, mythisch und für Außenstehende sehr verwirrend.

Geisterkult und …

Zu den Eigentümlichkeiten des thailändischen Volksbuddhismus gehört der Glaube an übernatürliche Kräfte *(khuan)*, die jedem Wesen oder Gegenstand innewohnen. Genauso selbstverständlich werden lokale Schutzgeister *(phi)* in das buddhistische System integriert. Da sie das tägliche Leben der Menschen mitbestimmen, muss man durch Zeremonien die Wohlgesonnenheit der *khuan* und *phi* sichern. Eines der beliebtesten Rituale, um die Geister gnädig und die Menschen fröhlich zu stimmen, ist eine *Su-khuan*-Zeremonie. (s. S. 88)

Betende am Erawan-Schrein

... hinduistische Einflüsse

Seit die Könige von Ayutthaya nach der Unterwerfung des Khmer-Reiches im Jahre 1431 das brahmanische Hofritual Angkors übernommen hatten, spielten brahmanische Priester in der thailändischen Residenz eine bedeutende Rolle. Heute noch folgen königliche Zeremonien fast ausschließlich den Geboten des Brahmanismus. Shiva, Vishnu und andere hinduistische Götter wurden in den Buddhismus einbezogen, außerdem praktisch die gesamte Hindukosmologie. Besonders große Verehrung genießt der oft vierköpfig dargestellte Brahma, der als Schöpfer der Welt und des Universums eine der drei obersten hinduistischen Gottheiten ist. Auch zahlreiche der mythologischen Wesen des Hinduismus wurden in die buddhistischen Glaubensvorstellungen integriert. So ist die aus vorbuddhistischer Zeit stammende Verehrung der Fruchtbarkeit spendenden Naga-Schlangen, die in den Flüssen leben, mit buddhistischen Riten verwoben. Außer Fruchtbarkeitsriten und Natur- und Geisterkulten duldet der thailändische Volksbuddhismus auch hinduistisch-brahmanische Praktiken, wie die Segnung der Gläubigen mit geweihtem Wasser.

Brahma, vierköpfige Hindu-Gottheit, Mittelpunkt des Erawan-Schreins

Toleranz statt Doktrin

Als Verkörperung der nationalen Kultur und Identität dominiert der Buddhismus weitgehend das Leben der thailändischen Bevölkerung. Den meisten dient er als Richtschnur für das rechte Verhalten im täglichen Leben. Er betont Toleranz und Friedfertigkeit, Mitgefühl und Hilfsbereitschaft, Bescheidenheit und Gelassenheit, Gleichmut und Geduld. Er ist die alles beherrschende Kraft, welche die Thai, ihr Wesen, ihren Umgang untereinander und mit Fremden bestimmt. Das thailändische Sprichwort *Tham bun, dai bun* (Wer Gutes tut, dem wird auch Gutes widerfahren) ist Lebensmaxime.

Die Vorherrschaft des Buddhismus hat aber nicht etwa zu Intoleranz gegenüber anderen Konfessionen geführt. Jede Religion ist durch das Gesetz geschützt, und der König ist der Schutzherr aller Gläubigen, so auch der in Thailand lebenden Anhänger von Konfuzianismus und Taoismus (3 Prozent), der Muslime (1 Prozent) sowie auch von Hindus und Sikhs, Katholiken und Protestanten (zusammen 1 Prozent). Sie alle leben weitgehend friedlich unter dem einenden Dach der Thai-Gesellschaft.

Grundlagen der buddhistischen Lehre

Der Weg zur Überwindung des irdischen Leides

Selbsterkenntnis befreit vom Leid.

Das bedeutendste Symbol Thailands ist die Statue Buddhas, die aber nicht als Gott, sondern vielmehr als Symbol seiner Lehre verehrt wird. Im Buddhismus gibt es weder einen Schöpfergott noch eine Schöpfungsgeschichte. Der Buddha ist kein Heiland, der die Menschen durch seine Gnade ohne ihr eigenes Zutun erlöst. Er wird von Buddhisten als Lehrer und »erleuchteter« Mensch verehrt, der ohne göttliche Offenbarung seine Einsichten und seine Erleuchtung aus eigener Kraft gewann und anderen Menschen den Pfad zum Heil zeigt. Diesen Pfad zu beschreiten, ist kein Spaziergang, sondern ein langer, mühevoller Weg der Selbsterkenntnis, der die Fähigkeit zur Meditation und zur Versenkung voraussetzt. Kern der Lehre des Buddha ist die Vermittlung von Einsichten, mit deren Hilfe das irdische Leid *(dukha)* überwunden werden kann. Entscheidend ist, dass die Menschen lernen, die Ursachen des Leides und sich selbst zu erkennen, um sich aus eigener Kraft vom Leid zu befreien. Die Erlösung beruht allein auf den geistigen und ethischen Bemühungen des Einzelnen. Kein Gnadenakt eines Erlösergottes, keine göttliche Fügung ist im Spiel. Wie Buddha es selbst vorgelebt hat, ermöglicht die Meditation es, zu weiser Einsicht zu gelangen. Mit ihrer Hilfe lernt man, die Gedanken zu beherrschen, damit die positiven Kräfte des Geistes sich entwickeln und nur sie – und nicht die negativen – das Handeln bestimmen.

Buddha lehrte, dass der Mensch leide, da er Begierden *(samudaya)* habe, vor allem solche nach allem Materiellen und damit nach Macht und Einfluss. Ohne zu erkennen, dass irdische Güter und Vergnügungen nur Glücksverheißungen vorgaukeln, jagt der Mensch ihnen ständig nach und wird am Ende noch »durstiger« und leidverstrickter als zuvor. Gedanken und Taten werden von den vier Grundübeln bestimmt: Gier, Hass, Verblendung und Unwissenheit. Die Aufhebung des Leides ist nur durch die Überwindung der Begierden *(nirodha)* möglich. So ist die buddhistische Lehre ganz auf die Erlösung im Nirvana ausgerichtet, der höchsten Form der Glückseligkeit, in der alle Begierden und damit das Leid erloschen sind.

Liegender Buddha in Löwenlage. So schlafen auch buddhistische Mönche.

INFO

Prinz Siddharta Gautama – der historische Buddha

Die Wiege des Buddhismus stand im Ganges-Becken im nordöstlichen Indien. Der Begründer, Siddharta Gautama, wurde 623 v. Chr. im Ort Lumbini im heutigen Nepal als Thronfolger eines bedeutenden Königs geboren. Am väterlichen Hof wuchs der Prinz, wohlbehütet und abgeschirmt gegen alle Formen des menschlichen Leides, in Luxus und Reichtum auf. Da die Schattenseiten des Lebens ausgespart waren, hielt er das irdische Dasein für das reine Glück, bis er bei Ausritten vor den Palastmauern vier Begegnungen hatte, die sein Leben veränderten. Zunächst begegnete er einem Greis, dann einem Kranken, darauf einem Leichenzug und schließlich einem armen, aber glücklichen Bettelmönch. Die Erkenntnis von Leid und Elend des Lebens sowie von der Vergänglichkeit der Welt, die ihm bislang in der Abgeschiedenheit des Palastes verborgen geblieben war, und die Vision vom Frieden, den man durch ein religiös bestimmtes Dasein erlangen kann, ließen ihn über Grenzen und Sinn der menschlichen Existenz nachdenken.
Weiter heißt es in der Überlieferung, dass er kurz vor seinem 30. Geburtstag in der »Nacht der großen Entsagung« sein luxuriöses Leben im Palast sowie seine Familie mit Frau und Sohn zurückließ, um sich auf die Suche nach dem Weg zur spirituellen Erlösung zu begeben. Sieben Jahre lang zog er auf der Suche nach religiöser Erkenntnis umher, bevor er nach 49-tägiger Meditation in Bodh Gaya unter einem Bodhi-Feigenbaum eines Nachts den Zustand der Erleuchtung erreichte. Er erkannte, dass alle Lebewesen im endlosen Kreislauf von Geburt, Tod und Wiedergeburt gefangen sind und wurde zum Buddha – zum Erleuchteten. Die Lehren des Religionsgründers wurden erst lange nach seinem Tod in der Schriftensammlung der »Drei Körbe« *(tripitaka)* niedergelegt.

Die Lehre vom Karma

Die Bilanz der guten und schlechten Taten …

Buddha verkündete weiterhin, dass das gegenwärtige Dasein des Menschen nur eines in einer langen Reihe sei, dass jede Existenz bedingt sei durch die in der früheren Existenz vollbrachten Taten, und dass eine bessere Wiedergeburt oder schließlich das Erreichen des Zuflucht und Schutz gewährenden Nirvana allein durch gute Taten zu erlangen sei. Der Glaube an das Karma, die Vergeltungskausalität aller guten und bösen Taten auf Erden, ist daher tief im Bewusstsein der Gläubigen verankert. Hat man Pech im Leben, ereilen einen Schicksalsschläge wie Unfall oder Krankheit, beruht das auf einem negativen Karma aus einem früheren Leben.

… entscheidet über das eigene Lebensglück.

Die Lehre vom Karma verspricht eine bessere, glücklichere Zukunft, sofern man in diesem Leben verdienstvolle Taten vollbringt *(tham bun)*, während böses Tun in der nächsten Inkarnation entsprechend vergolten wird. Das Karma entlässt niemanden aus der Verantwortung für das eigene Leben: Der Mensch ist

seines Glückes Schmied. Hadern mit dem eigenen Schicksal ist für Buddhisten kein Thema. Hänge nicht deinem Kummer nach, sondern bemühe dich stattdessen, bessere Ausgangsbedingungen für deine nächste Existenz zu schaffen, lautet die Lebensmaxime.
Für Laien ist die Spende an den Mönchsorden gewöhnlich der beste Weg, religiöse Verdienste zu erwerben. Indem sie die Mönche bei ihrer Suche nach Erleuchtung unterstützen, verbessern sie ihr eigenes Karma für künftige Wiedergeburten. Verdienste erwirbt man sich im täglichen Leben zum Beispiel durch die morgendliche Speisung der Mönche, die Instandhaltung von Tempeln und die Beteiligung an buddhistischen Kulthandlungen. Auch wer die sozialen Aspekte des Buddhismus beherzigt, erhöht sein Verdienstkonto und darf auf eine höhere Einstufung im nächsten Leben rechnen. So ist ein Mensch, der nach der buddhistischen Lehre lebt, bemüht, Mitgefühl *(karuna)* und Güte *(metta)* gegenüber seinen Mitmenschen zu empfinden und sich für deren Wohl zu engagieren.

Das Nirvana

Ort der vollkommenen Erlösung

Das Nirvana ist der Ort, wo es kein Ich mehr gibt, keine Gefühle und kein Begehren, aber eine strahlende Leere, endgültig und ewig. Kaum ein Mensch erreicht die Erleuchtung, mit der das Rad der Wiedergeburten und damit das Leiden endet, in seinem gegenwärtigen Leben. Die vollkommene Erlösung wird normalerweise erst nach wiederholter Neugeburt erreicht. Buddha selbst benötigte, wie die Jataka-Legenden überliefern, über 500 Lebenszyklen, bis er so rein und vollkommen war, dass er seine historische Existenz als Siddharta Gautama beginnen konnte. Durch gute Taten oder durch Verdienste *(bun)* können Buddhisten die Anzahl der folgenden Wiedergeburten verringern. Die Haupttugend besteht darin, ein Leben nach den Empfehlungen des Buddhismus zu führen und die im »Edlen Achtfachen Pfad« festgelegten Verhaltensregeln zu befolgen:

1. Die rechte Erkenntnis – die Anerkennung der »Vier Edlen Wahrheiten« als Voraussetzung zur Erlösung.
2. Der rechte Entschluss – das Bekenntnis zur Lehre des Buddha.
3. Das rechte Reden – keinem anderen Wesen durch Lügen oder üble Nachrede Schaden zufügen.
4. Das rechte Handeln – im Sinne der buddhistischen Lehre, also keine Lebewesen töten oder verletzen, Nichtgegebenes nicht nehmen, nicht sexuell ausschweifend leben, nicht durch berauschende Mittel das Bewusstsein trüben, seinen Mitmenschen helfen.
5. Der rechte Lebenserwerb – durch eine Tätigkeit, die für kein anderes Lebewesen von Nachteil ist.
6. Das rechte Bemühen – auf dem Weg zur Erkenntnis und Erlösung.
7. Die rechte Achtsamkeit – gegenüber dem Körper, dem Geist und der Sinne, um Besonnenheit und Belastbarkeit zu erlangen.

8. Die rechte Konzentration – um durch meditative Versenkung zu höheren Bewusstseinsebenen zu gelangen.

Buddhist wird man nicht durch Taufe, sondern indem man vor einem Mönch oder einer Nonne auf Pali, der heiligen Sprache des Buddhismus, ein so genanntes Zufluchtsgelübde ablegt, mit dem man sich zu den drei »Juwelen des Buddhismus« *(tiratta)* bekennt:

Ich bekenne mich zum Erleuchteten *(Buddha)*, der den Weg weist.
Ich bekenne mich zur Lehre des Buddha *(dharma)*.
Ich bekenne mich zur Gemeinschaft der Jünger des Buddha *(sangha)*.

Buddham Sharanam Gacchami
Dhammam Sharanam Gacchami
Sangham Sharanam Gacchami

Mönche – Lebende Symbole des Buddha

Bintabaat – der Almosengang

Wer spendet, erhöht sein Verdienstkonto.

Frühmorgens schwärmen sie aus. In langer Reihe, barfüßig und kahl geschoren, ziehen Mönche in safranfarbenen Roben durch die Straßen. Ob in Bangkok, Phuket, Chiang Mai oder in entlegenen Dörfern, überall beginnen die Mönche in der Morgendämmerung ihren Rundgang *(bintabaat)*. Sie halten ihre Bettelnäpfe *(baat)* den am Straßenrand knienden Frauen und Männern entgegen, um sie sich von den Gläubigen mit Reis und anderen Speisen füllen zu lassen.

Spenden-Zeremonie

Nur frisches Essen, nichts vom Vortag Übriggebliebenes darf den Mönchen gespendet werden. Mit vor der Stirn gefalteten Händen und tief gesenktem Kopf legen die Gläubigen ihre Gaben in die Schalen. Keiner der Mönche bedankt sich bei den Spendern, vielmehr gehen sie würdevoll schweigend weiter ihres Weges.
Die Mönche (thail.: *phra,* Pali: *bikkhu)* haben keine Veranlassung sich für die Nahrung zu bedanken, denn ihr Almosengang hat mit Betteln nichts zu tun. Sie sollen ihre ganze Kraft für ihre geistige Vervollkommnung einsetzen können. Daher muss ihr Geist frei sein von der Sorge um die tägliche Schale Reis. Zudem gibt die freiwillige Speisung der Mönche den Gläubigen Gelegenheit, religiöse Verdienste anzusammeln und sich somit eine günstigere Ausgangsposition für ihr Leben nach der Wiedergeburt zu verschaffen. Die Gebenden sind es also, die dankbar sein müssen.

Auf Zeit oder fürs Leben

Die Mönchsweihe zelebriert den Eintritt in die Welt der Erwachsenen.

Jeder thailändische Mann sollte zumindest einmal in seinem Leben – so will es die buddhistische Tradition – das Gewand des Mönches anlegen, um sich der Heilssuche nach den Vorschriften des Buddha zu widmen, am besten nachdem er die Schule beendet hat und bevor er seine berufliche Karriere beginnt oder heiratet. Seit alten Zeiten markiert für einen jungen Mann der Aufenthalt im Kloster zugleich den Einritt in die Welt der Erwachsenen, denn erst nach seiner Ordination gilt er als vollwertiges Mitglied der Gesellschaft *(khon suk).* Auch heute noch weigern sich viele Thai, einem »unvollständigen Mann« *(khon khang),* der nie als Mönch im Tempel war, ihre Tochter zur Frau zu geben. Für die Eltern ist es eine große Ehre, wenn ihr Sohn zumindest eine befristete Zeit das bescheidene Leben eines Mönches führt. Vor allem weil der Sohn einen Teil der Verdienste, die er sich durch seinen Eintritt ins Kloster erwirbt, auf sie überträgt – nach altem Brauch ist dies sein Dank an die Eltern für die fürsorgliche Erziehung.
In den etwa 30 000 Tempelklöstern, die es in Thailand gibt, leben je nach Jahreszeit 300 000 bis 500 000 Mönche und Novizen. Das Dasein als Mönch kann wenige Wochen oder mehrere Jahre dauern. Die meisten jungen Männer lassen sich im Juli, zu Beginn der dreimonatigen buddhistischen Fastenzeit *(khao phansaa),* in oft aufwändigen Ordinationsfeiern weihen und verlassen den Tempel am Ende der Fastenperiode *(ok phansaa)* im Oktober. Andere Männer verbringen ihr ganzes Leben mit dem Studium der buddhistischen Lehren. Jeder kann aber wieder aus dem Orden austreten, wann immer er will. Die Rückkehr ins weltliche Leben gilt nicht als Versagen. Vielmehr bieten die im Kloster gewonnenen Einsichten den Menschen eine gute Grundlage für ihr späteres Leben, denn jeder, der einmal Mönch war, genießt hohes Ansehen. Allerdings legen in der heutigen Zeit viele junge thailändische Männer mehr Wert auf Karriere als auf Kontemplation und vernachlässigen die heilige Pflicht, einmal im Leben ins Kloster einzutreten.

Tu & Tabu im Umgang mit Mönchen

INFO

▶ **Tu:** Mönche genießen in Thailand höchste Verehrung. Wenn Thai ihre Mönche formell begrüßen, verneigen sie sich im Knien dreimal bis zum Boden. Für Nichtbuddhisten genügt ein respektvoller *wai,* bei dem man die Fingerspitzen der gefalteten Hände bis zur Stirn führt und dabei den Kopf neigt.

▶ **Tu:** Mönchen lässt man stets den Vortritt, bietet ihnen im Bus oder Zug seinen Sitzplatz an und geht nicht neben, sondern einen Schritt hinter ihnen.

▶ **Tabu:** Frauen dürfen Mönche und deren Gewand nicht berühren, sonst müssen sich die Mönche – die im Zölibat leben – einem langwierigen Reinigungsritual unterziehen.

▶ **Tu:** Will eine Frau einem Mönch eine Opfergabe überreichen, muss sie diese erst einem anderen Mann aushändigen, der sie dann weitergibt, oder sie auf ein Tuch stellen, das der Mönch vor sich ausgebreitet hat und von dem er das Geschenk an sich nimmt.

▶ **Tabu:** Auf keinen Fall dürfen sich Frauen neben Mönche und Novizen setzen oder sich mit ihnen fotografieren lassen. Beim Almosengang der Mönche ziehen diejenigen, welche die Speisen austeilen, die Schuhe zum Zeichen des Respekts aus.

Alltag in einem Tempelkloster

Totale Askese

Als der Barmherzige den Mönchsorden *(sangha)* stiftete, erließ er strenge Gebote *(vinay),* die heute noch gelten: Nur einmal am Tag dürfen die Mönche essen, nicht später als 12 Uhr, danach ist nur noch Flüssigkeit gestattet. Sie dürfen weder Mensch noch Tier töten, nicht stehlen und lügen, nicht in weichen Betten schlafen, nicht tanzen und Musik hören. Es ist ihnen nicht gestattet, Schmuck zu tragen, Parfüm oder Öl zu benutzen, Frauen zu berühren und Alkohol zu trinken. Jeder Mönch ist besitzlos, bis auf das, was er am Leibe trägt sowie einige persönliche oder lebensnotwendige Gegenstände. 227 Gelübde und Gebote regeln das buddhistische Mönchsleben. Junge Männer, die das 20. Lebensjahr noch nicht vollendet haben, können nur als Novizen (thail. *naen,* Pali: *samanera)* und nicht als vollwertige Mönche aufgenommen werden. Sie müssen lediglich zehn Novizenregeln befolgen.

Eiserne Disziplin

Der Alltag der Novizen und Mönche wird durch eiserne Disziplin bestimmt. Um 4.30 Uhr werden sie in ihren spartanischen Unterkünften *(kuti)* durch Glocken- oder Paukenschläge geweckt. Kurze Toilette. Dann eine Stunde Gebetsversammlung. Im Anschluss geht es zum Almosengang. Danach kehren die Mönche wieder in den Tempel zurück. Gegen 8 Uhr lässt der Abt den schweren Eisengong zur zweiten Morgenmeditation anschlagen. Mit Gebeten und dem Singen der Sutren (Merksätze) verbringen die Mönche den Rest des Vormittags, bis um 11 Uhr die Glocke zum gemeinschaftlichen Mittagessen ruft. Der Nachmittag

Nichts ohne einen Mönch!

Karges Mahl

gehört dem Studium buddhistischer Texte, der Unterrichtung von Gläubigen oder Arbeiten auf dem Gelände des Klosters. Am späten Nachmittag oder frühen Abend versammeln sich die Mönche ein weiteres Mal zum gemeinsamen Gebet oder zur Meditation. Es gibt in Thailand kaum eine Lebenssituation ohne Mönche. Sie spielen bei allen familiären Festen und Feierlichkeiten eine bedeutende Rolle, von der Namensgebung für Neugeborene über die Fadenknüpfungszeremonie, die Braut und Bräutigam aneinander bindet, bis hin zur Trauerfeier. Bei den Einweihungsfeierlichkeiten für neue Bankhäuser oder Einkaufszentren rezitieren Mönche Glück bringende Gesänge. Sie werden oft eingeladen, um Geschäftsunternehmen ihren Segen zu geben. Ihre Anzahl muss allerdings immer ungerade sein, um Unheil zu vermeiden. In gerader Zahl erscheinen sie nur zu Totenfeiern.

Heilige auf Abwegen

Kriminelle Tendenzen

In den letzten Jahren häuften sich die Skandale um Mönche, die vom rechten Pfad abgekommen waren. Nicht nur dass Mönche die ihnen beim morgendlichen Almosengang gespendeten Speisen heimlich verkauften, nicht wenigen wurden sexuelle Ausschweifungen nachgewiesen. Äbten, die bei Auslandsreisen in Luxushotels abstiegen, warf man Missbrauch von Spendengeldern vor. Offenkundig wurde auch, dass viele junge Mönche drogenabhängig sind. Mit dem Wirtschaftswachstum der vergangenen Jahrzehnte gerieten manche buddhistische Werte ins Wanken. Es entstanden Kulte, die den ungeduldigen modernen Menschen nicht mehr den Weg in das schwer vorstellbare Nirvana weisen, sondern Glück im Hier und Jetzt versprechen. In manchen Klöstern trifft man Mönche, die entgegen den Vorschriften aus Handflächen lesen und Lotterienummern vorhersagen. Es gibt »Ablass«-Mönche, die aus der Verunsicherung der Menschen Profit schlagen. Allen Mönchen, die sich Verstöße und sittliche Verfehlungen zu Schulden kommen lassen, droht die Entlassung aus dem Orden und damit der Verlust jeglicher Achtung.

Waldmönche

Den Gegenpol bilden einige Hundert Waldmönche, die in entlegenen Klöstern im Einklang mit der Schöpfung leben. Sie meditieren in Felshöhlen, lauschen dem Sprießen und Welken der Pflanzen und folgen so dem uralten Prinzip der Loslösung von allem Weltlichen. Die Farbe ihrer Roben, ein rötliches Braun, soll an die Farbe des Herbstlaubes erinnern und damit an die Vergänglichkeit auch des menschlichen Daseins im Kreislauf der Natur.

Wat – religiöses und geistiges Zentrum einer Gemeinde

Sozialer Dreh- und Angelpunkt

Den Mittelpunkt eines jeden Ortes in Thailand bildet eine prachtvolle Tempel- oder Klosteranlage *(wat)*, die aus mehreren Gebäuden mit jeweils unterschiedlicher Funktion besteht. Ein *wat* ist nicht nur das religiöse und geistige Zentrum einer Gemeinde, sondern auch deren sozialer Dreh- und Angelpunkt. An religiösen Feiertagen gleicht das Tempelgelände einem Festplatz voller weltlicher Lebensfreude. Neben religiösen erfüllt ein *wat* auch soziale Funktionen, etwa als Schule, Waisenhaus oder Altersheim. Um ihr Karma positiv zu beeinflussen, unterhalten die Gläubigen die Sakralbauten, die ständig renoviert und erweitert werden, mit großer Hingabe.

Bot – das zentrale Heiligtum

Laien sind ausgeschlossen.

Im zentralen Heiligtum *(bot;* in Nordostthailand *sim)* einer Tempelanlage finden die Weihe und andere wichtige Zeremonien des Mönchslebens statt, von denen Laien ausgeschlossen sind. Auf einem prachtvollen Altar im Westteil des *bot* thront, nach Osten blickend, das bedeutendste, also älteste, bestgearbeitete und größte Buddha-Bildnis des jeweiligen Tempels. Vor dieser Buddha-Statue befin-

INFO

Sinnsuche im »Retreat«

Alle Alltagsgedanken und alle Hektik über Bord werfen in der Abgeschlossenheit eines buddhistischen Klosters? Das können auch Nicht-Buddhisten! In einigen thailändischen Klostertempeln werden speziell für Touristen, die tiefer in die Geheimnisse des Buddhismus eindringen wollen, Kurse angeboten, in denen man die Grundlagen buddhistischer Meditation erlernen kann. Dort unterweisen weltoffene Mönche, die unter dem orangefarbenen Gewand auch schon mal ein Handy verbergen, westliche Sinnsucher in verschiedenen Techniken, die Körper und Geist in Einklang bringen sollen. Und Gelassenheit ist sicher eines der schönsten Souvenirs, die man aus Thailand mitnehmen kann. Wer an einem normalerweise 10 bis 14 Tage dauernden so genannten *Retreat* teilnehmen will, muss sich den strengen Klosterregeln unterwerfen und bereit sein, gemeinsam mit den Mönchen ein spartanisches Leben zu führen: Auf harten Matratzen schlafen, im Morgengrauen aufstehen, meditieren, vegetarisch essen, nicht fernsehen, nicht Radio hören, nicht lesen, nicht schreiben, wenig reden, keine Drogen, kein Alkohol. Es gilt, ablenkende Außenreize möglichst auszuschalten, um sich ganz auf die Meditation konzentrieren zu können. Deshalb ist nicht einmal Blickkontakt mit dem anderen Geschlecht gestattet.

det sich der Sitz des Abtes. Im Gegensatz zu Wohnhäusern ruht ein *bot* niemals auf Pfählen, sondern stets auf einem Stein- oder Betonsockel, in dem nach alter Tradition eine Truhe mit dem Tempelschatz eingemauert wird. Den *bot* erkennt man an den acht Grenzsteinen *(bai sema),* die den heiligen Bezirk abgrenzen. Wie früher in christlichen Kirchen besteht innerhalb des Bezirks Asylrecht gegenüber jeder staatlichen Gewalt.

Dächer mit Symbolgehalt

Das herausragende Merkmal thailändischer *bot* sind die elegant geschwungenen, oft mehrfach übereinander gestaffelten Satteldächer, die von eckigen oder runden Holz- oder Steinsäulen getragen werden. Die Zahl der Dächer ist von hohem Symbolgehalt. Immer ungerade, kommen in ihr die Grundsätze der buddhistischen Lehre zum Ausdruck. So korrespondieren drei Dachebenen mit den drei »Juwelen des Buddhismus« (Buddha, Dharma und Sangha) oder sieben Dachebenen mit den sieben Stufen der Erleuchtung. Zudem gelten ungerade Zahlen in Thailand wie auch in anderen asiatischen Ländern als Glück verheißend. Traditionell deckt man die Dächer mit bunten, glasierten Ziegeln. Der Dachfirst ist an den Giebelseiten spitz nach oben gezogen. Diese stilisierten Flammenmotive tragen die Bezeichnung *cho faa* und dienen der Abwehr von Geistern und Dämonen, die sich, so glauben die Thai, an den hakenförmigen Gebilden verfangen.

Vihara – die Gebetshalle

Räucherstäbchen, Kerzen und Lotosblüten

Die meisten Tempelanlagen besitzen neben dem *bot* eine öffentliche, allen Gläubigen zugängliche Gebetshalle – die *vihara* (aus dem Pali, thail.: *viharn),* die sich architektonisch kaum vom *bot* unterscheidet, meist aber etwas größer ist. Wie die Ordinationshalle beherbergt sie Buddha-Statuen, dient aber weniger wichtigen religiösen Zeremonien. In Thailand gibt es keinen speziellen Wochentag, der dem Tempelbesuch vorbehalten ist. Thailändische Buddhisten gehen in den *wat,* wann immer ihnen danach ist. Der Besuch eines Tempels ist jedoch von einem Ritual begleitet, das sich seit Jahrhunderten nicht verändert hat: Vor einer Statue des Erleuchteten opfern die Gläubigen

Am Wat Arun, Bangkok

INFO

Kleiner Tempel-Knigge

► **Denken Sie an angemessene Kleidung!** In den meisten Tempeln sind *farang* (ausländische Besucher) jederzeit willkommen, aber nur, wenn sie der Würde des Ortes entsprechend gekleidet sind. Mit bloßen Schultern oder Shorts ist das Betreten ebenso ein Affront wie mit Schuhen an den Füßen. Lange Hosen bzw. das Knie bedeckende Röcke, Hemden oder Blusen mit zumindest kurzen Ärmeln sind erforderlich. Besucher in »unschicklicher Garderobe« (dazu gehören auch Sandalen) müssen sich zum Beispiel vor dem Besuch des Wat Phra Kaeo in Bangkok und anderer Tempel mit langen Hosen und Sarongs neu einkleiden lassen. In der Regel ist es in Ordnung, im Tempelhof Schuhe zu tragen. Vor dem Betreten der Gebetshalle und anderer sakraler Bauten muss man sie jedoch ausziehen.

► **Buddha-Statuen und Mönchen gebührt besonderer Respekt!** Höflichkeit und Respekt gebieten es, Buddha-Statuen nicht zu berühren – vor allem nicht am Kopf! Strecken Sie ihnen oder anderen heiligen Symbolen beim Sitzen niemals die Füße entgegen. Auch sollte man darauf achten, Mönche nicht mit dem Kopf zu überragen oder sich vor betende Gläubige zu stellen. Mönchen ist in aller Regel die erste Reihe vor der zentralen Buddha-Statue vorbehalten. Zur Begrüßung von Mönchen hockt man sich auf den Knien nieder, faltet die Hände über dem Kopf zum *wai* zusammen, beugt sich nach vorn auf den Boden und legt dort die Hände mit den Handflächen nach unten vor den Kopf.

► **Kommen Sie der Bitte um eine kleine Spende nach!** Für die Instandhaltung der meisten Tempel sind die Gläubigen zuständig. Ausländische Besucher sollten es daher den Einheimischen gleich tun und für den Erhalt des Tempels eine kleine Spende hinterlassen. Seien Sie großzügig!

► **Zollen Sie Buddha und Buddha-Darstellungen Respekt!** Einen besonders krassen Fauxpas leisteten sich einmal Touristen, die sich gegenseitig in einem Tempel, den Kopf einer Buddha-Statue umarmend, fotografierten. Diese Beleidigung erweckte unter den Gläubigen echten Zorn, dem unversehrt zu entgehen den *farang* einige Anstrengung kostete. In einem anderen Fall kam ein Tourist, der auf einem Buddha sitzend für »witzige« Fotos posierte, dafür ein paar Monate ins Gefängnis, ebenso die Person, welche die Fotos machte. In Thailand gilt jedes Bildnis des Erleuchteten als heilig, auch wenn es wie es beispielsweise in den Ruinenstätten von Ayutthaya und Sukhothai oft der Fall ist, nur noch aus Fragmenten besteht. Lehnen Sie sich nie an eine Buddha-Statue oder erklettern diese gar! Im Extremfall könnten Sie in einer Gefängniszelle über Ihr Vergehen meditieren!

Räucherstäbchen, Kerzen und Lotosblüten. Erstere symbolisieren den Odem des Lebens, letztere erinnern an seine Unbeständigkeit und an die Vergänglichkeit der Schönheit und allen Seins – alles bedeutende Glaubenssätze des Buddhismus. Vor dem Verlassen ist es Brauch, sich von einem der anwesenden Mönche segnen zu lassen und um Glück zu bitten.

Seelenbeschwörung und Glücksbringer

Geisterglaube

Unter dem Dach des Buddhismus brennt lichterloh ein uralter, bei allen Thai tief verankerter Geisterglaube. Mit Buddhas goldenen Regeln allein lassen sich all die Tücken des Lebens nicht meistern. Der Mensch hat tausend Ängste, folglich braucht er tausend Götter. Den Lehren des Erleuchteten folgt man auf dem Weg zum großen, weiten Ziel der Ichlosigkeit. Für die Bewältigung alltäglicher Widrigkeiten, vom Examen bis hin zu Eheproblemen, sind die vielen kleinen Götter und Geister zuständig, nach dem Motto: Wer sich die richtigen Freunde aus dem Jenseits sucht, hat auf Erden schon halb gewonnen.

Naturanbetung

Animismus, der Glaube an die Beseeltheit und die Kräfte der Natur, ist selbst im Zeitalter der Mikrochips und Laserstrahlen ein selbstverständlicher Bestandteil der thailändischen Glaubenswelt, der sich unmittelbar im täglichen Verhalten widerspiegelt. Tief verwurzelte animistische Elemente sind in den religiösen Zeremonien und traditionellen Riten so verwoben, dass sogar viele Mönche ihre ursprünglichen Hintergründe gar nicht kennen und sie nicht von der buddhistischen Lehre zu trennen wissen. Die Thai betrachten diese Naturanbetung auch nicht als unvereinbar mit ihrem buddhistischen Glauben.

Die Su-khuan-Zeremonien

Schutzgeister besänftigen!

Jedem Wesen, Menschen und Tieren, aber auch Pflanzen und Gegenständen, wohnen, so glauben die Thai, übernatürliche Kräfte *(khuan)* inne. Von ihrer Gunst hängt es ab, ob jemand im Leben Glück und Erfolg hat oder ob er krank wird und ihm Unbill widerfährt. So wird jeder Mensch von 32 Lebensgeistern beschützt, die jedoch häufig weit umherschweifen. Gelingt es, die *khuan* im Körper zu binden, sind Gesundheit, Wohlstand und beruflicher Erfolg garantiert. Aus diesem Grund müssen die Seelenkräfte in so genannten *Su-khuan*-Zeremonien zurückgerufen werden. Man veranstaltet diese Rituale vor allem bei Ereignissen, die einen Übergang von einem Lebensabschnitt zu einem anderen bedeuten. So finden *su-khuan* insbesondere bei Geburten, Mönchsweihen und Hochzeiten statt, aber auch beim Antritt einer Reise oder einer glücklichen Heimkehr.

Baumwollfäden mit magischer Kraft

Zu diesem im Nordosten des Landes auch *bai sin* genannten Ritual versammeln sich Familienangehörige und Freunde, die Bewohner eines Dorfes oder Mitglieder einer anderen Gemeinschaft. In ihrer Mitte steht ein Gefäß mit Blumen, Bananenblättern und Zweigen, an denen kurze weiße Baumwollfäden *(sai sin)* hängen. Ein Zauberpriester *(moo phoon),* meist ein gelehrter alter Mann, der eine Schärpe aus weißer Seide über Brust und Schulter trägt, oft aber auch ein Mönch, rezitiert in monotonem Sprechgesang buddhistische Texte, um die Schutzgeister herbeizurufen. Danach bindet er die weißen Baumwollfäden, mit leiser Stimme Glücks- und Segenswünsche murmelnd, den Gläubigen um die Handgelenke. Die mit magischen Kräften versehenen Fäden sollen böse Wesen fern- und gute Geister festhalten. Damit sie ihre Wirkung voll entfalten können, dürfen sie mindestens eine Woche lang nicht entfernt werden. Viele Thai lassen sie am Handgelenk, bis sie von alleine abfallen.

Geisterhäuschen

Wohnstätten der Hausgeister

Selbst in buddhistischen Klöstern blüht der Geisterglaube. So besitzt jeder *wat* ein Häuschen, das einem Miniaturtempel ähnelt. In Augenhöhe auf Holz- oder Zementsäulen angebracht stehen diese *chao thi* oder *saan phra phuum* in Thailand überall, auf Privatgrundstücken ebenso wie vor großen Hotels und Regierungsgebäuden. Man errichtet diese puppenhausähnlichen Gebilde, wenn

So groß wie eine Puppenstube, Geisterhaus bei Guanim

das Fundament für ein neues Haus gelegt wird für den Erd- oder Hausgeist *(phi ruan)*, um sich bei ihm für die Unannehmlichkeiten zu entschuldigen, die man ihm durch die Bauarbeiten bereitet.
Mit Opfergaben erneuert man regelmäßig die Bitte um Vergebung und Schutz. Um den *phi ruan* milde zu stimmen, müssen vor dem Geisterhäuschen Räucherstäbchen zum Glimmen gebracht oder Blumen und Kerzen sowie auch Speisen und Getränke niedergelegt werden. Geisterhäuschen werden auch an unfallträchtigen Straßen und Kreuzungen sowie auf Passhöhen aufgestellt, um umherirrenden, Unheil stiftenden Geistern eine Heimstatt zu bieten.
Die Errichtung eines Geisterhäuschens erfordert ein besonderes Zeremoniell, in dessen Verlauf der Hausgeist gebeten wird, seine neue Wohnstätte zu beziehen. Der Platz für das Geisterhäuschen muss sorgfältig gewählt werden, denn es darf niemals im Schatten des Haupthauses liegen. Zudem muss es entweder nach Süden oder Norden ausgerichtet sein. Findet sich bei den dicht aneinander gereihten Hochhäusern in den Städten kein geeigneter Platz vor dem Gebäude, so stellt man das *chao thi* auf dem Dach des Gebäudes auf, sogar auf modernen Wolkenkratzern.

Totengeister und Dämonen

Bestechung möglich!

Phi können Geister sein, die zum Schutze angerufen werden. Es können aber auch übel wollende Wesen sein, vor denen man sich in Acht nehmen muss. Besonders gefürchtet sind die Totengeister, vor allem diejenigen von gewaltsam oder plötzlich Verstorbenen. Eines allerdings haben die meisten thailändischen Geister gemeinsam und sind damit den Menschen sehr ähnlich: Sie lassen sich bestechen. Man versucht daher, Einfluss auf sie zu nehmen, durch Opferfreudigkeit dem Glück nachzuhelfen. So versorgt man nicht nur die kleinen Geisterhäuschen mit Opfergaben, sondern bringt auch zu Orten, an denen man Geister vermutet, etwa zu einem markanten Felsen, zu einer Quelle, unter einen hohen Baum oder an den Rand eines Reisfelds regelmäßig Blumen oder vielleicht auch etwas Reis und Weihrauchstäbchen.

Tipps und Tricks gegen Geister

Bösartige *phi* kann man aber auch anders austricksen. So ist es seit alten Zeiten Brauch, einem Neugeborenen zuerst einen »abschreckenden« Namen zu geben, zumeist den von recht hässlichen oder abstoßenden Tieren. Auch werden Freunde und Bekannte beim Anblick des Kleinen in ein begeistertes »Was ist das Kind aber hässlich!« ausbrechen. Durch ein derartiges Verhalten soll die Aufmerksamkeit böser Geister abgelenkt werden. Allerdings sollte sich eine schwangere Frau davor hüten, ein Kind als »hässlich« zu bezeichnen, da sie dann selbst ein unansehnliches Kind zur Welt bringen würde. Um die Geister zu verwirren wechseln viele Eltern häufig den Namen ihrer Kinder, vor allem wenn diese auffallend oft krank sind, oder geben ihnen Spitznamen, damit die *phi* den richtigen Namen nicht erfahren. Um bösartige *phi* in die Irre zu führen, fragen Thai auch nie »Wie geht es dir?«. Sie nehmen an, übel wollende Geister würden denjenigen belästigen, der antwortet, es gehe ihm gut.

In einer solchen Welt blüht auch der unverbrüchliche Glaube an Heils- und Unheilssymbole. So schreibt man aus Kalk und geheiligtem Wasser gepressten Buddha-Amuletten *(khong khlang)* eine besondere Schutzwirkung zu, ebenso wie kleinen goldenen Kugeln mit eingravierten, heiligen Buchstaben *(leglaay)*, die, unter die Haut verpflanzt, unempfindlich gegen Schmerzen machen sollen. Wer Laune und Libido auf die Sprünge helfen will, erwirbt einen aus Holz geschnitzten Phallus *(klik)*, der Glück und Kraft sowie Erfolg beim anderen Geschlecht verschafft. Viele thailändische Männer und Frauen tragen ständig ein halbes Dutzend und mehr mit magischen Kräften beladene Amulette und Talismane an goldenen Halsketten, um sich vor Unglück und allen möglichen Missgeschicken zu schützen. Die Träger von Amuletten müssen aber sorgsam darauf achten, nicht unter einer Wäscheleine mit Unterwäsche durchzulaufen, denn das bringt nicht nur Unglück, dadurch würde das Amulett seine Kraft verlieren.

Amulette und Talismane

Sehr beliebt sind auch Zaubersprüche gegen widrige Lebenslagen. Man lernt sie auswendig und sagt sie im entscheidenden Augenblick lautstark auf. Wer ganz sicher gehen möchte, lässt sich wichtige magische Formeln auf die Haut tätowieren. Generell tragen thailändische Männer Tätowierungen *(sak)* weniger aus ästhetischen Gründen, sondern vielmehr als Glücksbringer und zur Abwehr vielfältiger Gefahren. Beliebte Motive sind die Eidechse, die Glück in allen Lebenslagen garantiert sowie der Tiger, der seinen Träger stark und unbesiegbar machen soll. Und schließlich: An das Unglück darf man weder denken noch darf man vom Unglück sprechen, denn wer daran denkt oder davon spricht, beschwört es unweigerlich herauf.

Zaubersprüche und Tätowierungen

Regelmäßig befragt man ferner Wahrsager, um das günstigste Datum für ein bedeutendes Ereignis herauszufinden. Geomanten und Handleser, die ihre Stände am Sanam Luang in Bangkok haben, leben gut davon, den richtigen Tag für den Antritt einer Reise oder eine Hochzeit zu bestimmen. Kaum jemals werden wichtige Entscheidungen ohne solche Vorsichtsmaßnahmen getroffen. Und natürlich gehört auch zum Geschäftsleben die astrologische Beratung – ohne sie, so glaubt man, läuft nichts.

Hochkonjunktur für Wahrsager

In Tempeln kann man häufig Gläubige beobachten, die aus einem Bambusbecher ein nummeriertes Stäbchen herausschütteln und sich von einem Tempeldiener den für diese Nummer vorgesehenen Zettel mit einer Zukunftsprognose geben lassen. Zu Orakeln werden auch hölzerne Halbmonde, die man auf den Boden wirft.

Eine entscheidende Rolle als Mittler zwischen dem Diesseits und der Geisterwelt spielen bestimmte Mönche, die so genannten *luang pho* (etwa verehrter Vater), die als Träger positiver spiritueller Kräfte *(saksit)* gelten. Amulette, welche diese mit zauber- oder heilkräftiger Energie ausgestatteten Mönche gesegnet haben, sind als Talismane gegen böse Geister sehr gefragt. Ein *luang pho* wird bei allen wichtigen Anlässen und Ereignissen konsultiert, bei denen bestimmte Regeln und Tabus einzuhalten sind, etwa bei Familienzeremonien, beim Hausbau, bei der Aussaat oder der Ernte.

Thailändische Feste und Zeremonien

Ein ganzes Jahr voller Höhepunkte

Wer in Thailand Mitte April den Ruf *sawat-dee pi mai* hört, der geht am besten ganz schnell in Deckung, vor allem wenn er sich gerade in Chiang Mai aufhält. Auf den buddhistischen Neujahrsgruß folgt nämlich in der Regel ein Schwall kaltes Wasser, begleitet von schallendem Gelächter. Drei, vier Tage oft auch eine ganze Woche lang tobt zum buddhistischen Neujahrsfest Songkran eine Wasserschlacht durch das Land.

Feiern ist Bürgerpflicht.

Ein Blick auf den umfangreichen Festkalender lässt es bereits ahnen – die Thai gehören zu den festfreudigsten Völkern dieser Welt. Wo Touristen auch hinreisen in Thailand, die Chance ist groß, dass sie irgendwo mitfeiern können, denn wie selbstverständlich werden Besucher in die farbigen, lebenslustigen Feiern einbezogen. Die meisten Feiertage sind buddhistischen Ursprungs, andere wurzeln in bedeutsamen Ereignissen der Landesgeschichte. In der Provinz stehen viele mit den Lebensgewohnheiten einer Agrargesellschaft in Zusammenhang und haben einen Bezug auf den Rhythmus von Aussaat und Ernte. Die meisten buddhistischen Feiertage sind variabel, da sie sich nach dem Mondkalender richten.

Chinesisch Neujahr

Während des Neumondes zwischen dem 21. Januar und 19. Februar feiern die chinesischstämmigen Thai ihr dreitägiges Neujahrsfest. Für sie ist es der Höhepunkt des Jahres, eine Mischung aus Karneval und Familienfest. Aus allen Landesteilen kommen die Mitglieder der Großfamilie zu einem Festessen zusammen, um die Familienbande zu stärken und gemeinsam das neue Jahr zu begrüßen. Alles, was in den ersten Stunden des neuen Jahres passiert, wird von den Chinesen als ein gutes oder schlechtes Vorzeichen für den gesamten Jahresverlauf angesehen. Aus diesem Grund ist jeder bestrebt, sich möglichst friedfertig und tadellos zu benehmen, jedes böse Wort ist verpönt. Den Neujahrstag verbringt man mit dem Besuch von Verwandten, Freunden und Nachbarn, denen man Geschenke überreicht. Besonders ausgelassen wird das *Chinese New Year* in der Chinatown von Bangkok, in der zentralthailändischen Stadt Nakhon Sawan und in Phuket Town begangen. Dort begrüßt man das neue Jahr wie im Reich der Mitte mit farbenfrohen Drachen- und Löwenparaden in den Straßen sowie mit prächtigen Feuerwerken.

Chinese New Year

Makha Pucha

Makha Pucha fällt auf die Vollmondnacht des dritten Mondmonats, nach Gregorianischem Kalender Ende Februar oder Anfang März. Zu Lebzeiten des Buddha versammelten sich in dieser Vollmondnacht ohne vorherige Absprache die ersten 1250 Jünger, um von dem Erleuchteten zu Mönchen ordiniert zu werden. Buddha nutzte die Gelegenheit, um seiner Gefolgschaft in der Patimokha-Pre-

Chinese New Year in Bangkok

digt die 227 buddhistischen Ordensregeln, die heute noch von allen Mönchen befolgt werden müssen, weiterzugeben. Am Festtag finden sich die Gläubigen in den Tempeln ein, um gemeinsam zu beten und sich andächtig die Litaneien aus den heiligen Schriften anzuhören. Nach Einbruch der Dunkelheit umschreiten sie dreimal im Uhrzeigersinn den *Chedi* (Mahnmal) oder *Bot* (Zentrales Heiligtum), in den Händen halten sie Kerzen und Räucherstäbchen.

Songkran – Thailändisch Neujahr

Fest der Reinigung

Trotz der überschäumenden Fröhlichkeit hat das *Songkran*-Fest, das zum Zeitpunkt der Tag- und Nachtgleiche im Frühjahr stattfindet und meist am 13. April beginnt, eine tiefe religiöse Bedeutung. Das traditionelle Neujahrsfest der Buddhisten ist ein Fest der Reinigung. Wohnhäuser und Tempel werden blitzblank geputzt und aller Unrat verbrannt, denn Schmutz zum Neujahrsanfang bringt Unglück für das ganze folgende Jahr. Buddha-Statuen werden von den Gläubigen mit Blumen und Girlanden geschmückt, nachdem Mönche an ihnen rituelle Waschungen vollzogen haben.

Um die Sünden des alten Jahres abzuwaschen und das neue Jahr rein beginnen zu können, besprengt oder begießt man sich während der Festtage mit wohlriechendem Wasser. Das Puder oder Reismehl, mit dem man sich zuvor gegenseitig die Gesichter einreibt, symbolisiert den Schmutz des vergangenen Jahres. Das Ritual steht nicht nur für Reinheit, sondern auch für Erneuerung und Fruchtbarkeit, denn es ruft den Regen herbei und schafft neues Leben. Je mehr Wasser verschwendet wird, desto mehr Regen wird das kommende Jahr bringen. Jüngere

Songkran, Wasserschlacht

INFO

Wie man bei Festen Fettnäpfchen vermeidet

Bei religiösen Zeremonien sollte man sich als Außenstehender bescheiden im Hintergrund halten und Rücksicht auf die Empfindsamkeit der Gläubigen nehmen, vor allem beim Fotografieren. Unter keinen Umständen darf man auf Mauern klettern (etwa um ein gutes Foto zu schießen), denn die Füße gelten als unrein. Thailänder fühlen sich gestört, wenn man vor ihnen herumläuft, während sie beten. Mönche in einem Tempel mit dem Kopf zu überragen, ist ein Sakrileg. Und bei feierlichen Anlässen wird noch mehr als sonst auf ordentliche und sittsame Kleidung geachtet.

Familienmitglieder bezeugen während der Festlichkeiten den Eltern und Großeltern ihren Respekt, indem sie deren Hände mit Parfum benetzen.

Wasserschlachten

Aus diesen alten Bräuchen entwickelte sich eines der ausgelassensten Feste des Landes, das mancherorts, vor allem in Chiang Mai in regelrechten Wasserschlachten gipfelt. Zahlreiche Pickups fahren durch die Straßen, auf den Ladeflächen große Bottiche voller Wasser und Eimer zum Spritzen. Empfangen werden diese »Kampfwagen« mit Salven aus Wasserwerfern, Spritzpistolen und Wasser-Pumpguns, abgefeuert von triefend nassen Menschen am Straßenrand.
Auch Touristen, die einmal ihr Hotelzimmer verlassen haben, werden nicht verschont und sind in kürzester Zeit bis auf die Haut durchnässt. Regen Sie sich über das feucht-fröhliche Treiben bloß nicht auf, denn dann gelten Sie als Spaßverderber. Das ist so ziemlich das schlimmste Attribut, das einem in Thailand angehängt werden kann.

Paraden

Höhepunkte des *Songkran*-Festes sind in Chiang Mai und anderen Städten große Paraden, die von Mönchen in safrangelben Roben und buddhistischen Würdenträgern angeführt werden. Die Prozessionen enden an Tempeln, vor denen Händler mit großen Vogelkäfigen warten. Viele Gläubige kaufen ein paar Singvögel, um sie dann freizulassen und sich damit der Sünden des Vorjahres zu entledigen. Haben die Tiere ihre Freiheit zurückerhalten, erfüllen sich außerdem die Wünsche der Gläubigen für das kommende Jahr. Zugleich kann man mit dieser guten Tat sein Karma verbessern.

Stupas aus Sand

Am letzten Tag des Neujahrsfestes baut man an Fluss- und Seeufern kleine Stupas aus Sand *(chedi sai),* die mit Fähnchen und Buddha-Bildern geschmückt werden. Der Wunsch eines jeden gläubigen Buddhisten ist es, dem Barmherzigen einen Tempel zu stiften. Da jedoch die wenigsten so viel Geld aufbringen können, errichten sie am Neujahrsfest zu Ehren von Buddha kleine Heiligtümer aus Sand. Für jedes einzelne Sandkorn werde eine Sünde vergeben, das glauben die einen. Andere beten zu Buddha, er möge ihnen für jedes Sandkorn einen Tag voller Glück und Reichtum schenken. Das Neujahrsfest ist auch die Zeit des Brautwerbens, und schon manch junger Thailänder hat seine zukünftige Frau während dieser ausgelassenen Tage kennen gelernt.

Räk Na – die königliche Zeremonie des Pflügens

Auftakt der Reispflanzsaison

Als göttlicher Schutzherr über die Reisfelder eröffnet der König jedes Jahr an einem astrologisch günstigen Tag im Mai mit einer Pflugzeremonie auf dem Sanam Luang vor dem Großen Palast in Bangkok die Aussaat. Wie alle königlichen Zeremonien geht auch diese auf hinduistische Ursprünge zurück und folgt fast ausschließlich den Geboten des Brahmanismus. Die anwesenden Priester indischer Abstammung sind ganz in weiß gekleidet und tragen Haarknoten.

Nachdem man den Boden gewässert hat, zieht ein Paar weißer Ochsen, das von einer Eskorte in historischer Tracht geleitet wird, mit einem reich verzierten Pflug in jede Himmelsrichtung drei Furchen. In diese säen junge Mädchen aus goldenen Schalen Reiskörner, die zuvor von Brahmanen-Priestern gesegnet wurden. Nach getaner Arbeit dürfen die Zugtiere aus sieben Gefäßen ihr Lieblingsfutter auswählen. Hofastrologen passen genau auf, wonach es den Tieren zuerst gelüstet, und schließen daraus, wie sich die Ernte und die Wirtschaft entwickeln werden. Nachdem König und Priester den Platz verlassen haben, lesen die zahlreich anwesenden Bauern die ausgesäten Körner auf, um sie später unter das Saatgut zu mischen – dies gewährleistet eine ertragreiche Ernte.

Visakha Pucha

Buddhas Geburtstag

Das heiligste aller religiösen Feste, das man in einer Vollmondnacht im Mai begeht, erinnert an die Geburt, Erleuchtung und den Eintritt Buddhas in das Nirvana. Alle drei Ereignisse sollen, wenn auch in unterschiedlichen Jahren, bei Vollmond im Mai stattgefunden haben. In langen Prozessionen pilgern Männer, Frauen und Kinder nach Sonnenuntergang zu den prächtig geschmückten Tempeln. Der schönste Augenblick kommt, wenn die Gläubigen, angeführt von den Mönchen in safrangelben Roben, betend dreimal mit brennenden Kerzen und Weihrauchstäbchen das zentrale Heiligtum umkreisen.

Bun Bang Fai – das Raketenfest

Regenmachen

Mitte Mai findet auf dem Höhepunkt der Trockenzeit im Nordosten Thailands das Raketenfest *Bun Bang Fai* statt. Die im Eigenbau hergestellten Raketen sollen bewirken, dass bald der lang ersehnte Regen fällt. Besonders spektakulär geht es dabei in Yasothon zu, das drei Tage lang einem Tollhaus gleicht.

Das Fest beginnt stets an einem Freitag, erster Höhepunkt ist aber der Samstag mit der mehrstündigen Parade der Raketenkarren. Am Sonntagmorgen beginnt der Count-down für die größten von Hand hergestellten Raketen der Welt. Begleitet von Musikkapellen und Tanzgruppen werden die abenteuerlichen Konstruktionen – meist mit mehreren Kilogramm Schießpulver gefüllte Bambusrohre, aber auch bis zu 500 Kilogramm schwere Monstergeschosse mit Plastik als Raketenhülle – zu den hölzernen Abschussrampen auf einem Feld außer-

Blumenkränze zu jedem Fest

halb der Stadt gebracht. Je höher sie in den Himmel steigen, umso zufriedener ist der Regengott Phraya Thaen und um so mehr des kostbaren Nasses wird er den Reisbauern schicken. Hoffentlich.

Khao Phansaa und Ok Phansaa

Buddhistische Fastenzeit

Der Beginn der buddhistischen Fastenzeit *(khao phansaa)* im Juli markiert für viele junge Thai einen neuen Lebensabschnitt. Sie verlassen für meist drei Monate ihre gewohnte Umgebung, um als Mönch auf Zeit in ein Kloster zu gehen. Einen Tag vor Beginn der Fastenzeit gedenken die Thai am wichtigen Feiertag *Asalaha Pucha* der ersten Predigt des Buddha in der Öffentlichkeit, mit der er das Rad der Lehre in Bewegung setzte. Diesen auch als »Kerzenfest« bezeichneten Feiertag begeht man in Ubon Ratchathani besonders prächtig, indem man riesige Kerzen und Wachsskulpturen in nächtlichen Prozessionen zu den Tempeln trägt.

Die Fastenperiode endet mit dem Fest *ok phansaa* im Oktober. Gläubige im ganzen Land pilgern zu Tempeln und Klöstern, um sich religiöse Verdienste zu erwerben, indem sie den Mönchen im Rahmen der *thod-kathin*-Zeremonie neue Roben schenken. Oft spenden die Gläubigen auch Geld, dabei werden die Geldscheine an die Zweige eines Strauchs gesteckt. Dieser »Geldbaum« steht oft mehrere Tage im Haus des Spenders, sodass auch andere ihren Beitrag zu dem Opfer leisten und sich dadurch Verdienste erwerben können. Für die Mönche auf Zeit bedeutet die Feier gleichzeitig das Ende ihrer dreimonatigen klösterlichen Einkehr.

Bootsrennen-Feste

Für die Fruchtbarkeit der Reisfelder

Während und gegen Ende der Regenzeit, wenn der Pegel der Flüsse am höchsten ist, finden im ganzen Königreich Bootsrennen statt. Am bekanntesten sind die Wettrennen in Phichit und Nan, kleinen Provinzstädten in Zentralthailand bzw. im Nordosten des Landes. In den reich dekorierten Pirogen sitzen 40 bis 50 Ruderer, ein Steuermann und ein Taktgeber. Preise gibt es nicht nur für die schnellsten, sondern auch die schönsten Boote.

Nicht allein aus sportlichen Gründen werden die Bootsrennen ausgetragen, sie sind zugleich ein religiöser Ritus zur Verehrung und Besänftigung der auf dem Grund der Flüsse lebenden Naga-Gottheiten. Die aus vorbuddhistischer Zeit stammenden Fabelwesen sorgen durch das Ansteigen des Flusswassers für die Fruchtbarkeit der Reisfelder.

Loy Krathong – das Lichterfest

Eine leuchtende Armada für die Wassergöttin

Zur Vollmondnacht des elften Mondmonats – dies ist der erste Vollmond nach der Regenzeit gegen Ende Oktober/Anfang November – findet das anmutigste, ebenfalls in vorbuddhistischer Zeit wurzelnde Fest der Thai statt: das Lichterfest *loy krathong*, das man zu Ehren von Mae Khongkha, der göttlichen Mutter des Wassers, feiert. Alle, ob jung oder alt, begeben sich in Festtagskleidung an Flüsse, Seen und Teiche. Nach Einbruch der Dunkelheit lassen sie *krathong* (Körbchen), kleine Bananenblattschiffchen in Form einer Lotosblüte oder Bambusflößchen, die mit Blumen, Münzen, Räucherstäbchen und brennenden Kerzen beladen sind, auf dem Wasser schwimmen: eine leuchtende Armada für die Wassergöttin.

Bei diesem bezaubernden Fest, bei dem sich die Gewässer in flackernde Lichterteppiche verwandeln, bitten die Thai die Wassergöttin um ausreichend Wasser für ihre Reisfelder, aber auch um Schutz vor Überflutungen. Zugleich tragen die illuminierten Schiffchen die alten Sünden fort. Andere vertrauen den kleinen

INFO

Anno Domini plus 543 – Zeit und Kalender

In Thailand wird die westliche Zeitrechnung verwendet und außerdem eine Zeitrechnung, die mit dem vermuteten Todesjahr Buddhas (543 v. Chr.) beginnt. Den Jahren A. D. (westlicher Zeitrechnung) sind also 543 Jahre zuzuzählen. Man erkennt sie am vorangestellten B. E. (Buddhist Era), z. B. 2007 n. Chr. = B. E. 2550. Im Allgemeinen ist der Zwölfmonatskalender gebräuchlich, obwohl sich traditionelle Zeremonien immer noch nach dem Mondkalender richten, der dem unseren – je nach Vollmond wechselnd – um 10 bis 15 Tage voraus ist. Große Volksfeste fallen meist in die Zeit des Vollmondes.

INFO

Blumenarrangements – Fleurop für die Götter

Kunstvolle Blumenarrangements haben im religiösen wie auch sozialen Leben Thailands eine große Bedeutung, und die einst am königlichen Hof entstandene Blumenkunst ist heute noch überaus lebendig. Flecht- und Steckwerke schmücken die Opfergaben für Götter und Ahnen. Auch Roben und andere Geschenke, die man den Mönchen bei der *thod-kathin*-Zeremonie am Ende der Fastenperiode überreicht, werden mit ihnen dekoriert. Mit Jasmin- und anderen Blüten in fein abgestimmter Farbgebung verziert man die Bananenblattschiffchen, die während des *loy-krathong*-Festes auf dem Wasser treiben. An eine aufgehende Lotosblüte erinnern die runden *jad paan,* die bei Hochzeitszeremonien bei der Segnung des Brautpaars eine Rolle spielen. Nicht wegzudenken aus dem Alltag sind die *malai* – Kränze und Girlanden, die aus wohlriechenden weißen Jasminblüten geflochten werden. Einfache *malai* werden als Glücksbringer an Rückspiegeln von Autos oder in Geisterhäuschen aufgehängt. Buddha-Statuen auf Hausaltären bringt man täglich einen frischen Jasminkranz dar.

Kunstwerken ihre Wünsche an und hoffen auf deren baldige Erfüllung. Wichtig ist, dass die flackernden Kerzen möglichst lange brennen, denn das verheißt ein langes Leben für den Besitzer.

Vegetarier-Fest

Nichts für schwache Nerven

Das Vegetarier-Fest, das die auf der Insel Phuket ansässigen Chinesen Ende September/Anfang Oktober feiern, ist nichts für Zuschauer mit schwachen Nerven. Nach neuntägiger strenger vegetarischer Diät und sexueller Enthaltsamkeit finden in buddhistisch-taoistischen Tempeln traditionelle Selbstgeißelungen statt, bei denen sich die Teilnehmer unter den Schutz mächtiger chinesischer Gottheiten stellen. Auf dem Höhepunkt beweisen die überwiegend jungen Männer, dass sie in Trance keinen Schmerz empfinden. Sie schreiten über glühende Kohlen und klettern auf Leitern, deren Sprossen mit scharfen Klingen gespickt sind. Andere stoßen sich Spieße durch die Zungen, treiben sich Haken ins Fleisch, lassen sich Speere durch die Wangen stechen oder laufen barfuß über Glasscherben. Wunderbarerweise bleiben nach diesen Torturen, die der spirituellen Reinigung dienen sollen, keine Narben zurück.

Tempelfeste

Volksfest mit Mönchen

Weitere Höhepunkte des Festkalenders sind die alljährlich mit großem Prunk begangenen Tempelfeste. Zu den Weihefeiern bedeutender Tempel strömen viele tausend Mönche und Laien aus allen Teilen des Landes, um gemeinsam zu beten und zu meditieren. In den Tempelvorhöfen werden ausgelassene Volksfeste und bunte Jahrmärkte abgehalten.

Königliche Feiertage

Königs Geburtstag

Die Thai begehen viele Feiertage zu Ehren ihres Königshauses. Zu diesen Anlässen werden Straßenzüge, öffentliche Plätze und Regierungsgebäude mit Blumen und Flaggen sowie Porträts des Königs und der Königin geschmückt. Besonders wichtige Ehrentage sind der Chakri-Tag am 6. April, an dem man der Gründung der heute noch herrschenden Dynastie gedenkt; der 5. Mai, der Krönungstag von König Bhumipol; der 12. August, der Geburtstag von Königin Sirikit; der 23. Oktober, der Todestag von König Chulalongkorn (Rama V.) ; und der 5. Dezember, der Geburtstag von König Bhumipol.

Von der Wiege zur Bahre – Feiern im Leben eines Menschen

Geburt und Taufe

Drei Tage lang ein »Geisterkind«

Nach der Geburt erhält das Kind zunächst einen möglichst abschreckenden Namen, denn in Thailand sind es nicht die Störche, welche die Babys bringen, sondern die Geister *(phi)* zumeist kinderlos verstorbener Frauen. Sie legen den *khuan,* den Lebensgeist des neuen Menschen, in den Embryo im Schoß der Mutter, allerdings vorläufig nur leihweise. Da die Geister für sich das Recht beanspruchen, ihren Besitz zurückzufordern, ist man bemüht den Tag der Niederkunft

Blumenstand, Aranya Prathet

so geheim wie möglich zu halten. So kaufen auch moderne Thailänderinnen Windeln, Wiege, Babyflaschen oder andere Dinge, die auf eine bevorstehende Geburt hindeuten, nicht im Voraus. Da jedes Neugeborene zumindest für die ersten drei Tage als »Geisterkind«gilt, vermeidet man auch sonst alles, was es den Geisterbesitzern begehrenswert erscheinen lassen könnte. Daher auch vorläufige Namen wie »Hund« *(maa)* oder »Kröte« *(kop)* (vgl. S. 60). Erst am dritten Tag nach der Geburt muss man keine Angst mehr vor den »baby-hungrigen« Geistern haben. Geschützt werden die Kleinen nun von geweihten weißen Baumwollfäden *(sai sin)*, die ihnen ein Mönch um ein Hand- und Fußgelenk knotet. Bei einer mit unserer Taufe vergleichbaren Zeremonie erhält der neue Erdenbürger dann seinen richtigen Namen.

Die Mönchsweihe

Ganz in Weiß gekleidet

Am Tag der Mönchsweihe *(buat naak)* tragen Freunde und Verwandte den zukünftigen Mönch auf den Schultern dreimal um den Tempel. Dabei hält der ganz in Weiß gekleidete Mönchsaspirant drei Lotosblüten, drei Räucherstäbchen und drei Kerzen in den gefalteten Händen, wobei die Zahl drei für die Grundlagen des Buddhismus steht: den Lehrer Buddha, die Lehre des Buddha *(dharma)* und die geistige Gemeinschaft der Ausübenden der Lehre *(sangha)*. Der von festlich gekleideten Mädchen angeführten Prozession folgen die Eltern mit der safrangelben Robe. Nachdem der Abt den Kandidaten vor allen versammelten Mönchen in die Regeln des klösterlichen Lebens eingeführt hat, werden dem jungen Mann Haare und Augenbrauen geschoren. Mit diesem symbolischen Akt legt er seine bisherige Gestalt ab, trennt sich von allem Profanen und reiht sich in die Ordnung der klösterlichen Gemeinschaft ein.

Die Hochzeitsfeier

Wilde Ehe

Viele Thai, vor allem aus den unteren Gesellschaftsschichten, leben ohne standesamtliche Beurkundung in wilder Ehe zusammen. Manche heiraten erst Jahre nach tatsächlichem Vollzug der Ehe, wenn sie einen zahlungskräftigen Paten gefunden haben, der die Hochzeitsfeier ausrichtet. Zu einer offiziellen Eheschließung gehört eine Hochzeitszeremonie nach buddhistischer Tradition, die an

Kein Entrinnen mehr, Mönch auf Zeit

einem astrologisch günstigen Tag stattfinden muss. Je nach sozialem Status der Familie lädt man zu der Feier drei, fünf, sieben oder neun Mönche ein, die den Brautleuten ihren Segen geben. Dazu besprengen sie die beiden mit Weihwasser, in dem Blätter vom Geldbaum *(bai ngöön)* oder Goldbaum *(bai thong)* schwimmen. Dieser Brauch verspricht ein langes gemeinsames Leben ohne wirtschaftliche Sorgen.

Die Fadenknüpfungszeremonie

Am Höhepunkt der Zeremonie knien Braut und Bräutigam vor den Mönchen nieder. Einer der heiligen Männer verbindet die Köpfe der beiden mit einem langen geweihten Baumwollfaden *(sai monkon).* Indem die Mönche Weihwasser über die gefalteten Hände des Brautpaars gießen, besiegeln sie die Ehe offiziell. Begleitet von persönlichen Wunschsprüchen wiederholen die Hochzeitsgäste das Ritual.

Aberglaube begleitet die Hochzeitsfeier.

Wenn beim Hochzeitsmahl den Mönchen die Speisen gereicht werden, versuchen Braut und Bräutigam gleichzeitig die Schöpfkelle so weit wie möglich vorne zu fassen. Wem es gelingt, sie an vorderster Stelle zu greifen, der wird in der Ehe das Sagen haben. Man achtet tunlichst darauf, dass bei der Hochzeitsfeier kein Geschirr und keine Gläser zu Bruch gehen. Dies wäre ein schlechtes Omen: Die beiden Brautleute würden sich wohl bald wieder scheiden lassen! Am Ende der Hochzeitsfeier erhält das Brautpaar von alten Frauen, die eine glückliche und lange Ehe geführt haben, leichte Schläge mit einem Büschel Reisstroh. Auch das soll den beiden viele glückliche Ehejahre bescheren. Und wenn die frisch Vermählten in der Hochzeitsnacht wenig schlafen, dann liegt dies nicht nur an der Erotik. Wichtiger noch: Wer als erster einschläft, stirbt auch als erster.

Tod, Trauer und Bestattung

Kein Grund zur Klage

Auch in Thailand ist der Verlust eines geliebten Menschen ein schmerzvoller Abschied, doch hadert deswegen niemand mit seinem Schicksal. Leid, Schmerz und Tod werden als natürliche Gegebenheit akzeptiert. Die buddhistischen Thailänder glauben an die Wiedergeburt, deren Voraussetzung aber die Vernichtung der körperlichen Hülle eines Verstorbenen durch die reinigende Kraft des Feuers ist. Nur so kann die Seele von der alten Inkarnation für das nächste Leben befreit werden. War der Verstorbene ein guter Mensch, wird das kommende Leben besser sein als das vergangene – Grund genug, einen Trauerfall mit Fassung zu tragen und sich nicht über alle Maßen zu grämen.
Eine Totenfeier wird keineswegs entweiht, wenn auf dem Tempelgelände neben dem aufgebahrten Verstorbenen die Schauspieler einer Wanderbühne zum Ergötzen des Publikums ihr komödiantisches Talent demonstrieren. Wir mögen hierbei verständnislos den Kopf schütteln, aber Thailändern vergeht selbst bei ernsten Anlässen das Lachen nicht so schnell. Und außerdem genießen sie nur, was ihnen der Verstorbene hinterlässt – Freude und Spaß, um damit sein Verdienstkonto für ein nächstes Leben zu erhöhen.

INFO

Keine Angst vorm Sterben

Menschen aus dem westlichen Kulturkreis haben oft deshalb Angst vor dem Sterben, weil sie glauben, mit dem Tod alles zu verlieren. Buddhisten hingegen denken den Gang der Welt als Kreislauf, der Aufstieg und Niedergang enthält, der Prestige, Besitz und Leben als zerbrechlich erscheinen lässt. Die Thailänder leben und handeln im Bewusstsein des stetigen Wandels und der Begrenztheit der Existenz, die nur ein Glied in der Kette der Generationen ist. Sie stellen sich das Leben wie einen Staffellauf vor, bei dem etwas Nicht-Körperliches, etwas nicht Definierbares, etwas wie die Summe aller Erinnerungen, wie ein Kapital aller gemachten Erfahrungen, von Körper zu Körper und von Tod zu Tod weitergereicht wird – wie der Holzstab bei einer Stafette – und dabei wächst, sich ausdehnt, Weisheit hinzugewinnt und sich auf den segensreichen Zustand zu bewegt, der nach zahlreichen Wiedergeburten schließlich jedem Leben ein Ende setzt: die Erleuchtung und das Verlöschen im Nirvana. Diese Denkweise hilft ihnen, der eigenen Person nicht allzu viel Bedeutung beizumessen, und das verschafft ihnen die bewundernswerte Fähigkeit, sich mit dem Alter und dem Tod zu befreunden.

Totengeister suchen die Lebenden heim.

Hauptsache man hat zuvor die vielfältigen Rituale durchgeführt, die verhindern sollen, dass die Totengeister auf die Erde zurückkehren. Nach dem Tode nämlich verlassen die Lebensgeister *(khuan)* den Körper, wandern manchmal unruhig umher und suchen als Totengeister die Lebenden heim. Je aufwändiger die traditionellen Rituale sind, desto besseren Schutz genießen die Hinterbliebenen. Nach alter Sitte wird der Verstorbene mit Kokosmilch gewaschen. Anschließend bettet man ihn in Festtagskleidung auf eine Reisstrohmatte. Brauch ist es, einem Verstorbenen eine kleine Geldmünze in den Mund zu legen. Man will damit zum Ausdruck bringen, dass auch der Wohlhabendste nichts von seinem Reichtum in die nächste Existenz mitnehmen kann. Nach der Einäscherung versuchen die Trauergäste, die Münze zu finden, da man sich von ihr eine Glück bringende Wirkung verspricht. Die Angehörigen nehmen die sterblichen Überreste in einer Urne mit nach Hause, wo sie einen Ehrenplatz im Hausaltar erhält. Man kann die Urne auch im Tempel in eine Wand einmauern lassen. Sehr hoch gestellten Persönlichkeiten ist eine Bestattung auf dem Meer vorbehalten.

Ahnenverehrung

Nach der Vorstellung der chinesischstämmigen Thailänder leben die Verstorbenen als gute oder böse Geister im Jenseits weiter. Ihr dortiger Status hängt sowohl von ihrer Lebensführung im Diesseits als auch von der Art ab, wie ihre Angehörigen mit ihnen per Opfer und Gebet in Verbindung bleiben. Vernachlässigt man die rituellen Pflichten des Ahnenkultes, so finden die Seelen der Ahnen keine Ruhe.

Wo sich die Lebensfreude zeigt

»Das Bemerkenswerte an Thailand ist, dass die Thai alle denkbaren fremden Kulturen aufsaugen, aber dennoch ganz und gar Thai bleiben.«
Phya Anuman Rajadhon (thailändischer Historiker)

Thailand im Schnittpunkt der Weltkulturen

Schmelztiegel

Kaum eine Gesellschaft verdient das Attribut multikulturell so sehr wie die thailändische. Seit Jahrhunderten verarbeitet sie indische, chinesische, kambodschanische, laotische, malaysische und westliche Einflüsse. Dank der Lage zwischen Indien und China, historisch gesehen eine der wichtigsten Völker-, Kultur- und Religionskreuzungen, wurde Thailand schon früh zum Sammelbecken für die verschiedensten kulturellen Strömungen. Die über das Land flutenden Wellen fremder Kulturen ließen Thailand jedoch nie als den schwächeren Teil zurück, sie wurden aufgenommen und umgeformt. Thailand adaptierte die fremden Einflüsse und schuf daraus – ohne dabei seine nationale Identität zu verlieren – seine eigene spezifische Kultur, die offiziell *watthanatham* genannt wird.

Genuin Thai

Indische Kulturimporte gelangten auf verschiedenen Wegen und Umwegen gleichzeitig oder nacheinander nach Thailand. Die vielleicht bedeutendste Rolle in der Entwicklung der thailändischen Architektur und Kunst spielten die stark unter indischem Einfluss stehenden Khmer, zu deren Imperium zwischen dem 10. und 13. Jahrhundert weite Teile des heutigen Thailand gehörten. Nach der Eroberung des Angkor-Reiches durch die Siamesen im 15. Jahrhundert wurde die Khmer-Kultur zur Hauptquelle der politischen, religiösen und künstlerischen Inspiration Ayutthayas. So entlehnte man von den höher zivilisierten Khmer die Schrift, die Kunstformen, den Tanz und das Hofzeremoniell. Und doch sind die meisten Thailänder bis zum heutigen Tag davon überzeugt, dass dies alles genuin Thai ist.

Architektonisches Potpourri

Die Mühelosigkeit, mit der die Thailänder heute noch fremde Einflüsse assimilieren, ist vor allem im Stadtbild von Bangkok offensichtlich. Dort sind zum Beispiel die unteren 30 Meter eines Hochhauses als weiß getünchte griechische Säulenarchitektur zu besichtigen. Auf diesem klassischen Fundament ragt ein nüchterner, gradliniger Glas- und Betonbau hoch in den Himmel. Daneben sieht man Glaspaläste mit französischen Barockdächern, Hotelklötze aus Beton in Gestalt europäischer Ritterburgen. Wie in Tokio oder Shanghai gibt es in Bangkok keine eindeutige Silhouette, aber fantastische architektonische Stilbrüche.

Jene sorglose Vermengung von Stilen ist auch typisch für andere thailändische Großstädte. Jeder baut, wie es ihm gefällt: Hochhäuser sind in allen Regenbogenfarben angestrichen, Shoppingcenter säulenbewehrt wie griechische Tempel, Firmenzentren sehen aus wie zusammengesteckte Legosteine. Ob verspieltes Rokoko oder protziger Neoklassizismus, ob heimeliger Fachwerkstil oder Futurismus und eklektische Postmoderne, ob kunstvoll oder kitschig: Thailändische Architektur vermengt alles und schreckt vor nichts zurück. »Suai mak«, sagen die Thai dazu – wunderschön.

Jeans-Charme im Reisfeld

Zwischen Thai-Pop und Klassik

Reizvolle Klangteppiche

Genialer Stilmix auch in musikalischer Hinsicht: Besonders was die Instrumentierung anbelangt, hat die thailändische Popmusik viel vom Westen übernommen – ohne dabei jedoch ihren eigenen Charakter zu verlieren. Avantgardistische thailändische Komponisten begannen bereits in den 1970er Jahren, westlichen Jazz und Rock mit klassischer Thai-Musik zu reizvollen Klangteppichen zu verweben. Neu waren damals auch die politischen und umweltpolitischen Texte der Songs, in denen soziale Missstände benannt, die mangelnde Demokratie beklagt, die Abhängigkeit vom Ausland angeprangert und sogar das Militär wegen seiner Einflussnahme auf politische Entscheidungen kritisiert wurde. Lange Zeit fanden diese sozial engagierten »Lieder für's Leben« *(phleng phüa chivit)* von Gruppen wie *Caravan* und *Carabao* über studentische Zirkel hinaus kaum Beachtung. Erst mit ihrem heute noch berühmten Album »Made in Thailand« gelang *Carabao* der große Durchbruch.

Thai-Pop

Vor allem die einfachen Leute lieben das *luuk thung* (»Kind des Feldes«) genannte Genre, eine thailändische Version der amerikanischen Country- und Westernmusik mit sozialkritischen Untertönen. Während das bodenständige *luuk thung* vom Leben der Unterprivilegierten handelt, wird das getragene *luuk krung* (»Kind der Stadt«) mit der Oberschicht gleichgesetzt. Auch andere Richtungen der modernen thailändischen Popmusik verschmelzen traditionelle und westliche Stilelemente zu facettenreichen authentischen Musikstilen und heben sich damit wohltuend von dem anglo-amerikanischen Klangbrei ab, der andernorts aus den Lautsprechern dröhnt. Zu einem Großteil basiert der moderne Thai-Pop auf der so genannten *Khään*-Musik mit ihren quirligen Melodiekaskaden.

Genialer Stilmix auch am Mobil

Im Isaan genannten Nordosten hat sich eine dynamische und leidenschaftliche Musikform entwickelt, die sich heute überall in Thailand großer Beliebtheit erfreut. Dargeboten wird sie von einer Combo *(sep noi),* deren bemerkenswertestes Instrument die *khään* ist. Diese Mundorgel besteht aus mehreren schmalen, mit einem Resonanzkörper aus Hartholz verbundenen Bambuspfeifen. Der Spieler erzeugt die Töne, indem er in ein Loch im Resonator bläst und dabei die kleinen Löcher in den Pfeifen zudrückt oder freigibt. Wie die Mundharmonika erzeugt die *khään,* die als Soloinstrument oder für die Begleitung von Gesängen und Tänzen eingesetzt wird, sowohl beim Einatmen als auch beim Ausatmen des Spielers Töne. In der modernen Folk-Pop-Variante werden die Bambus-Mundorgel und andere traditionellen Instrumente durch Elektrogitarren und Synthesizer ergänzt.

Khään-Musik

Die von einem Standardensemble *(pi phat)* vorgetragene klassische Musik Thailands *(phleng thai doem)* ist kultischen Ursprungs und wurde später für königliche Zeremonien höfisch stilisiert. Als Begleitung des klassischen Tanzdramas fällt ihr die Aufgabe zu, Charaktere, Situationen und Stimmungen durch bestimmte Melodien zu signalisieren und das Geschehen zu untermalen. Sie basiert auf pentatonischen Tonleitern, die für abendländische Ohren sehr ungewohnt klingen. Dem gebürtigen Deutschen Peter Feit (1883–1968), der später die thailändische Nationalhymne komponierte, gelang es um 1930, klassische Thai-Musik in Noten umzusetzen und sie damit vor dem Vergessen zu bewahren. Da es bis dahin kein Notationssystem gab, war jede Darbietung eine enorme Gedächtnisleistung.

Klassische Töne

Maskentanz und Tanztheater

Ursprünglich nur am Königshof aufgeführt, erfreuen sich die klassischen Thai-Tänze *khon* und *lakon* heute großer Popularität – bei Einheimischen wie bei Besuchern aus dem Ausland. Der Maskentanz *khon* ist eine Kombination aus Tanz und Schauspiel, zugleich ein prachtvolles Kostümspektakel, bei dem alle Rollen traditionsgemäß von Männern gespielt werden. Bei den oft zeitlupenartig ablaufenden Bewegungen der Akteure soll jede Geste eine bestimmte Emotion vermitteln. Dargestellt werden meist Episoden aus dem *Ramakien,* der thailändischen Version des indischen Götter-Epos *Ramayana,* wobei die Schauspieler stumm bleiben und Rezitatoren die Geschichte erzählen. Ein klassisches *Khon*-Spiel kann bis zu über fünf Stunden dauern.

Klassische Tänze

Lakon, das klassische Tanztheater, bei dem nur weibliche Akteure ohne Masken auftreten, ist ein Fest der Künste. Nach strengen traditionellen Regeln vereint es harmonisch Gesang, Musik, Dichtung, Tanz, Pantomime und – in den Kostümen und Masken – Bildende Kunst. Es ist freilich ein Gesamtkunstwerk, das ganz von Konventionalität beherrscht ist und individueller künstlerischer Originalität und Spontaneität keinen Raum zur Entfaltung lässt. Da die differenzierten Posen des formalisierten Tanzspiels einer strengen Choreografie folgen, müssen die Tänzerinnen ein hartes Training absolvieren. Jede noch so kleine Augenbewegung und

Kunst- und Ausdruckstänze

Tanztheater Lakon

vor allem jede Handhaltung *(mudra)* hat ihre Bedeutung, ist Teil der Geschichte, welche die Tänzerinnen ohne Worte erzählen. Es gibt Mudras, die von beiden Händen ausgeführt werden müssen, und solche, die im Spiel jeder einzelnen Hand ihren Ausdruck finden. Eine ausgebildete Tänzerin beherrscht etwa 400 bis 500 solcher Gesten, mit denen sie das ganze Vokabular verdeutlicht. Nur ab und zu entschlüsseln sich die Sinnbilder westlichen Besuchern: So symbolisieren die elegant vor der Brust aneinander gelegten Fingerspitzen die Knospe einer Lotosblüte. Eine Hand, die sich öffnet und über die Glieder hinaus spreizt, zeigt die erblühende Blume. Aufgeführt werden neben Begebenheiten aus dem *Ramakien* auch buddhistische Legenden und Sagen.

Bewegungsspiele

Neben den Kunst- und Ausdruckstänzen gibt es Bewegungsspiele mit eher volkstümlichem Charakter, die im Leben der bäuerlichen Bevölkerung wurzeln. Oft sind es rituelle Tänze im Rahmen religiöser Zeremonien zur Beschwörung von Regen oder guter Ernten. Eine burleske Form des klassischen Tanzspiels ist das Musiktheater *likay,* aus dem die laotisch beeinflusste Volkskunst im nordöstlichen Isaan das *moo lam* entwickelt hat.

Derbe Possen

Moo lam bedeutet ursprünglich soviel wie Meister oder Priester des Tanzes und ist eine pfiffige, geistreiche Mischung aus Komischer Oper, Pantomime, Komödie, sozialkritischer Satire, Parodie und Melodram. Im Mittelpunkt der oft nächtelangen Aufführungen, die mit dem klagenden Stöhnen *»Oh la noo«* beginnen, stehen aktuelle Themen aus dem gesellschaftlichen und politischen Leben. Oft handelt es sich um derbe Liebes- und Eifersuchtspossen, gewürzt mit zotigen Witzen, Slapstick-Einlagen und Comic-Effekten sowie anzüglichen und doppeldeutigen Bemerkungen. Die Darsteller halten dabei der Gesellschaft einen Spiegel vor, spießen die Irrungen und Wirrungen der Politik auf und machen sich über der Zeiten Lauf lustig. Sie schauen dem Volk aufs Maul und sprechen in ihren oft improvisierten Dialogen eine Spra-

Maskentanz Khon

che, die jeder versteht. *Moo-lam*-Künstler ziehen mit Wanderbühnen durchs Land und über die Dörfer.

Volkstanz

Ebenfalls aus dem Nordosten stammt einer der beliebtesten Volkstänze des Landes, der *ram wong* oder »Gruppentanz«. Die strenge gesellschaftliche Etikette, die seit alten Zeiten jegliche körperliche Berührungen zwischen den beiden Geschlechtern in der Öffentlichkeit ausschließt, hatte Einfluss auf die Entwicklung dieses volkstümlichen Tanzes. Ohne sich dabei zu berühren tanzen mehrere

INFO

Ramakien – die thailändische Version des Ramayana

Wie in anderen Ländern Süd- und Südostasiens ist auch in Thailand das *Ramayana*, eine symbolische Darstellung des ewig währenden Kampfes zwischen Gut und Böse, der Klassiker unter den mythischen Legenden. Die thailändische Version des vor 2000 Jahren geschriebenen indischen Heldenepos *Ramakien* (Der Ruhm Ramas) schildert, wie Sita, die Gemahlin des edlen Rama von Ayodhya, vom Dämonenkönig Tosakan (im *Ramayana* Ravana) geraubt und auf der Insel Langka (Sri Lanka) gefangen gehalten wird, wo sie sich der Annäherungsversuche des Unholds erwehren muss. Unterstützt von seinem Bruder Phra Lak (im *Ramayana* Lakshmana) und von einem Affenheer unter Führung des tapferen Hanuman, besiegt Rama schließlich in zahlreichen Kämpfen die Dämonen und befreit Sita aus den Klauen des finsteren Tosakan, der seine Niederträchtigkeit mit dem Leben bezahlen muss. Am Ende werden in der thailändischen Variante des Epos die Liebenden wieder glücklich vereint. Eine komplette Aufführung des *Ramakien,* das nicht weniger als 24 000 Verse umfasst, würde 300 Darsteller 720 Stunden lang beschäftigen. Aus diesem Grund werden immer nur einzelne Episoden dargestellt.

Perfekte Anmut

Paare zu sanften Melodien in einem langsamen Rhythmus im Kreis umeinander, bis drei Kreise entstehen. Ein Kreis wird von einem Solotänzer getanzt, einer von einem Paar und einer von den restlichen Teilnehmern. Während des tänzerischen Schreitens im Kreis vollführen die Hände zeitlupenartige Bewegungen.

Spaß ohne Grenzen – Thailands Freizeitkultur

Film und Fernsehen

Seifenopern

Wer abends durch thailändische Fernsehprogramme zappt, kann sich vor Talk Shows und vor allem Soap Operas kaum retten. Die meisten Seifenopern spielen in Bangkok. Sie gaukeln eine verführerische Welt vor, in der es nur Reiche und Schöne gibt, und nähren die Sehnsüchte vor allem der Jugendlichen. Andere Serien kommen den thailändischen Realitäten näher, etwa wenn ein Mädchen aus dem Isaan, dem verarmten Nordosten, einen Putzjob in einem reichen Bangkoker Haushalt annimmt, vom Sohn des Hauses verführt und geschwängert wird, und schließlich verjagt und ausgestoßen in die Prostitution abgleitet. Derartige Melodramen fesseln ein Millionenpublikum immer wieder aufs Neue.

Kassenschlager versus Kultfilm

In Thailand werden jährlich einige Hundert Filme produziert, jedoch orientiert sich die einheimische Filmindustrie eher an einer großen Breitenwirkung als an künstlerischen Qualitäten. In der Regel dominieren Action-Filme, Liebesdramen und Komödien. Als Alternative zum kommerziellen Kino existiert aber auch eine eigenständige Filmkunst, deren Erzeugnisse als anspruchsvolle, oft als sozial- und gesellschaftskritische Werke zu klassifizieren sind. Bekannte Vertreter dieses Genres sind die thailändischen Regisseure Pen-Ek Ratanaruang und Nonzee Nimibutr. Internationale Würdigung fand Jira Malikuls 2002 bei den Filmfestspielen von Cannes ausgezeichneter Film »Mekong Full Moon Party«, der auf unterhaltsame Weise das Nebeneinander von volkstümlichen Glauben, thailändischem Buddhismus und moderner Wissenschaft beleuchtet. Preiswürdig fand die Jury in Cannes zwei Jahre später Apichatpong Weerasethakuls Film »Tropical Malady«, der die zarte Liebesgeschichte zweier junger Männer schildert.

Nächtliche Vergnügen

Disco-Fieber

Allabendlich stürzen sich allein in Bangkok über eine halbe Million Einheimische in das Nachtleben der Metropole. Die Möglichkeiten, Spaß zu haben, sind schier unendlich. In den Rotlichtgassen von Patpong und Soi Cowboy, die vor allem von allein reisenden ausländischen Männern frequentiert werden, lassen sich die meisten Bangkoker jedoch nie blicken. Sie amüsieren sich lieber an Orten wie dem schnurgeraden Entertainment-Strip RCA, kurz für Royal City Avenue, der so lang ist wie die Startbahn des Bangkoker Suvarnabhumi Airport und mindestens ebenso laut. Nicht nur am Wochenende vergnügen sich dort vorwiegend jugendliche Thai der Mittel- und Oberschicht in Hunderten von Mega-Discos mit moderner Lasertechnologie, gestylten Szene-Lokalen, Jazzclubs, Musikkneipen, Pubs und Bars, die man eher in London oder New York vermuten würde.

Karaoke

Stadtein, landaus sind bei den Einheimischen Karaoke-Lokale sehr beliebt, wo die Gäste, begleitet von professionellen Musikern, eigene, oft sehr sentimentale Songs vortragen können. Das Playback-Singen mit Freunden ist ein beliebter Zeitvertreib, dem Frauen wie Männer gleichermaßen frönen. Zugleich bietet sich hierbei eine Gelegenheit, den vielen Thai eigenen Hang zur Selbstdarstellung zu befriedigen. Thailand-Reisende berichten bisweilen mit Schaudern von der allnächtlichen Musikbeschallung aus der hoteleigenen Karaoke-Bar. Zwar versucht die Regierung, die Vergnügungslust zu bremsen: Nachtetablissements sollen statt um 2 Uhr schon um 1 Uhr schließen, die Thai mehr zu Hause bleiben und traditionelle Familienwerte pflegen, aber die Erfolgschancen sind gleich Null. Den Thai ist der Drang zum *sanuk*, dem Spaß und Frohsinn, schwerlich auszutreiben.

INFO

Gewußt wo: Tipps für Touristen

Eine Thai-Tanz-Show beim Candle-Light-Dinner gehört zum Programm jeder Pauschalreise. Zudem werden Maskentanz und Tanztheater in Bangkok und den Ferienzentren in Theatern präsentiert, oftmals angereichert mit modernen Musical- und Sound & Licht-Effekten. Verkürzte Versionen von *Lakon*-Tänzen kann man vor allem am Wochenende in Bangkok am Erawan-Schrein oder am Lak-Muang-Schrein gegenüber vom Königspalast beobachten. Mit den gegen Bezahlung aufgeführten Tänzen wollen Gläubige die Götter milde stimmen oder sich bei ihnen für die Gewährung eines Wunsches bedanken. Dienstagabends tanzen kostümierte Darsteller vor dem King Chulalongkorn Monument an der Ratchadamnoen Nok Road zu Ehren des vergöttlichten Rama V.

Misswahl

Volksbelustigung und Schönheitswettbewerbe

Festivals und Jahrmärkte

Neben religiösen Festen wie dem ausgelassenen *Songkran*-Neujahrsfest bieten zahllose weltliche Feste *sanuk mak mak* – besonders viel Spaß. Jede noch so kleine Stadt, die etwas auf sich hält, feiert zumindest einmal im Jahr ein großes Volksfest. In der Provinz, wo es oft nur wenige gesellschaftliche Ereignisse gibt, markieren diese Feste die Höhepunkte des Jahres. Oft haben die Festivitäten einen Bezug zu historischen Ereignissen wie etwa das *River Kwai Bridge Festival* in Kanchanaburi, das an die durch den gleichnamigen Film berühmt gewordene Brücke am Kwai erinnert. Häufig stehen auch kunsthandwerkliche Produkte im Mittelpunkt, beispielsweise beim *Bo Sang Umbrella Festival* mit farbenfrohen Schirmprozessionen. Oder landwirtschaftliche Erzeugnisse, zum Beispiel beim *Chiang Mai Flower Festival* mit einer Parade Blumen geschmückter Flöße auf dem Ping River. Feinschmecker zieht es zum *Chiang Mai Food Festival,* bei dem auf einem Jahrmarkt regionale Spezialitäten angeboten werden. Höhepunkte derartiger Veranstaltungen sind abendliche Sound-and-Light-Shows und große Feuerwerke.

Kein Volksfest ohne Miss-Wahl

Ganz oben in der Beliebtheitsskala stehen Schönheitswettbewerbe, die bei keinem Volksfest fehlen dürfen. Mit ihrem ausgeprägten Sinn für Ästhetik huldigen die Thai einem beinahe exzessiven Schönheitskult, so dass eine Miss-Wahl selbst im kleinsten Dorf Bestandteil des Festprogramms ist. Auf der Suche nach immer neuen Titeln beweisen die Thai einen schier unerschöpflichen Einfallsreichtum. Da wird einmal um die Krone von »Miss Banane« oder gar um den Titel einer »Miss Knoblauch«gewetteifert. Anderenorts putzen sich etwas beleibtere Schönheiten aufs Feinste heraus, wenn es darum geht, die »Miss Jumbo« zu küren.

Urlaubsvergnügen Thai Style

Einst Privileg der Reichen

Lange Zeit verhinderte allzu häufig eine knappe Haushaltskasse Reisen oder Ausflüge, die der Erholung oder dem Vergnügen dienten. Meistens konnten es sich nur besser verdienende Familien des Mittelstands oder der betuchten Oberschicht leisten, während der heißen Jahreszeit zumindest an den Wochenenden der drückenden Brutofenhitze Bangkoks zu entfliehen und in den populären Badeorten am Golf von Siam die frische Brise am Strand zu genießen. Doch aufgrund der wirtschaftlichen Entwicklung entdecken seit zwei, drei Jahrzehnten immer mehr Thailänder aus allen Bevölkerungsschichten die Freuden des Urlaubs.

Massentourismus

Ähnlich wie einst im wirtschaftlich erstarkenden Europa verwandelte der Tourismus bislang ruhige Stätten in überlaufene Reiseziele: Zum Beispiel Damnoen Saduak, der berühmte »Schwimmende Markt« 110 km westlich von Bangkok. Wenn die Ausflugsbusse ankommen, sind vor allem an Sonn- und Feiertagen die Touristen den Marktfrauen zahlenmäßig weit überlegen. Ein Inbegriff idyllischen Provinzlebens ist der Wassermarkt heute längst nicht mehr. Nach den Maßstäben des westlichen Individualtourismus lohnt sich ein Besuch kaum. Doch die Thai kommen begeistert nach Damnoen Saduak: Weil man es einfach gesehen haben muss, weil so viele andere schon da waren, oder im Moment gerade da sind. Das sorgt für *sanuk*. Das Wort steht nicht nur für Spaß und Frohsinn, sondern auch für Spannung, Lärm, Musik, Gedränge, Action und ist höchst positiv besetzt. Die meisten Thai, so erscheint es zumindest Außenstehenden, brauchen auch im Urlaub Gesellschaft und fühlen sich bei zu viel Ruhe unbehaglich.

Zugeknöpft am Strand

Ein beliebtes Ausflugs- und Urlaubsziel der Einheimischen ist Hua Hin, das 200 km südlich von Bangkok gelegene älteste Seebad Thailands, in dem ein Königssohn nach europäischen Vorbildern 1923 das erste Strandhotel des Landes errichten ließ. Doch seltsam: Am 6 km langen feinsandigen Traumstrand verlieren sich lediglich einige ausländische Badegäste. Die meisten einheimischen Urlauber haben sich zum Familienpicknick in den schützenden Schatten von Sonnenschirmen zurückgezogen. Nur wenige junge Thailänder planschen in Jeans und knielangen T-Shirts im seichten Wasser. Für andere ist das höchste der Gefühle ein kurzer Strandspaziergang. Keiner kommt auf den Gedanken, sich der Kleidung zu entledigen und in Badehose oder -anzug schwimmen zu gehen. »Wer braun gebrannt ist, sieht wie ein Bauer aus«, sagen die Thai, von de-

Jeder James Bond-Fan kennt dieses Bild, Damnoen Saduak

nen die allermeisten die Sonne scheuen, da eine möglichst helle Haut als Nachweis eines gut dotierten Schreibtischpostens ein hohes Sozialprestige verspricht. Und außerdem gehen nur *farang,* aber keine Thai schwimmen. »Wir glauben, dass es sicherer ist, wenn man nicht schwimmen kann«, sagt ein Thai, »dann begibt man sich erst gar nicht in Gefahr.«

Last but not least – Sport und Spiel

Thailändisch Volleyball

Viel Spaß finden Thailänder auch an sportlichen Aktivitäten. Trotz westlicher Importe wie Fußball, Golf und Bowling haben vor allem in ländlichen Regionen traditionelle Sportarten nicht an Attraktivität verloren. Wie in den Nachbarländern ist *takrao* (gesprochen: daggro) sehr populär. Bei diesem rasanten Spiel, das an Volleyball erinnert, wird ein kleiner Rattanball von 12 Zentimeter Durchmesser von zwei Mannschaften mit jeweils drei Spielern über ein Netz hin- und her katapultiert. Er darf nur mit dem Kopf, mit den Füßen, dem Ellbogen und den Knien gespielt werden, nicht aber mit den Händen. Punkte gibt es, wenn es einem Team gelingt, den Ball so zu schießen, dass ihn die Gegner nicht mehr erwischen und er zu Boden fällt. Bei einer anderen Variante des *takrao* formen bis zu acht Mitspieler unter einem Netzkorb, der in fünf Meter Höhe aufgehängt

INFO

Thai-Boxen – erlaubt ist, was trifft

Ein thailändischer Boxring sieht zwar wie jeder andere auf der Welt aus, aber was innerhalb des Ringes passiert, sucht seinesgleichen auf dem Globus. Thai-Boxen *(muay thai)* gilt vielen als die spektakulärste aller waffenlosen Selbstverteidigungsarten. Bevor der Kampf beginnt, vollziehen die beiden Kontrahenten ein uraltes Ritual *(ram muay).* Wie in Trance schreiten sie in tänzelnden Bewegungen durch den Ring, verbeugen sich ehrerbietig in alle Himmelsrichtungen, knien auf dem Boden nieder und pressen die Fäuste mit den schweren Boxhandschuhen wie zum Gebet gegen die Stirn. Die Bedeutung der meisten dieser an Schwarze Magie erinnernden Gesten ist nur den Akteuren selbst bekannt. Mit dem Umrunden des Boxrings etwa wollen sie störende Einflüsse von außen fernhalten.

Das ist der ästhetische Teil einer Thai-Boxveranstaltung. Was die Zuschauer danach erleben, erscheint vielen *farang* als ein brutales Schauspiel, denn beim Thai-Boxen dürfen nicht nur das Gesicht, sondern auch andere empfindliche Stellen des Körpers mit den Fäusten und Füßen, mit den Ellbogen und Knien traktiert werden. Die Regeln verbieten nur das Allerschlimmste, zum Beispiel zu beißen. Wenn die Kämpfer aufeinander eindreschen, bis das Blut fließt, geraten bis zu 10 000 Zuschauer in den beiden größten Boxstadien von Bangkok völlig aus dem Häuschen.

INFO

Die Anfänge des Thai-Boxens reichen zurück ins 16. Jahrhundert, in die Zeit der Kriege mit Burma und dem Khmer-Reich, die mit Schwertern, Lanzen und Pfeil und Bogen ausgetragen wurden. König Naresuan ließ seine Soldaten auch in waffenloser Selbstverteidigung schulen und das Boxen wurde bald in allen Bevölkerungsschichten populär. In jedem Dorf entstanden Boxschulen, siegreiche Kämpfer wurden zum Stolz jedes Stammes. Könige übten sich ebenso in dieser Kunst der Selbstverteidigung wie junge Mönche, die ihre ersten taktischen Unterweisungen im Kloster erhielten. Das Duell mit Fäusten und Füßen

dauerte in jener Zeit so lange, bis einer der Kontrahenten kampfunfähig war. Bis vor gut siebzig Jahren trugen die thailändischen Boxer zudem keine Handschuhe, sondern umwickelten ihre Fäuste mit Hanfstricken, die sie bisweilen sogar mit feinen Glassplittern spickten. Erst 1930 wurde mit der Übernahme verschiedener Regeln des internationalen Boxens dem *muay thai* etwas von seiner ursprünglichen Härte genommen. Box-Champions sind in Thailand so bekannt wie bei uns Bundesligaspieler, sie kassieren Gagen von 5000 Euro und mehr pro Abend.

Die beiden Bangkoker Boxstadien, das Ratchadamnoen Boxing Stadium und das Lumpini Boxing Stadium, die jeweils rund 10 000 Zuschauern Platz bieten, sind bei Thai-Boxveranstaltungen häufig ausverkauft. Dabei sind die Eintrittskarten nicht billig. Für einen Platz in den hinteren Reihen zahlt man 250 bis 500 Baht (5 – 10 Euro), für einen der besten Plätze am Ring muss der Zuschauer bis zu 1500 Baht (30 Euro) hinblättern.

wird, einen Kreis. Glaubt ein Spieler, dass der Ball richtig kommt, versucht er, ihn in den Korb zu schießen. Junge thailändische Männer nutzen gern jede Gelegenheit zu einem kurzen *Takrao*-Spiel und imponieren dabei oft mit einer akrobatischen Geschicklichkeit.

Kampf -sportarten

Bei dem *muay thai* genannten Nationalsport Thai-Boxen, der spektakulärsten aller waffenlosen Selbstverteidigungsarten, gilt das Motto »Erlaubt ist, was trifft«. Eine weitere traditionelle Kampfsportart, die jedoch nur noch bei Festivals oder für Touristen aufgeführt wird, ist *krabee krabong*. Hierbei kommen in der Regel hölzerne oder stumpfe Handwaffen zum Einsatz, etwa Schwerter, Säbel, Messer, Lanzen oder Speere.

Drachen-wettkämpfe

Von Februar bis April blitzen am blauen Himmel in der gleißenden Äquatorsonne oft bunte Farbkleckse. Es sind Schwärme von Drachen in allen Farben und Formen, die sich im Aufwind wiegen. Chula, der große männliche Drache in Sternform, kämpft gegen seinen weiblichen Gegner Pakpao, der wie ein Diamant geformt ist. Mit schierer Größe versucht Chula, seinen Kontrahenten zum Absturz zu bringen. Pakpao aber ist wendiger und schneller und kontert die Angriffe geschickt. Drachen steigen lassen ist in Thailand alles andere als ein Kinderspiel. Gestandene Geschäftsleute und Großmütter versuchen sich neben Schulkindern als Drachenbändiger. Das Vergnügen an den Kunstvögeln hat Tradition, eint alle Klassen und Generationen. Schauplatz in Bangkok ist der *Sanam Luang* vor dem Königspalast, auf dem sich oft Tausende von Menschen einfinden, um wichtige Drachenwettkämpfe zu verfolgen.

Leiden-schaftliche Zocker

So sportbegeistert die meisten Thai sind, so wettfreudig sind sie auch. Kaum ein Volk auf der Welt hat der Versuchung zu Glücksspiel und Wetten so wenig entgegenzusetzen wie die Thailänder. Es scheint, als beherrsche ein thai-spezifisches Chromosom die Nation, hoch wirksames Erbgut aus China, wo Spielhöllen als Vorraum zum Himmel gelten. Landeskenner schätzen, dass die Thai ebensoviel Geld für Glücksspiel und Wetten ausgeben wie für religiöse Zwecke. Im Boxstadion Lumpini in Bangkok etwa scheint das Wetten in den Rängen heute wichtiger zu sein als der Kampf im Ring. Gewettet wird nicht etwa nur auf den Sieger, sondern auf einzelne Runden, Schläge und Tritte und ob diese mit dem rechten oder linken Fuß verabreicht werden, wobei sich das ganze (illegale!) Wettgeschehen über geheimnisvolle, für Uneingeweihte unverständliche Handzeichen vollzieht.

Tierkämpfe

Wer sein Geld aufs Spiel setzen will, kann dies trotz aller Verbote auch bei Kämpfen zwischen siamesischen Kampffischen oder -hähnen nach Herzenszlust tun, sowie bei Pferderennen oder Büffelkämpfen, die sich in Südthailand einer großen Beliebtheit erfreuen. Wetten werden auch bei Käferkämpfen abgeschlossen. Bei diesen Wettkämpfen, beliebten dörflichen Spektakeln, treten zwei männliche Nashornkäfer gegeneinander an. Die Tiere, die sehr aggressiv werden können, buhlen dabei um die Gunst eines Weibchens. Beendet ist ein Kampf, sobald einer der Kontrahenten auf dem Rücken liegt.

Lotterien

Heerscharen von Losverkäufern der staatlichen Lotterie bringen jede Woche Millionen Lose unters Volk. Einen enormen Zulauf hat landesweit aber auch die ille-

Hahnenkampf

gale Untergrundlotterie. Gewettet wird in allen nur denkbaren Variationen, etwa auf die letzten drei Ziffern der staatlichen Lotteriezahlen, auf die letzten beiden Zahlen des Aktienindex oder auf irgendein Ereignis, bei dem es mindestens zwei Möglichkeiten der Entscheidung gibt. Das Glücksspiel der Armen wird über ein riesiges hierarchisches Geflecht von Agenten und Unteragenten abgewickelt, mit einem Patron an der Spitze, der nicht selten eine ganze Provinz kontrolliert. Dies alles findet unter den Augen der zuständigen Polizei statt, die am *gamblin* kräftig mitverdient. Experten schätzen, dass der Umsatz aller illegalen Glücksspiele rund 10 Prozent des Bruttosozialprodukts entspricht.

Leckerbissen – Thailands Kochkultur

Über die soziale Bedeutung des Essens

Überall die thai-typische Duftmixtur

»Wann wir essen?« Eine Frage, mit der Thailänder wenig anfangen können. Immer! Die Thai sind ein Volk, dessen eine Hälfte kocht, während die andere isst – oder doch zumindest übers Essen redet. Kein Wunder also, dass es überall verführerisch und verlockend duftet. Ob im dichten Gewühl von Bangkok oder irgendwo auf dem Lande, ständig steigt einem die thai-typische Duftmixtur aus Aromen von Gewürzen und Kräutern, dem salzigen Geruch von Fischsaucen und Shrimp-Pasten sowie Anflügen von Chilipulver und Knoblauch in die Nase. An jeder Ecke wird gekocht, gebraten, flambiert, frittiert und gegrillt. Am Straßenrand hat ein Koch in seiner mobilen Küche gerade gebratenen Reis *(khaao phat)* in Arbeit. Flink klaubt er die Zutaten aus einem Dutzend Eimerchen und wirft sie in einen von Flammen umtosten Wok. Mit einer langen Schaufel wendet er Reis, geschnetzeltes Hühnerfleisch, Weißkohlstreifen, Tomaten, Knoblauch und Zwiebel hin und her. Legionen solcher Straßenköche, die auf kleinstem Raum und mit einfachsten Mitteln köstliche Gerichte zaubern, sowie unzählige bodenständige Gaststätten und elegante Restaurants beweisen, wie wichtig den Thai das Essen ist.

Soziales Happening

Pai kin khaao heißt »Lasst uns essen gehen« auf Thailändisch. Doch mit bloßer Kalorienaufnahme oder Hungerstillen hat es nichts zu tun. *Pai kin khaao* bedeutet mehr: auf Entdeckungsreise gehen, das angesagteste Trend-Restaurant ausprobieren oder das kleine versteckte Lokal am Fluss. *Pai kin khaao* ist Hauptthema des Bürotratsches. Als eine Möglichkeit zur Kommunikation und Pflege der gesellschaftlichen Harmonie ist Essen ein enorm wichtiger Aspekt des sozialen Lebens in Stadt und Dorf, den man jeden Tag so oft wie möglich zelebriert. Mittelpunkt eines jeden festlichen Ereignisses, ob private Feier oder öffentliche Zeremonie, ist immer eine ausgiebige Mahlzeit. Stets verstehen es die Thai, Essen mit *sanuk* zu verbinden – Spaß. Und zum Vergnügen gehört nun einmal die Gesellschaft möglichst vieler, die es sich ebenfalls schmecken lassen. Nur selten sitzt jemand allein vor seiner Portion. Ein Mensch, der allein isst, erweckt Misstrauen, denn etwas kann mit ihm nicht in Ordnung sein.

Typisches und Spezialitäten

So drängt sich Besuchern des Landes bereits während der ersten Tage ihrer Reise ein Eindruck förmlich auf: Ganz Thailand isst. Morgens, mittags, abends, nachts. Vor Sonnenaufgang eine Reissuppe, vorm Schlafengehen rasch noch ein Nudelgericht. Und zwischendurch jede Menge Köstlichkeiten. Für *farang* jedoch ist der erste Versuch oft zum Heulen. Der Europäer schnuppert an der duftenden, sauer-scharfen Garnelensuppe, nimmt ein Löffelchen, strahlt, schluckt – keucht und japst. Tränen kullern über die Wangen, die Nase läuft, Schweiß bricht aus. Der Mund des Armen brennt, als würde er von innen abgefackelt: Er hat in ein *phrik khii nuu* (wörtlich »Mäuse-Kot-Chili«) gebissen. So nennt

Ein Boot voller Chili

man auf Grund ihrer Form die kleinen entweder grünen oder roten, in jedem Fall aber höllisch scharfen Chilischoten. Zartbesaitete ohne Stahlgurgel sind gut beraten, ihr erstes Essen in Thailand mit dem Zusatz *mai sai phrik* (ohne Chilis) beziehungsweise *mai phet* (nicht scharf) oder zumindest *phet nid noi* (etwas scharf) zu ordern.

Phantasievoll und verführerisch

Tom yam kung heißt die sauer-scharfe und überaus aromatische Nationalsuppe der Thai, die den Genießer erst übermannt, dann selig und süchtig macht. So ist es nun einmal mit dieser sinnlichen Küche: Sie versteht sich auf Verführung und hat inzwischen die ganze Welt erobert. Gourmets halten sie für die derzeit beliebteste exotische Küche, abwechslungsreicher, leichter, frischer, bekömmlicher, delikater und würziger als jede andere und keineswegs immer so höllisch scharf wie die *tom yum kung* vermuten lässt. Als eine Melange verschiedener asiatischer Kochrichtungen spiegelt die thailändische Küche die Einflüsse wider, denen das Land in seiner Geschichte ausgesetzt war. Inspiriert vor allem von China und Indien, aber auch von Händlern aus Europa – die Portugiesen brachten die heute unentbehrliche Chilischote ins Land – entwickelte sie einen eigenständigen Charakter, dessen wichtigstes Merkmal die phantasievolle Komposition von Gewürzen und Kräutern ist.

Keine Mahlzeit ohne Reis

Grundnahrungsmittel

Überall in Thailand ist Reis das Grundnahrungsmittel und die Basis der meisten Mahlzeiten. Mehr noch: Den Thai gilt der Reis, dem eine Lebensenergie *(khuan)* innewohnt, als heilig. So verwundert es nicht, dass der thailändische Begriff für »essen« *(kin khaao)* zugleich »Reis essen« bedeutet. Und eine der gängigsten Grußformeln lautet *kin khaao lääo rüü yang?* – Hast du schon (Reis) gegessen? So sind denn auch die vielfältigen Thai-Gerichte immer nur

Legionen von Straßenköchen

eine Art Beilage zum Reis. Egal ob Gerichte aus dem Wok oder Currys, sie werden stets als *kap khaao* (wörtlich »mit Reis«) bezeichnet.

Reis ist nicht gleich Reis

Es gibt etliche verschiedene Reissorten. Während man in Zentral- und Südthailand den locker-körnigen Duft- oder Parfumreis *(khaao hom)* bevorzugt, der beim Kochen einen betörenden Duft verströmt, schätzen die Menschen im Norden und Nordosten des Königreichs den glutenhaltigen Klebreis *(khaao niao* oder auf Englisch *sticky rice),* dessen Körner nach mehrstündigem Quellen und anschließendem Dämpfen (nicht Kochen) fest aneinander kleben. Da der rasch sättigende Klebreis jeder Art von Besteck zähen Widerstand leistet, wird er mit der Hand zu einem Bällchen geformt und gegessen. Bei der Mahlzeit wird Klebreis in Reisstrohkörbchen *(koong khaao)* serviert, in denen die Bauern ihre tägliche Ration auch mit aufs Feld nehmen. Wer den kleinen geflochtenen Behälter schließt, zeigt damit, dass er satt ist. Den Duftreis isst man als *khaao plaao* oder *khaao suai* (weißen, gekochten Reis) oder als *khaao phat* (gebratenen und gewürzten Reis); zum Beispiel *khaao phat kai* (gebratener Reis mit Huhn).

Nudeln

Keine Nudeln ohne Reis

Auch bei der Herstellung von Nudeln spielt Reis eine Rolle – *kuai tiao,* die »Königin» im thailändischen Nudelreich, wird aus reinem Reismehl und Wasser hergestellt. Reisnudeln finden als Suppeneinlage Verwendung *(kuai tiao nam,* s. u.) oder werden in der Pfanne kurz mit Fleisch, Gemüse und Gewürzen angebraten *(kuai tiao rad naa* oder *kuai tiao phat).* Vor allem bei *farang* ist *kuai tiao phat thai* (kurz auch *phat thai* genannt) sehr beliebt: Gebratene Nudeln nach Thai-Art mit Garnelen, Sojasprossen, Tofu, Ei und Gewürzen. Eine andere Reisnudelart sind die dünnen *khanom djiin,* die man kalt mit einem Sud aus fein gehacktem Fisch und Fleisch, klein geschnittenem Gemüse, vielerlei Kräutern und Kokosmilch übergossen genießt *(khanom djiin nam yaa).*

Weitere Nudelarten

Auch *ba mii* – gelbliche Eiernudeln aus Weizenmehl, die wie Spaghetti aussehen – gibt es in Suppe *(ba mii nam)* oder in Wokgerichten *(ba mii phat).* Eine vierte Nudelsorte sind die *wunsen,* dünne, fast durchsichtige Glasnudeln aus Mungobohnenmehl. Man verwendet sie vor allem als Grundlage für die beiden Gerichte *yam wunsen* (pikanter Salat aus Garnelen, Schweinehack und Gewürzen) und *kääng djüüt* (eine milde Suppe mit Blattgemüse, Tofu und Schweinehack).

Currys

Import aus Indien

Ein typisches Menü mit verschiedenen Beilagen wäre unvollständig ohne ein Curry *(kääng).* Dieses ursprünglich aus Indien stammende Gericht wird in Thailand in vielerlei Variationen oft mit reichlich Kokosnussmilch *(katih)* zubereitet und in unterschiedlichen Schärfegraden serviert. Dabei bezeichnet das

Zuckerfrüchte für zwischendurch

englische Wort *curry,* das vom Hindu-Begriff *karii* stammt, Gerichte mit kräftigen, pikanten bis feurig-scharfen Saucen. Mit dem gelben Pulver, das unter dieser Bezeichnung in unseren Gewürzregalen zu finden ist, haben thailändische Currys nichts zu tun.

Würzpasten

Die Currys verdanken ihre Würze unterschiedlichen Pasten. Fertige Pasten, die man auf Märkten und in Läden kaufen kann, vereinfachen die Zubereitung vieler Currys erheblich. Doch in der echten Thai-Küche werden die frischen Zutaten zu diesen Würzpasten (vor allem Kräuter, Chilis, Galgant, Knoblauch, Schalotten, Krabbenpaste) zunächst in einem Steinmörser zermahlen. Danach wird die Currypaste in der Pfanne mit Kokosmilch und den restlichen Ingredienzien vermischt. Sehr scharf sind *kääng khiao waan* (grünes Curry), *kääng phet däng* (rotes Curry) und *kääng panäng* (Curry mit Bambussprossen). *Kääng massaman* ist ein mildes Curry mit Kartoffeln und Erdnüssen. Außer den klassischen Currys auf der Basis von Chilis und Kokosnussmilch bezeichnet man mit *kääng* auch manche Suppen (zum Beispiel das schon erwähnte *kääng djüüt).*

Suppen

Nudelsuppe zum Frühstück

Ein überall in Thailand bekanntes Alltagsessen sind kräftige Suppen wie *kuai tiao nam* und *ba mii nam,* die oft bereits als Frühstück auf den Tisch kommen. Selbst auf dem Lande findet man immer einen Straßenstand, der eine herzhafte Nudelsuppe anbietet. Dazu wird eine große Schale mit Reis- oder Weizennudeln, Sojasprossen, Wasserkresse und anderem Gemüse sowie Fleischstückchen von Schwein oder Huhn gefüllt, mit heißer Fleischbrühe übergossen und mit allerlei Kräutern garniert, vor allem mit Korianderblättern *(phak chii).* Zum Nachwürzen erhält man sauer eingelegte milde Chilis, Zucker, scharfe Chilipaste und Fischsaucen mit verschiedenen Zutaten. Ebenfalls beliebt als Frühstück ist Reissuppe *(khaao tom).*

Suppen mit Suchtfaktor

Ein Inbegriff der Thai-Küche sind die *tom yam* genannten Suppen, am bekanntesten die Nationalsuppe *tom yam kung,* eine überaus aromatische, sauer-scharfe Garnelensuppe. Andere *tom yam*-Varianten werden mit gemischten Meeresfrüchten *(tom yam thalee)* und Huhn *(tom yam kai)* zubereitet. Etwas milder ist *tom khaa kai,* eine Hühnersuppe mit Kokosnussmilch und Galgant, dem »siamesischen Ingwer«. Üblich ist es, *tom yam-* und *tom khaa*-Suppen mit Reis zu essen.

Salate

Frisch und scharf

Sehr beliebt sind scharfe Salate *(yam)* mit Chilis, allerlei Kräutern, Glasnudeln, Fleisch oder Meeresfrüchten und einem kräftigen Schuss Limettensaft. Thailänder essen Salate gern als Vorspeise. Auf Speisekarten in Englisch wird *yam* meist mit *thai style salad* übersetzt. Auch bei Touristen sehr beliebt sind der Glasnudelsalat *yam wunsen* (vgl. S. 121) und der leicht erwärmte Rindfleischsalat *(yam nüa)* aus eingelegtem Rindfleisch, verschiedenen Blattsalaten, Korianderblättern, Minze, Knoblauch, Chilis und säuerlich-würzigem Dressing. Neulinge sollten beachten, dass *yam* zu den schärfsten Gerichten der Thai-Küche gehören.

Exotische Köstlichkeiten

Süßes

Verlockend ist auch das Angebot an süßen Kleinigkeiten *(khoong waan),* etwa Reis- und Kokoskuchen *(khanom),* Bananen in Kokosmilch *(kluai buat chii),* frittierte kleine Duftbananen *(kluai thoot),* süßer oder salziger Klebreis mit Kokosmilch und schwarzen Bohnen in Bambushülsen *(khaao laam)* oder frische Mangos mit süßem Klebreis und Kokosmilch *(khaao niao ma muang).* Eine Besonderheit für festliche Anlässe sind die farbenprächtigen künstlichen Miniaturfrüchte *(luuk chup).* Diese Leckerbissen werden aus Zucker, Kokosmilch und Mungbohnenpaste hergestellt, mit Essenzen aromatisiert und mit Lebensmittelfarben gefärbt.

Obst

Bunt ist die Palette tropischer Früchte, die – oft wunderschön geschnitzt – als Nachspeise gereicht werden. Manche Obstsorten sind nur saisonal erhältlich wie Durian *(thurian),* Lychee *(lindjii),* Mango *(mamuang)* und Mangosteen *(mangkut),* andere gibt es das ganze Jahr hindurch, etwa Ananas *(saparot),* Bananen *(kluai),* Guave *(farang),* Jackfruit *(khanun),* Papaya *(malako),* Orange/Mandarine *(som)* und Pomelo *(som-oo).* Thailänder essen Früchte gern auf eine für Europäer ungewohnte Weise: Sie stippen sie in eine Mischung aus Zucker, Salz und Chilipulver.

Getränke

Durstlöscher

Die Thai trinken zum Essen meistens nur reines Mineralwasser *(nam plaao)*, was auch in feinen Restaurants durchaus gesellschaftsfähig ist. Gern stillt man seinen Durst außerdem mit Soft Drinks. Ausgezeichnete Durstlöscher sind Fruchtsäfte *(nam phonlamaai)* und Kokosnusssaft *(nam maprao)*. Zu den Lieblingsgetränken der Thai gehört Zuckerrohrsaft *(nam ooi)*. Bier *(bia)* erfreut sich großer Beliebtheit, vor allem die einheimischen Sorten Singha (gesprochen: sing) und Chang, die es in Dosen und in Flaschen, aber auch frisch gezapft *(bia sot)* gibt. Der edle Gerstensaft schmeckt ähnlich dem deutschen, und das nicht von ungefähr, denn vor gut 100 Jahren leisteten hier deutsche Brauer die vielleicht schönste Art von Entwicklungshilfe, als sie ihr Wissen an die Thailänder weitergaben.

Streifzug durch die Regionalküchen

Regionale Unterschiede

Die Thai-Küche weist starke regionale Unterschiede auf, die selbst in hiesigen Restaurants erkennen lassen, ob der Koch aus Chiang Mai im Norden stammt, aus dem Nordosten vom Mekong-Ufer, aus dem muslimischen Süden oder aus Bangkok. Auf eines allerdings legen alle thailändischen Köche größten Wert –

INFO

Durian – Stachelfrucht oder Stinkbombe

Als Königin unter den Früchten gilt die stachelige Durian *(thurian)*, bei der sich allerdings die Geschmäcker teilen. Diese Frucht, so sagt man, rieche höllisch, schmecke aber himmlisch. Der bedeutende Naturforscher Alfred Russel Wallace soll einmal bemerkt haben, dass sich eine Reise nach Südostasien allein wegen der Durian lohnen würde. Die Durian zu probieren, gilt vielen zeitgenössischen Thailand-Besuchern aber immer noch als ein kulinarisches Abenteuer mit ungewissem Ausgang. Einheimischen ist die fußballgroße, bis zu drei Kilogramm schwere Frucht, deren harte und mit gefährlichen Stacheln gespickte Schale jedem Messer hartnäckig Widerstand leistet, indes teuer. Die Fans der Durian wissen genau, wie sie die Qualität einer Frucht beurteilen können – durch Drehen, Wenden und Schütteln, durch Riechen und Klopfen an der Schale. Unter dieser liegen kastaniengroße Fruchtkerne, die von einem gelb-weißen, cremig-klebrigen Samenmantel bzw. Fruchtfleisch, dem genießbaren Teil, umhüllt sind. Der Geruch der Durian ist so stark, dass sie in Flugzeugen, Zügen und Bussen verboten ist. Auch in vielen Hotels duldet man die Frucht nicht. Es soll Menschen geben, die zwar gegen das Aroma der stacheligen Stinkbombe allergisch sind, das erfrischend säuerliche Fruchtfleisch aber dennoch gern essen. Ihnen geht es weniger um den Vitaminreichtum der Frucht, als vielmehr um deren angebliche Eigenschaft als Aphrodisiakum.

Frittierte Absonderlichkeiten

auf frische Zutaten. Fisch, Hähnchen oder Gemüse aus der Tiefkühltruhe sind auch bei westlich orientierten Stadtmenschen verpönt. Nur was man frisch auf dem Markt eingekauft hat schmeckt *aroi* (köstlich).

Die Küche von Bangkok

In Bangkok wurzelt die im 18. und 19. Jahrhundert am Königshof kreierte Palastküche *(ahaan chao wang),* die heute nicht nur die Gaumen der Königlichen Familie erfreut. Auch gutbetuchte normalsterbliche Gourmets können die raffinierte *royal thai cuisine* in exklusiven Restaurants genießen. Da man viel Wert auf Dekoration und Präsentation legt, sind die Speisen der Königlichen Küche, die auf wunderbaren, uralten, immer wieder kreativ verfeinerten Rezepten beruht, gleichermaßen ein Schmaus für Gaumen und Augen – Kunstwerke, die man essen kann.

Fusion Food

Den Traditionalisten, denen die klassische Thai-Küche als unantastbar gilt, stehen die Reformer gegenüber. Aufgeschlossen für Einflüsse von außen, begannen in den letzten Jahren innovative thailändische Küchenchefs in Bangkok die *thai style nouvelle cuisine* zu entwickeln, in der sich die Aromen der leichten Thai-Küche mit anderen großen Küchen, hauptsächlich mit französischen und italienischen Einflüssen, zu einer ideenreichen Crossover-Küche vermengen.

Die Küche des Südens

Im fast gänzlich vom Meer gesäumten Südthailand gibt es Fisch und Meeresfrüchte in Hülle und Fülle, vorzugsweise frittiert in Öl oder auf Holzkohle gegrillt. Viele Gerichte werden mit Krabben, Muscheln, Kalmaren und Garnelen zubereitet. Selbst Langusten und Hummer sind zu Preisen erhältlich, die das Reisebudget nicht allzu sehr belasten. Malaiisch-muslimischer Einfluss macht sich in scharfen Currys und in der Verwendung schwerer Kokosnusssaucen bemerkbar.

Im weit vom Meer entfernten Nordthailand, dessen eher milde Küche von China und Myanmar beeinflusst ist, dominieren Huhn-, Enten- und Schweinefleisch-

Die Küche des Nordens

gerichte. Aufgrund des kühleren Klimas schätzt man dort geschmorte oder suppenähnliche Gerichte, zum Beispiel *khao soi*, das als »Nationalgericht« von Chiang Mai gilt. Dieses Nudelgericht ist ein Erbe chinesischer Händler aus Yunnan. Beim auch bei Touristen sehr beliebten, traditionellen nordthailändischen *Khantoke*-Dinner sitzt man auf Kissen um einen kleinen runden Tisch, auf dem vier bis fünf Schälchen mit lauwarmen Gerichten stehen, etwa gegrillte Schweineschwarten, burmesisch beeinflusste Currys, ein scharfer Salat, Chilisauce und Klebreis. Gegessen wird auf traditionelle Weise mit den Fingern.

Die Küche des Nordostens

Frittierte Heuschrecken, gegrillte Hühnerfüße oder gebratene Termiten – die laotisch beeinflusste Küche des Nordostens kann auch welterfahrene Feinschmecker verblüffen. Im von Armut geplagten Isaan war Hunger schon immer der beste Koch, machte Not erfinderisch. Auf Märkten findet man hier und dort proteinhaltige Käfer, Larven und Maden oder auch mal geröstete Skorpione als Snack. Zu den Eiweißbomben zählen Maulwurfsgrillen, Seidenraupen, wuselige Krabben, die lebend verspeist werden, oder Wasserkäfer, die nur rein optisch Kakerlaken ähneln und nicht zuletzt wegen ihrer Füllung mit schmackhaften Eiern begehrt sind. Einem Sprichwort zufolge essen die Khon Isaan alles, was läuft, kriecht, krabbelt, fliegt, schwimmt und sich schlängelt ...

Gewürze und Kräuter – wohlschmeckend und gesund

Dem Klima angepasst

Obwohl die Thai dafür bekannt sind, dass sie gern essen, sind sie meist schlank und zierlich. »Wie machen die das nur?« fragen sich kalorienbewusste Besucher aus Europa. Ganz einfach: Thai ziehen viele kleine Leckerbissen wenigen opulenten Mahlzeiten vor. Außerdem nehmen sie sich Zeit zum Essen. Und statt viel Fleisch aufzutischen, verwöhnen sie ihren Gaumen mit reichlich Gemüse

Mittagessen auf der Reisstrohmatte

INFO

Harmonie auch beim Essen – ein typisches Thai-Menü

Im Gegensatz zur europäischen kennt die thailändische Küche bei den Hauptmahlzeiten keine verschiedenen Gänge. So wird nicht Gericht nach Gericht serviert, sondern es kommt alles zur gleichen Zeit auf den Tisch beziehungsweise auf die Reisstrohmatte, denn vor allem in den Dörfern essen die Menschen auf dem Boden sitzend. Dies gibt den Gästen die Möglichkeit, von zahlreichen Gerichten gleichzeitig zu kosten und sich ihr Menü nach Appetit und Geschmack zusammenzustellen. Aber wie immer wird auch bei der Menüplanung der Harmonie Rechnung getragen. Zu jedem scharfen Gericht wird ein den Gaumen kühlendes, zu jedem süßen ein saures, zu jedem gebratenen ein gedünstetes, zu jedem flüssigen ein knuspriges, zu jedem heißen ein kaltes gewählt. Auch die Zutaten sollten möglichst unterschiedlich sein. So steht einem Fischgericht ein Fleischgericht gegenüber. Nicht fehlen dürfen ein Curry und viel frisches Gemüse *(phak)* von Aubergine bis Zucchini. Es wird nur kurz gegart, damit es knackig und vitaminreich bleibt. Meist steht auch eine Schale mit rohem Gemüse und Kräutern wie Basilikum, Koriander, Kresse, Melisse und Minze auf dem Tisch. Gelegentlich kommen scharfe Salate *(yam)* hinzu. Anders als bei uns isst man Suppen nicht als Vorspeise, sondern gleichzeitig mit den Hauptgerichten. Zum Nachwürzen bei Tisch dient *prik nam plaa* – Fischsauce verfeinert mit Chilis, Zitronensaft, Reisessig, Palmzucker, Schalotten, Knoblauch, Koriander und einer Prise Pfeffer. Wer allein isst, bestellt meist ein Reis- oder Nudelgericht, das individuell serviert wird.

---

und Geflügel sowie Fisch und anderem Meeresgetier. Die fettarmen und vitaminreichen Thai-Gerichte sind dem tropischen Klima perfekt angepasst.

Chilis

So bringen Chili *(phrik)* und Ingwer *(khing)* den Puls auf Trab und helfen, den Kreislauf anzukurbeln, der in feucht-schwüler Luft arg strapaziert wird. Aufgrund ihrer aseptischen Wirkung töten die beiden Gewürze auch Bakterien ab und schützen somit vor Krankheiten. Bei Chilis, von denen über 40 Arten frisch oder getrocknet verwendet werden, gilt als Faustregel: Kleine Chilischoten sind schärfer als große, rote meist feuriger als grüne und gelbe. Widerstehen Sie der scheinbar naheliegenden Versuchung, das Feuer der Chilis mit Wasser oder einem anderen Getränk zu löschen, denn die Flüssigkeit verteilt die Schärfe bis in die letzten Winkel des Rachens. Rettung bringt weißer Reis: Nur er löscht zuverlässig den brennenden Gaumen.

Vom Arzt empfohlen

Bei Verdauungsstörungen hilft Zitronengras *(takrai)*, wohingegen Knoblauch *(krathiam)* vor hohem Blutdruck bewahrt. Mit Kardamom *(luuk krawaan)* lassen sich Übelkeit, Kopfschmerzen und Fieber bekämpfen, Koriander *(phak chii)* gilt als Wundermittel bei Verstopfung und Schlafstörungen. Nicht fehlen darf Basilikum, von dem man in Thailand zwei Sorten kennt: Thai-Basilikum *(bai horapah)* mit leichtem Minzaroma und das Heilige Basilikum *(bai gra-*

pao) mit einem scharfen, an Gewürznelken erinnernden Geschmack. Weitere Gewürze der Thai-Küche sind Galgant *(khaa)*, Minze *(saranää)*, Muskatnuss *(luuk djan)*, Tamarinde *(makham)* und Zitronenblätter *(bai makrud)*.

Salzarme Kost

Salz *(klüa)* wird in der thailändischen Küche wenig verwendet. Die meisten Speisen bekommen ihren Pfiff durch *nam plaa,* eine dünnflüssige Sauce aus fermentiertem Fisch, die man wie die Sojasauce *(nam sii luh)* bei der Zubereitung der Speisen sowie auch zum Nachwürzen bei Tisch verwendet. Der unangenehm riechenden Fischsauce, die in kleiner Dosierung in den Gerichten aber nicht mehr vorschmeckt, schreibt man umfassende Heilkräfte zu.

Restaurant oder Garküche – wo schmeckt es am besten?

Besucher, die kulinarische Entdeckungstouren unternehmen wollen, machen es am besten den Einheimischen nach. Die meisten Thai essen an den einfachen, aber oft sehr guten Essensständen *(rot khen)*, die an jeder Ecke auf hungrige Kunden warten, oder in kleinen und preiswerten Lokalen *(raan ahaan)*, in denen man bei der Zubereitung der Speisen zugucken kann. Meist sind in garagenähnlichen Räumen entlang der gefliesten Wände einfache Tische und Plastikstühle aufgereiht. Entscheidend ist jedoch nicht so sehr das Äußere, sondern die Qualität der Speisen, und die ist in Straßenlokalen zuweilen besser als in manchem Restaurant mit großem Namen. Nach Sonnenuntergang finden sich die Garköche mit ihren mobilen Ständen auf den so genannten Nachtmärkten *(talaat yen)* zur Volksspeisung auf thailändisch ein. Achten Sie auf Stände, die von Einheimischen frequentiert werden, dort hat man die Gewähr, frisch zubereitete Speisen zu bekommen. Besonders während der Mittagshitze ist es in von Ventilatoren gekühlten einfachen Restaurants *(raan ahaan)* angenehmer.

Keine Angst vor der Garküche

INFO

Tu & Tabu – Tischsitten

▶ **Tu:** Gegessen wird mit Löffel und Gabel, wobei der Löffel in der rechten Hand gehalten wird und das Essen zum Munde führt, während die Gabel in der Linken dazu dient, das Essen auf den Löffel zu schieben.

▶ **Tabu:** Die Gabel in den Mund zu stecken, verstößt gegen die Tischsitten.

▶ **Tabu:** Stäbchen nutzt man nur bei Nudelsuppen oder chinesischen Gerichten.

▶ **Tu:** Mit den Fingern zu essen ist erlaubt. Auf dem Lande, vor allem in Nord- und Nordostthailand, ersetzen die Finger jegliches Besteck und zwar ausschließlich die der rechten Hand, da die linke als unrein gilt.

▶ **Tu:** Das sieht einfacher aus als es ist. Man formt zwischen Daumen und Fingerspitzen kleine Reisbällchen, stippt damit etwas Gemüse, Sauce, Fisch oder Fleisch auf und befördert diesen Bissen elegant in den Mund.

▶ **Tabu:** Messer sind generell unnötig, da praktisch alle Speisen mundgerecht serviert werden.

▶ **Tu:** Isst man in größerer Runde, stehen mehrere Teller und Schüsseln mit Gerichten in der Mitte des Tischs. Bei traditionsbewussten Thailändern ist es Brauch, ein gemeinsames Essen mit einem Löffel Reis zu beginnen, eine Geste, die als Ehrerbietung an die hart arbeitenden Reisbauern gilt. Außerdem erkennt man damit den Reis als Grundlage des Mahles an. Meist bedient man sich mit Servierlöffeln, oft aber auch mit seinem eigenen Besteck.

▶ **Tabu:** Allerdings isst man nie mit dem eigenen Besteck vom Servierteller, sondern befördert das Essen zuerst auf seinen eigenen Teller, und zwar in Maßen, um nicht gierig zu erscheinen. Auch schickt es sich nicht zu zeigen, dass man Hunger hat; man isst langsam und in kleinen Bissen.

▶ **Tabu:** Als unfein empfinden es viele Thai, wenn man einen Servierteller in die Hand nimmt, um sich zu bedienen. Stattdessen lässt man ihn stehen und holt sich mit dem Servierlöffel Nachschub.

▶ **Tu:** Es ist üblich, einen kleinen Rest auf dem Teller zurückzulassen. Damit signalisieren Sie, dass Sie satt sind. Einen leeren Teller empfindet ein thailändischer Gastgeber als Aufforderung, seinem Gast nachzulegen. Generell werden Thailänder immer eher zu viel als zu wenig servieren, um nicht als *khii niao* (geizig) zu erscheinen.

▶ **Tu:** Wenn mehrere Leute zusammen in ein Restaurant essen gehen, übernimmt stets eine Person das Bezahlen, entweder derjenige, der die Einladung ausgesprochen hat, oder aber der, der auf der sozialen Rangleiter am höchsten steht bzw. eine von ihm beauftragte Person.

▶ **Tabu:** Getrennte Rechnungen sind unüblich. Jeder thailändische Gastgeber würde Andeutungen in diese Richtung schlichtweg als Beleidigung auffassen.

▶ **Tu:** Manchmal überlässt man diese »Kleinigkeit« auch gerne dem Besucher aus dem Westen. Und da Großzügigkeit in Thailand als positive Charaktereigenschaft sehr geschätzt wird, sollte man sich ruhig mal »vordrängen«.

Kaleidoskop des Alltags

Stehender Verkehr an der Kreuzung Wireless/Sathorn Tai/Rama IV Road, Bangkoks neuralgischem Knotenpunkt. Auf der Ladefläche eines Pickup kauern dicht gedrängt Menschen. Glühende Hitze, blaugraue Abgasschwaden, tosender Lärm, eine Hölle. Doch was tun die jungen Arbeiterinnen auf der Pritsche? Sie reden, gestikulieren und lachen. Plötzlich fangen sie an, rhythmisch mit den Händen zu klatschen, zu singen und – soweit es die Enge erlaubt – zu tanzen. Sie haben trotz der widrigen Umstände ganz offensichtlich eine Menge Spaß – *sanuk*. *Sanuk,* so nennt sich die Lebenshaltung der Thai: Sei fröhlich, sei vergnügt bei allem, was du tust!

Sanuk – die tief verwurzelte Lebensfreude der Thai

Zentraler Anspruch ans Dasein

An der Häufigkeit, mit der bestimmte Wörter verwendet werden, lassen sich manchmal die charakteristischen Merkmale einer Gesellschaft erkennen. Wenn in Deutschland viele Sätze mit den Worten »Das Problem ist, ...« anfangen, so hört man in Thailand immer und überall das Wort *sanuk.* Die Thai bringen damit zum Ausdruck, dass sie ihr Leben zu genießen verstehen. *Sanuk* ist jedoch mehr als Spaß und Frohsinn. Der Begriff umschreibt die Lebensfreude der Thai, die tief in ihrem Wesen verwurzelt ist. Schon in einer in Stein gemeißelten Inschrift aus dem Jahre 1292 aus den Ruinen Sukhothais heißt es: »Gemeinsam stimmen sie singend in den Klang der Instrumente ein. Wer immer vergnügt sein will, ist es. Wer immer lachen will, tut es.« Diese Steininschrift hat bis heute nichts von ihrer Gültigkeit verloren.

So wichtig wie der tägliche Reis

Spaß am Leben hat nach einem arbeitsreichen Tag Priorität, und Anlässe für Spaß finden sich immer. Als ganz eindeutig *sanuk* betrachten die Thai Feiern, Feste, Ausflüge, Glücksspiel, Wetten, Schaufensterbummel, Shopping, Kinobesuch, Sport, die sexuellen Freiheiten der Männer und – sicher nicht zuletzt – das Essen und Trinken. Der Begriff *sanuk* ist so typisch thailändisch, wie »Gemütlichkeit« deutsch ist. Aber nicht nur in der Freizeit ist *sanuk* wichtig. Alles, was man tut, sollte mit *sanuk* geschehen. Das heißt, Thailänder gehen ihre Aufgaben stets mit einer guten Portion Leichtigkeit an. Nichts ist schlimmer als *mai sanuk* – kein Spaß. Und Spaß kann man sogar bei der Arbeit haben. Wer sich zum Beispiel in Thailand an den Rand eines Reisfelds setzt, um die Männer und Frauen bei der Knochenarbeit des Reisanbaus zu beobachten, kann dabei eine Menge *sanuk* entdecken: Es wird geflirtet, gesungen, gespottet und es werden Witze gerissen.

Sanuk ist ein Trick, mit dem die Thai selbst die tristen Seiten ihres Alltags überlisten. So darf sogar eine Beerdigungszeremonie vergnügliche Elemente haben, etwa wenn neben dem aufgebahrten Verstorbenen Komödianten die Trauergäste unterhalten. Spaß schafft eine Atmosphäre, in der sich Harmonie wahren und Unbehagen vermeiden lässt. Frohsinn und Vergnügen führen zu Gelassenheit

Der Fang war gut, das Glück vollständig: Fischer bei Rayong

Ein Trick gegen Krisen

und reduzieren damit die inneren Spannungen, die sich bisweilen aus dem von der Thai-Gesellschaft erwarteten ständigen disziplinierten Wohlverhalten entwickeln. Gerade angesichts des rigiden Sittenkorsetts ist dieser Mechanismus wichtig: Wo sich die traditionellen hierarchischen Strukturen als zu starr erweisen für die moderne Welt, da beugt man sie sanft mit einem kleinen Lächeln, mit extra guter Laune: Wirtschaftskrise, Liebeskummer, unfähiger Chef – *sanuk* ist, wenn man trotzdem lacht.

Sabai – Gipfel des Wohlbefindens

Noch eine Steigerung

Sabai, sabai, sagt man in Thailand, wenn man etwas besonders Schönes sieht oder etwas als sehr angenehm empfindet. *Sabai* bedeutet auch bequem oder behaglich, und zwar im Sinne von sich entspannt, köstlich erfrischt oder angenehm gesättigt zu fühlen. Die beiden Wörter *sanuk* und *sabai* zusammen verwendet, drücken den Gipfel des Wohlbefindens aus. *Sanuk* und *sabai* – Spaß und Wohlgefühl – sind die Säulen der Thai-Kultur. Und an beidem lässt man die Fremden aus aller Welt großzügig teilhaben.

Mai pen rai – der Schlüssel zur thailändischen Gelassenheit

Das macht nichts!

Und sollte das Leben einmal weder *sanuk* noch *sabai* sein, dann hilft die Allerweltsfloskel *mai pen rai.* Das ist mit »Das macht nichts« oder »Was passiert ist, ist passiert« oder »Nimm's nicht so ernst« oder »Keine Sorge, wird schon werden« nur unzulänglich übersetzt. Dieser Begriff erscheint wie eine Aufforderung zur unbeschwerten Unbekümmertheit, zur Freiheit gegenüber drängenden Verantwortungen, zur heiteren Gelassenheit. In diesen Worten scheint aber auch

Lebensfreude

ein Stück buddhistischer Philosophie mitzuschwingen: die Abneigung, sich über etwas Menschliches und Weltliches allzu sehr aufzuregen sowie die Bereitschaft, sich einem Missgeschick oder Unglück zu fügen. Wenn etwas nicht zu ändern ist, akzeptiert man es eben.

Ein Joker in vielen Lebenslagen

Da es praktisch unmöglich ist, die kulturspezifische Redensart *mai pen rai* nuancengenau zu übersetzen (am nächsten käme ihr vermutlich das englische *never mind),* hier einige Situationen, in denen sie verwendet wird. Bei einem feucht-fröhlichen Zusammensein von Freunden stößt jemand ungeschickt eine Bierflasche vom Tisch. Laut knallend zersplittert sie am Boden und rundherum bricht heiteres Gelächter aus: *Mai pen rai.* Ein Vorgesetzter reagiert auf einen Fehler oder ein Versehen eines Untergebenen ohne weiteren Tadel schlicht mit *mai pen rai.* Oder jemand hat eine Verabredung vergessen und entschuldigt sich bei nächster Gelegenheit bei seinem Bekannten. *Mai pen rai* lautet die Antwort dessen, der vergebens gewartet hat. *Mai pen rai* entschuldigt nicht nur die Fehltritte von Personen, sondern auch Lebensumstände oder Schicksalsschläge. So machen sich selbst in Zeiten politischer und wirtschaftlicher Krisen auch in den unteren Schichten der Gesellschaftspyramide kaum Resignation und Verzweiflung breit. Alles wird mit einem *mai pen rai* gemeistert. Niemand hadert mit seinem Schicksal. Der Sinn des Ausdrucks reicht so vom buddhistischen Gleichmut bis hin zum Versuch, soziale Harmonie nicht zu stören.

Auf dem Vormarsch: Konsum und Kommerz

Shopping Malls – Erlebniswelten

Parfümproben aus Paris

Aufschlussreich für das Naturell der Thai ist auch die Antwort, die man erhält, wenn man zufällig einen Bekannten trifft und ihn fragt, wohin er geht. *Pai tiao,* wird lächelnd erwidert, »Ich bummele ein wenig, um mir die Zeit zu vertreiben.« Dieser Satz kann vom kurzen Spaziergang bis zu einem vergnügten Abend alles bedeuten. Oft hört man auch: *Pai süü khong.* (Ich mache einen Einkaufsbummel.) Ob in Bangkok, Chiang Mai, Pattaya oder Phuket – selbst an Wochentagen strömen Abertausende Thailänder durch die klimatisierten Hallen der Kaufhäuser, über Marmortreppen und durch Teak-Kolonnaden. Adrette Hostessen stehen da mit neuestem Parfumproben aus Paris. Im Foyer sind Ferrari-Modelle ausgestellt. Was für eine Eleganz, welche Grandeur!

Künstliche Lagunen und Streichorchester

Das schnelle Wirtschaftswachstum der 1980er und 1990er Jahre hat Bangkok und anderen Großstädten eine wohlhabende und komsumfreudige Mittel- und Oberschicht beschert sowie einen atemberaubenden Bauboom ausgelöst, vor allem riesige Shopping Malls schossen überall wie Pilze aus dem Boden. Diese Einkaufszentren haben mit den oft phantasielos gestalteten Kaufpassagen, die man hierzulande findet, wenig gemein. Malls in Thailand sind Paläste: Rauschende Wasserfälle plätschern aus den oberen Etagen in künstliche Lagunen und im Foyer spielt ein Streichorchester Vivaldi. Oft beherbergen die Einkaufs-

INFO

Thai-Massage – die Kunst des Körperzwirbelns

Dass für die Thailänder zum körperlichen Wohlbefinden und zum Stressabbau eine traditionelle Thai-Massage gehört, können viele *farang* nicht verstehen, denn diese ist alles andere als angenehm. Die klassische thailändische Heilmassage kennt keine warmen, von Öl triefenden Hände, die sanft über den Körper streichen und das Muskelgewebe lockern, ihre Kennzeichen sind kraftvolle Griffe und energische Tritte. Die Thai-Massage umfasst den ganzen Körper, zielt auf die Druckpunkte der Meridiane und verbindet die Stimulierung des Flusses der Körperenergie mit dem Strecken und Dehnen der Glieder und Muskeln. Thai-Massage ist Schwerstarbeit. Sie verlangt den Masseurinnen und Masseuren vollen Körpereinsatz ab. Sie verrenken sich, drücken mal hier, mal da, mit Händen, Ellenbogen und Unterarmen. Sie massieren den Rücken ihrer Kunden mit ihren Füßen, dehnen mit ihrem Gewicht Arme und Beine. Wenn alles richtig läuft, renken sich sogar aus der Bahn geratene Wirbel wieder ein. Die Technik der traditionellen Thai-Massage, die auf Yoga, Akupressur und Reflexmassage basiert, hat ihre Wurzeln im alten Königreich von Ayutthaya. König Rama I. ließ am Ende des 18. Jahrhunderts die mündlich überlieferten Anweisungen im Wat Pho, dem Tempel des Ruhenden Buddha in Bangkok, in Steinplatten gravieren. Dies war die Geburtsstunde der ältesten Massageschule Thailands, auf deren Technik sich viele Massagesalons berufen. Wer möchte, kann sich dort heute noch kneten, dehnen und lockern lassen.

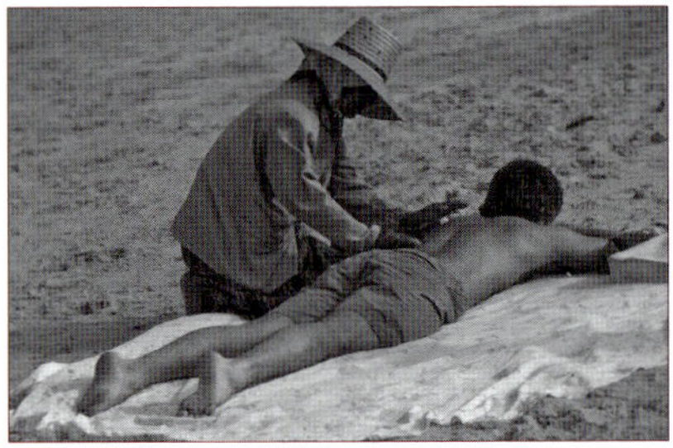
Thai-Massage

zentren neben edlen Boutiquen und Gourmetrestaurants auch Kinos, Wellness-Center, Swimmingpools und Tennisplätze. Den Clou bietet die *Central World Plaza* in Bangkok: Im obersten Stockwerk des Kommerztempels ziehen auf einer 3600 Quadratmeter großen Kunsteisbahn täglich Unmengen von begeisterten Schlittschuhläufern ihre Bahnen – bei Außentemperaturen von 35 Grad Celsius und mehr! Das benachbarte *Siam Paragon* hat im Basement gleich eine ganze Unterwasserwelt mit allem, was die Meere und Seen unseres Planeten zu bieten haben.

»Shopaholics«

Viele Thai mit gut gefüllter Brieftasche bekommen hier was ihr Herz begehrt: Markenartikel sowie Designermode aller großen Häuser der Welt. Und sie kaufen und kaufen. Die Wirtschaftskrise Ende der 1990er Jahre hat die Lust am Konsum zwar etwas gebremst, aber immer noch verfügen junge Thai über ei-

ne erstaunliche Kaufkraft. Viele junge Leute wohnen zwar bis zur Hochzeit bei ihren Eltern (manche sogar noch danach), weil sie sich angesichts der hohen Mieten in Bangkok keine eigene Wohnung leisten können, dafür aber geben sie einen Großteil ihres Einkommens beim Shopping aus.
Wer gerade nicht gut bei Kasse ist, sucht eine Mall auf, um bei einem Bummel durch einen der wohltemperierten Konsumtempel Lärm, Autoabgasen und Hitze, die sich in den Straßenschluchten stauen, zu entkommen. Weil es dank der Klimaanlagen angenehm kühl ist, treffen sich in den Malls Schüler nach den Hausaufgaben, verabreden sich dort Verliebte zum Date. In den Malls schlägt das Herz der Stadt. Alte europäische Städte haben traditionell ein Zentrum, Bangkok und andere thailändische Städte haben viele Zentren: Einkaufszentren.

Kaufrausch auch auf dem Land

Die Beliebtheit der Shopping Malls verblüfft Soziologen. Denn eigentlich widersprechen sie dem Arbeitsethos der thailändischen Gesellschaft, vor allem der unteren Volksschichten, weil dort nur direkt verkauft und gekauft wird, ohne – wie es sonst in Thailand üblich ist – um den Preis zu feilschen und ohne sonstiges menschliches Beziehungsnetz.

Wirkung des Fernsehens

Nicht nur in den Städten, auch in den Dörfern steigt der Wunsch nach Konsum und Luxus. Und die modernen Massenkommunikationsmittel tragen natürlich dazu bei. Das thailändische Fernsehen und somit auch die Werbung erreichen mittlerweile selbst das abgelegenste Dorf. Die über die Mattscheibe flimmernden Werbespots, oft kleine ästhetische Wunderwerke, preisen die Güterwelt der Hauptstadt noch im hintersten Winkel des Landes an und wecken auch bei einfachen Leuten Kaufgelüste.

Stoffe soviel das Herz begehrt, Pahurat Market

Profitgier und Werteverlust

Zum Wesen der modernen Konsumgüterkultur gehört es, dass sie ständig neue Bedürfnisse erzeugt. Damit bricht die Möglichkeit einer Lebenskultur des Sichbescheiden-Könnens zusammen. Wachstum, ständige Einkommensvermehrung, Konsumausweitung und damit Ausweitung des Lebensstils werden zum selbstverständlichen Bezugsrahmen für die Vorstellungen der Menschen vom guten Leben. Auf diese Weise hielt auch die Profitgier Einzug in die neuzeitliche thailändische Psyche: Ein aufwändiger Lebensstil verlangt die nötigen finanziellen Mittel, was oft zu Maßlosigkeit in Geldangelegenheiten führen kann. Alte Werte wie Bescheidenheit und Genügsamkeit werden brüchig und fragwürdig. Die Folgen sind Desorientierung und eigensüchtiges Verhalten. Als Ersatzwerte gelten heute in Thailand *amnaad niyom* (Verherrlichung der Macht) und *tana niyom* (Verherrlichung des Geldes). Das führt im Extremfall so weit, dass Familienväter ihre hübschen minderjährigen Töchter an Bordelle verkaufen, um sich von dem Erlös das ersehnte Moped anzuschaffen oder ein neues Haus zu bauen.

Der König fordert Rückbesinnung.

Thailand befindet sich derzeit in einem Rausch nach Geld und Gut, die Gesellschaft hat sich sehr »vermaterialisiert«. Die rasante Entwicklung von der Agrar- zur Industriegesellschaft ist dem Land, zumindest was die ethisch-moralischen Werte anbelangt, nicht sehr gut bekommen. König Bhumipol, zu dem alle Thai respektvoll aufblicken, sorgte mit seiner Bemerkung, dass man bisweilen »zurückgehen muss, um vorwärts zu kommen«, für viel Diskussion. Sich auf seine eigenen Werte zu besinnen, das Kleinere, Bescheidenere, das Traditionelle wieder wertzuschätzen – dieser nahe liegende Gedanke des Monarchen wird von vielen Thai noch nicht nachvollzogen. Auch die von ihm propagierte *economy of scale,* seine Forderung nach ökonomischer Maßhaltung, stößt noch auf wenig Resonanz.

Sich abheben von anderen

Den Nachbarn überflügeln

Den mahnenden Worten des Buddha zum Trotz, sich nicht an materielle Dinge zu klammern, legen die Thailänder großen Wert darauf, ihren wirtschaftlichen Status nach außen hin zur Schau zu stellen. Auch bewerten sie andere Menschen gerne nach deren Besitz. Kleidung und Schmuck sind da noch unspektakulär. Eine Parabolantenne auf dem Dach der armseligen Hütte aber hebt deren Bewohner schon deutlich von ihren Nachbarn ab. Ebenso wie das blank gewienerte Motorrad, das vor dem Eingang in der Sonne blitzt. Wer es sich leisten kann, schafft sich ein Auto an. Wer gar einen Mercedes oder BMW sein Eigen nennt, der hat alles im Leben erreicht und gilt als Vorbild für die, die noch in Armut verharren und von Aufstieg und Wohlstand nur träumen.

Mehr Schein als Sein

Da die Position auf der gesellschaftlichen Rangleiter von enormer Bedeutung ist, haben die Thai einen Hang zum Hochstapeln entwickelt. Gern täuschen sie eine höhere soziale Stellung vor, als sie tatsächlich innehaben. Häufig bedienen sie sich auch aus der Mehr-Schein-als-Sein-Trickkiste, um soziale Defizite zu kompensieren. Animiermädchen, also Frauen der untersten sozialen Stufe, schmücken sich gern mit Goldketten und machen so den Gesichtsverlust wett, den die Arbeit als Prostituierte nun einmal mit sich bringt. Auch die Oberen Zehntausend verkaufen sich oft über Wert. So kursiert das Bonmot, dass ein Geschäftsmann zwar ohne seine eigenen vier Wände auskommen könne, aber nicht ohne seinen prestigeträchtigen Benz! Westler, die nicht für jeden Weg ein Taxi nehmen, sondern ein *Tuk-Tuk* oder den Linienbus, die gar zu Fuß gehen, womöglich Golfplätze meiden und den einheimischen Mekhong-Whisky dem zehnfach teueren Ausländischen vorziehen, büßen rasch an Ansehen in der auf Statussymbole erpichten Thai-Gesellschaft ein.

Anders die Chinesen

Gern brüstet sich die Oberschicht mit standesgemäßen Villen in einem vornehmen Stadtviertel, mehreren Bediensteten, vielen Auslandsreisen und aufwändigen Familienfeiern. Während reiche Thailänder einen Hang zum Imponiergehabe haben, schätzen Chinesen oder chinesischstämmige Thai traditionell Sparsamkeit, Bescheidenheit und Augenmaß für das Nützliche und Vernünftige höher als Luxus, Prestige und Überfluss. Obwohl oft gut betucht, leben sie meist sparsam und in eher bescheidenen Verhältnissen. Man fragt sich allerdings, wie lange noch.

Bettler – arme Brüder oder Betrüger?

Trotz wachsendem Materialismus ist *nam djai* (wörtlich »Wasser vom Herzen«) der Geist des Gebens, noch lebendig. Anderen gegenüber großzügig zu sein, ist nicht nur im Sinne des Buddhismus, sondern soll auch dafür sorgen, dass dem Gebenden irgendwann Gleiches widerfährt. So geht kaum ein Thailänder an den alten Männern und Frauen vorbei, die vor den Tempeln warten, ohne ein

Ordnungshüter im Abgasdunst

Zwielichtige Gestalten

paar Münzen in deren Bettelschalen zu werfen. Ohne soziale Absicherung und staatliche Hilfen sind gerade viele alte Menschen auf Betteln angewiesen.
Von der Großzügigkeit der Thailänder und dem Mitleid vieler ausländischer Besucher profitieren aber auch zwielichtige Gestalten. So verteilen in von Touristen frequentierten Stadtgebieten von Bangkok kriminelle Banden frühmorgens ganze Bataillone erbarmungswürdig anzusehender Bettler (vorzugsweise Mütter mit Kindern aus den armen Nachbarländern Kambodscha, Laos und Myanmar), die ihre Einnahmen später den skrupellosen Hintermännern abliefern müssen. Zeitungsberichten zufolge entführten Verbrecherbanden sogar Kinder und verstümmelten sie, um sie auf diese Weise »attraktiver« fürs Betteln zu machen. Nach Angaben von *Mirror Art Foundation,* einer Stiftung gegen die Ausbeutung von Kindern, bringen normale Kinder etwa 300 Baht am Tag ein, behinderte oder entstellte Kinder dagegen liefern täglich bis zu 1000 Baht ab. Zum Vergleich: Das Anfangsgehalt eines Lehrers beträgt in Thailand 5000 Baht im Monat.

Bleiben Sie hart!

Zwar sind Armut und Elend mancherorts offensichtlich, doch erscheint es fraglich, ob man mit einem Obolus tatsächlich helfen kann. Betteln ist in Thailand überdies gesetzlich verboten und kann mit Gefängnisstrafen belegt werden. Vor allem bettelnden Kindern gegenüber sollten Sie als Westler hart bleiben. Denn wenn diese erst den Erfolg ihrer Bemühungen erleben, schwänzen sie häufig die Schule und verdienen durch mehrmaliges Händeausstrecken am Tag mehr als der schwer arbeitende Vater auf dem Feld oder in der Fabrik.
Angebrachter als ein spontanes Almosen auf der Straße erscheint die gezielte Unterstützung anerkannter Hilfs- und Entwicklungsorganisationen, die im Lande sinnvolle Arbeit leisten. Wer einem Behinderten etwas Gutes tun möchte, kann von ihm ein Los der staatlichen Lotterie kaufen. Lizenzen zum Verkauf von Losen werden nur an Behinderte vergeben, um ihnen eine Einnahmequelle zu verschaffen.

Uniformen – sichtbare Statussymbole

Feste Rangordnung

Da in Thailand nur zählt, was Rang und Namen hat, muss die soziale Position eines Thai in der Öffentlichkeit äußerlich Niederschlag finden. Das für jedermann sichtbare Statussymbol ist vom Minister abwärts bis hinunter zum Eisverkäufer die Uniform. Das *Who's Who* des öffentlichen Lebens manifestiert sich durch Achselklappen und Streifen. Sie signalisieren eine dienstliche Position, flößen Respekt ein, auch bei städtischen oder staatlichen Bediensteten außerhalb von Militär und Polizei. Sogar Volksschullehrer und Lehrerinnen tragen die offizielle Beamtenuniform: einen kurzärmeligen Safari-Anzug bzw. ein ebensolches Kostüm. Uniformen sind landesweit auch obligatorisch für Schüler und Studenten, zumindest bis zum Vordiplom.
Im alltäglichen Leben, das in strengen hierarchischen Bahnen verläuft, helfen Uniformen, den sozialen Status des Gegenübers richtig einzuschätzen. So

INFO

Glückspillen aus dem Urwald

Wanderer, die im dicht bewaldeten Grenzgebirge zu Myanmar von den üblichen Trekking-Pfaden abweichen, laufen Gefahr, düsteren Figuren zu begegnen. Es sind Schmuggler aus dem Volk der Roten Wa, die in Rucksäcken Millionen von Amphetamin-Tabletten über die Grenze nach Thailand schaffen. Die in Dschungellabors jenseits der Grenze produzierten bunten Pillen haben heute weitgehend das Heroin verdrängt, das aus Opium hergestellt wird.

Aus dem berühmt-berüchtigten Goldenen Dreieck zwischen Thailand, Myanmar und Laos haben sich die Drogenschmuggler schon seit geraumer Zeit zurückgezogen. Heute wird das einstige Opiumanbaugebiet am Mekong touristisch vermarktet. Es ist einer jener Orte, die dem Auge wenig, der Phantasie aber umso mehr Nahrung geben: eine Ansammlung von Restaurants und Souvenirläden, vor denen sich die Tourbusse aus Chiang Rai stauen. Noch Anfang der 1990er Jahre wurden im Goldenen Dreieck bis zu 3000 Tonnen Rohopium jährlich produziert, weit mehr als in anderen Teilen der Welt. Doch heute sind die meisten der violettfarbenen Mohnfelder verschwunden. Denn seit afghanische *warlords* in den weltweiten Heroinhandel eingestiegen sind und mit Rekordernten den Preis drücken, haben die Drogenbarone des Goldenen Dreiecks umgesattelt. Statt Heroin lassen sie nun hauptsächlich die synthetischen Amphetamin-Pillen produzieren, auch bekannt als Speed. Mittlerweile ist dieses Rauschgift in Thailand zu einer Volksdroge geworden. Die Behörden schätzen, dass 5 Prozent aller Thai regelmäßige Speed-Konsumenten sind.

Ursprünglich kam die Droge während des Vietnamkrieges mit amerikanischen Soldaten nach Thailand. Sie wurde *yaa maa* genannt – »Pferdemedizin«, da sie den Konsumenten scheinbar die Kräfte eines Hengstes verlieh. Wie eine Epidemie verbreiteten sich die Ende der 1970er Jahre von der Regierung verbotenen bunten Pillen während des thailändischen Wirtschaftswunders. Ausgelaugte Bauarbeiter und gestresste Börsenbroker schluckten die Aufputschmittel gleichermaßen. Partygänger warfen die Pillen ein, um mehr *sanuk*, mehr Spaß, zu haben. Doch das Wundermittel zeigte bald negative Seiten. Viele Konsumenten verwandelten sich in Psychopathen. Aus *yaa maa* wurde *yaa baa* – »Medizin, die verrückt macht«.

Seit einigen Jahren geht die Polizei nun verstärkt gegen Drogenkonsum vor, besonders in den Amüsiervierteln der Touristenhochburgen. Bei Razzien in Bars und Diskotheken werden oft Urinproben genommen – auch bei Touristen! Zivilfahnder der Drogenpolizei machen selbst bei den *Full-Moon*-Partys auf Ko Phanang in Südthailand, die jeden Monat Tausende von Techno-Freaks anlocken, strenge Kontrollen. Wer auch nur mit einigen Speed- oder Ecstasy-Pillen oder ein paar Gramm Marihuana erwischt wird, landet im Gefängnis! Auch bei geringen Mengen geht die Justiz mit Drogenkonsumenten hart ins Gericht. Dealern drohen jahrzehntelange Haftstrafen oder sogar die Todesstrafe!

Uniform-look

machen Uniformen die überall vorhandenen Abhängigkeitsverhältnisse etwas verständlicher und unterstreichen Loyalitäts- und Gehorsamspflichten. In den Berufen der freien Wirtschaft, vom Barkeeper bis zum Banker, muss korrekte Kleidung die Uniform ersetzen. Bei Männern sind zumindest weißes Hemd und Krawatte unabdingbar, bei Damen sind perfekte Frisur, Maniküre und Pediküre sowie Strumpfhosen auch noch bei 35 Grad Hitze obligatorisch.

Insignien des Königs

Die Hervorhebung der sozialen Stellung ist in der thailändischen Gesellschaft tief verwurzelt. Bereits im Königreich Ayutthaya unterstrichen detailliert ausgearbeitete Ehrenzeichen den Platz des einzelnen Würdenträgers in der Hierarchie. So wurde die Person des Königs bei feierlichen Anlässen von neun übereinander angeordneten Schirmen überragt, Gegenstück zu den Kronen europäischer Monarchen. Höhere Beamte erhielten eine Reihe symbolischer Gegenstände, die ihren Rang anzeigten, darunter Kissen und Siegel. Die neun Schirme gehören noch immer zu den Insignien des Königs.

Raubbau an der Natur – kleine und große Umweltsünden

Zerstörung des Regenwaldes

Thailand besitzt abwechslungsreiche Landschaften, doch hat die Hand des Menschen unübersehbar eingegriffen. Noch vor 100 Jahren erstreckten sich tropische Wälder, die Heimat von Elefanten und Tigern, über weit mehr als die Hälfte der Landesfläche. Heute hat das einst dicht bewaldete Schwellenland weniger Waldbestand als die hoch industrialisierte Bundesrepublik Deutschland. Hemmungsloser Holzeinschlag, vor allem bei Edelhölzern wie Teak, die Brandrodung durch die Bergvölker und eine fehlende planmäßige Wiederaufforstung sorgten dafür, dass heute weite Teile einstigen Dschungels mit Gras oder Buschwerk bedeckt sind. Geschlossene tropische Regenwälder, also Urwald, wie man sich ihn bei uns gemeinhin vorstellt, findet sich nur noch vereinzelt.

Ökologische Zeitbombe

Mittlerweile ist die Waldverwüstung in allen Regionen Thailands zu einer Zeitbombe für das sensible ökologische Gleichgewicht geworden. Denn ein gesunder Waldbestand ist entscheidend für Klima, Wasserhaushalt und Bodenfruchtbarkeit. Als Feuchtigkeitsspender saugt er wie ein Schwamm das Regenwasser auf und sorgt für einen regulierten Strom der Bäche und Flüsse. In kahlgeschlagenen Gegenden ist die dünne Humusschicht der tropischen Böden den heftigen Niederschlägen schutzlos ausgesetzt, die Folgen sind Erosion und Verkarstung. Ist der Wald als Wasserspeicher verschwunden, kommt es vor allem im nordöstlichen Thailand regelmäßig auch zu ausgeprägten Dürreperioden mit akutem Wassermangel. Verheerend sind die durch Wolkenbrüche in den Erosionsgebieten ausgelösten Erdrutsche, Schlammlawinen und Überflutungen. Nach der großen Überschwemmung in Südthailand im Jahre 1988 mit vielen Todesopfern erließ die Regierung im Januar 1989 ein Gesetz, das den unkontrollierten Holzeinschlag verbietet und Wiederaufforstungsmaßnahmen vorsieht. Erst seit einigen Jahren wächst insbesondere in den nördlichen Landesteilen wieder planmäßig Wald. Das generelle Fällverbot wird jedoch heute noch häufig unterlaufen, selbst in den Nationalparks.

Überfischung des Meeres

Nicht nur aus den Wäldern, auch aus dem Meer schöpften die Thai aus dem Vollen, sodass die einst reichen Küstengewässer heute fast leer gefischt sind und manche Ökologen bereits von einer »Unterwasserwüste« sprechen. Geschäftstüchtige Thailänder haben sich deshalb an der Küste auf *shrimp farming* spezialisiert, was wiederum die ökologisch wichtigen Mangrovendickichte zerstört. Obwohl diese Küstenwälder als Pufferzone zwischen Meer und Land die Binnenebenen vor den Gezeiten und der Erosion schützen und Laichgründe für viele Meerestiere sind, werden ausgedehnte Areale weiter für Garnelenzuchtanlagen trockengelegt.

Verseuchte Gewässer

Ob in urbanen Ballungszentren oder auf dem Land, der Gewässerschutz gehört landesweit zu den großen Problembereichen. Nicht einmal in der Hauptstadt existiert ein umfassendes Abwasserkanalisations- und Entsorgungssystem. In der Bucht von Bangkok enden die mit Müll verstopften und Öl verseuchten Schmutzkanäle der Millionenbevölkerung ebenso wie die teils toxischen Abwässer der landesweit größten Industrieanlagen. Durch ungezügelte Industrialisierung ist der Mae Nam Chao Phraya zu einer Kloake verkommen. Auch viele andere Flüsse des Landes sind hochgradig belastet und befinden sich kurz vor dem ökologischen Kollaps.

In der thailändischen Öffentlichkeit stößt diese Problematik immer noch auf wenig Interesse, finden Umweltschutzforderungen immer noch wenig Gehör. Auch zeigen viele Thailänder, die ja bei ihrer persönlichen Sauberkeit sehr gewissenhaft sind, nach wie vor keine übermäßigen Anstrengungen, ihre Umwelt sauber zu halten. Zwar gibt es in den allermeisten Städten und Dörfern eine geregelte Müllabfuhr, doch wachsen in mancher vernachlässigten Ecke, aber auch an Badestränden die Abfallhalden an.

Dabei ist der Umweltschutzgedanke eigentlich uralt. Buddhadasa Bikkhu, einer der berühmtesten Mönche Thailands sprach bereits zu seinen Lebzeiten diese Missstände offen an. 1932 gründete er einige Kilometer westlich der Stadt Chaiya in Südthailand das Tempelkloster *Wat Suan Mok* (Garten der Erlösung). Der 1993 verstorbene Abt war ein rebellischer Querdenker und der führende Kopf der buddhistischen Erneuerungsbewegung. Nach seiner Lehre sind Harmonie mit der Natur und folglich auch Umweltschutz ein unverzichtbarer Bestandteil der buddhistischen Religion. In mehreren Waldklöstern im Norden und Nordosten Thailands leben heute noch »Öko-Mönche« nach seinem Vorbild. Sie treten furchtlos gegen die Abholzung des Dschungels an. So kennt in Thailand fast jeder den Namen Phra Prachaks, der als Mönch Urwaldbäume mit safrangelben Mönchsroben umwickelte und auf diese Weise wie Glaubensbrüder ordinierte, sodass die Holzfäller nicht wagten, sie zu fällen.

Öko-Mönche

Andernorts, aber noch viel zu selten, praktizieren Öko-Bauern biologisch-dynamische Landwirtschaft. Sie verzichten auf Kunstdünger und geben den monokulturellen Anbau zugunsten diversifizierter Kulturen auf.

INFO

Tiere und Pflanzen mit symbolischer Bedeutung

Elefanten – Verehrte Dickhäuter

Für die Thai symbolisiert der Elefant positive Eigenschaften wie Stärke, Majestät, Fleiß, Lernfähigkeit und Klugheit. Auch in der buddhistisch-hinduistischen Mythologie ist der Elefant von großer Bedeutung. So gilt der dreiköpfige Elefant Erawan, das Reittier des hinduistischen Götterkönigs Indra, als Symbol der gottgleichen Macht des weltlichen Herrschers. Am Erawan-Schrein in Bangkok umringen zu jeder Tages- und Nachtzeit Bittsteller die heilige Statue, entzünden Räucherstäbchen und Kerzen und legen duftende Jasmingirlanden nieder. Auch Ganesha, der dickbäuchige Hindu-Gott der Kunst und des Wissens, wird mit einem Elefantenkopf dargestellt. Und nach wie vor glaubt man in Thailand, dass es Glück bringt, unter dem Bauch eines Dickhäuters hindurch zu kriechen.

Lotos – Buddhas Lieblingsblume

Von hoher religiöser Bedeutung sind im Buddhismus Lotosblüten, zugleich sind sie ein wichtiger Bestandteil der Opfergaben an Buddha- und Heiligenstatuen. Das Gewächs symbolisiert die Reinheit der Seele inmitten einer unreinen Welt. Die weißen und rosafarbenen Blütenblätter wachsen in schlammigen Gewässern, doch an ihrer mit feinen Noppen bestückten Oberfläche finden Schmutzpartikel keinen Halt: ein perfektes Sinnbild für die buddhistische Lehre. Der

INFO

Lotos gilt auch als Symbol für die Kraft der buddhistischen Religion, weil er es als Wasserpflanze schafft, sich den Weg durch trübes Wasser ans Licht zu erkämpfen. Häufig wird der Buddha, das »Juwel in der Lotosblume«, auf einer Lotosblüte sitzend dargestellt.

Der Bodhi-Baum – Baum der Erkenntnis

In vielen Tempeln und Schreinen sieht man zumindest einen an seinen charakteristischen Luftwurzeln erkennbaren Bodhi- oder Banyan-Baum, dem Gläubige aus Respekt farbige Schärpen umgebunden haben. Diese als heilig erachteten Bäume, in deren üppigem Luftwurzelgeflecht häufig Fledermäuse und Flughunde nisten, sind oft uralt und dürfen nicht angetastet werden. Der Überlieferung zufolge erlangte der indische Prinz Siddharta Gautama, der dem weltlichen Leben entsagt hatte, einst nach 49-tägiger Meditation unter einem solchen Feigenbaum die Erkenntnis und wurde zum Buddha, zum Erleuchteten. Bodhi-Bäume sind nach Überzeugung der Thai die bevorzugten Wohnstätten von Geistern, die durch Gebete und Opfergaben beschwichtigt werden müssen.

Schildkröten und Frangipani

Für Chinesen und chinesisch stämmige Thailänder sind Schildkröten die Quintessenz positiver Kräfte. Sie gelten als Sinnbild für Weisheit, langes Leben und Dauerhaftigkeit. In der chinesischen Tradition hat die Schildkröte außerdem noch eine andere Bedeutung: Sie symbolisiert den Kosmos. Der untere Teil ihres Panzers ist ein Quadrat, die Erde; der obere Teil hingegen ist gerundet wie der Himmel. Die Schildkröte vereint in sich also die Gesamtheit von Raum und Zeit. Als Pendant zur Schildkröte gelten in der Pflanzenwelt die buschigen Frangipani-Bäume, die weiße oder karmesinrote Blüten tragen. Sie sind ein Symbol für Unsterblichkeit.

Glück und Unglück bringende Tiere

Wenn in einem buddhistischen Tempel Gläubige neun Aale in einen Teich oder in ein Becken gleiten lassen, soll damit häuslicher Unfrieden abgewehrt werden. Die Zahl Neun gilt in Thailand als Glückszahl. Lässt man bei dem Ritual langgestreckte Wassertiere wie beispielsweise Aale frei, so verheißt das eine längere Zeit des Glücks. Wenn nicht in diesem Leben, dann in der nächsten Existenz. Auch wer in einem Kloster kleine Käfige mit Singvögeln kauft und den Tieren die Freiheit schenkt, verbessert sein Karma für künftige Wiedergeburten. Besser aus dem Weg geht man dagegen den *hia*, einer Art Waran, eine Reptilienart. Allein schon der Anblick eines dieser Tiere bringt Unglück, und sein Name gilt als derbes Schimpfwort. Sollte einmal ein *hia* in der Nähe eines Hauses auftauchen, muss unverzüglich eine ungerade Zahl Mönche ins Haus eingeladen werden, um mit aufwändigen Ritualen das drohende Unheil abzuwenden.

Vom Umgang miteinander – ABC der Begegnungskunde

»Das Wichtigste, das Du auf Deine Reise mitnehmen musst, ist Dein Lächeln.«
Konfuzius (551–479 v. Chr.)

Gesicht wahren, Gesicht verleihen

Harmonie anstreben und wahren!

Selbst für asiatische Verhältnisse sind die Thailänder Meister in der Pflege reibungsloser zwischenmenschlicher Beziehungen. Denn die thailändische Ethik basiert auf der Annahme, dass der höchste Wert, den der Mensch in all seinen Beziehungen respektieren sollte, die Harmonie ist. Es gilt daher, innere und äußere Harmonie zu schaffen. Innere, was das eigene Seelenleben angeht, äußere, um in der Gesellschaft in Frieden leben zu können. Störungen der Harmonie äußern sich in Unruhe, Aufregung, Gefahr, in Unfällen, Schicksalsschlägen, Katastrophen und sonstigem Unglück. Mit sich, dem Mitmenschen und der Gesellschaft im Einklang zu sein und im Falle des zerstörten Gleichgewichts die Harmonie wieder herzustellen, ist das Ideal eines jeden Thai. Wie aber ist dieses Ideal für den Thai zu erreichen? Vier ungeschriebene, aber grundlegende Gebote der thailändischen Kultur weisen den Weg.

Vier Gebote des Umgangs miteinander

Tradition

Dem ersten zufolge, soll er sich stets an die Überlieferungen, Gewohnheiten, Tabus und Riten halten, in die er wie von selbst hineinwächst. Dazu gehört die Fähigkeit, Gesicht zu wahren und Gesicht zu verleihen. In diesen Traditionen haben sich die Erfahrungen der Gemeinschaft über viele Generationen hinweg niedergeschlagen. Wer sich daran orientiert, darf einigermaßen sicher sein, sich im Einklang mit der allgemeinen Harmonie zu befinden.

Vorhergehende Doppelseite: Versinnbildlichte Schönheit und Harmonie, Königspalast in Bangkok

Andacht

Etikette

Das zweite Gebot besagt, dass ein Thailänder beim Zusammenleben mit anderen Menschen die allgemein anerkannten Formen gesellschaftlichen Umgangs einhalten soll. Sie legen fest, was sich in einer bestimmten Situation schickt und was nicht. Gutes Benehmen im Sinne der sozialen Harmonie ist eine feste gesellschaftliche Norm, der durch eine ausgefeilte Etikette entsprochen wird.

Hierarchie

Um den Zustand des Friedens und der Geborgenheit in Familie und Freundeskreis sowie in dörflicher und städtischer Gemeinschaft als oberstes moralisches Ziel zu erreichen, muss – drittens – jeder seinen Platz in der gesellschaftlichen Hierarchie ganz genau kennen, die ihm zugedachte Rolle annehmen und die damit verbundenen Pflichten erfüllen.

Das vierte Leitmotiv des sozialen Miteinanders in Thailand ist die Konfliktvermeidung sowie das Bestreben nach Ausgleich der Gegensätze.

Harmonie als Überlebensstrategie

Historisch erprobt

Das Verlangen nach Konsens kommt nicht von ungefähr. Seit Jahrhunderten praktizieren die Thailänder eine Lebensweise, die das tropische Klima bedingt. Die sehr hohen Niederschläge schaffen ideale Wachstumsbedingungen für das Grundnahrungsmittel Reis. Diesen erfolgreich anzubauen setzt die vereinten Bemühungen eines ganzen Dorfes voraus. Nur die koordinierte Zusammenarbeit aller, das bereitwillige Sicheinfügen in das Regelwerk der Konvention, sichert das Überleben. So herrschen in den Dorfgemeinschaften ein starkes Gefühl der gegenseitigen Verpflichtung und ein ebenso starkes Gefühl der Scham, falls ein Einzelner den Anforderungen nicht gewachsen ist. So gesehen ist die Wahrung der Harmonie vor allem in den Dörfern, in denen auch heute noch zwei Drittel aller Thailänder in engem Kontakt miteinander leben, von vitaler Bedeutung.

Bambus-Diplomatie

Das Harmoniestreben der Thai ist nicht mit Sanftmut zu verwechseln. Militärdiktaturen, blutiges Niederschlagen von Protesten – auch das gehört zum »Land des Lächelns«. Aber die Thailänder können unvereinbar Scheinendes vereinbar machen. Sie verstehen es, Widersprüche zu ignorieren, sich mit Finesse aus der Affäre zu ziehen. Was für den europäischen Verstand oft widersprüchlich zu sein scheint, bringen Thailänder erfolgreich miteinander in Einklang. Sich biegen, nicht brechen, das ist typisch thailändisch. So ist das Land berühmt-berüchtigt für seine Bambus-Diplomatie: Eben noch engster Verbündeter der USA im Vietnamkrieg, wechselte Thailand flugs seine amerikafreundliche Regierung aus, bevor noch der letzte GI aus Saigon geflohen war.

Gesichtsverlust

Das Bloßstellen anderer vermeiden!

Was immer ein Thailänder tut, sagt oder lässt, wird daran gemessen, ob er bzw. sein Gegenüber »das Gesicht wahrt«. Will heißen, nie darf die Würde des Einzelnen, sein Ansehen und sein sozialer Status verletzt werden. Wer das »Gesicht antastet«, begeht eine schwere Beleidigung, was auch einem unkundigen Frem-

den nicht verziehen wird. Die Furcht vor Gesichtsverlust *(sia naa)* ist die Furcht vor der Preisgabe des eigenen Selbst.
Da die Thailänder in Bezug auf Gesichtsverlust außerordentlich empfindlich sind, ist man im gesamten zwischenmenschlichen Bereich stets darauf bedacht, Rücksicht auf die Gefühle anderer zu nehmen. Jeder ist bemüht, sich so zu verhalten, dass der andere nicht in Verlegenheit gerät, »das Gesicht zu verlieren«. Es ist dies ein Ausdruck des Respekts vor der Persönlichkeit des Mitmenschen. Eine unüberlegte Äußerung oder eine unbedachte Tat kann so leicht Anlass zu einem Konflikt sein oder sogar zu langer Feindschaft führen. Äußerlich mag man sich gelassen geben, aber im Innern lodern Rachegefühle.

Kultivierte Selbstkontrolle

Konflikte nicht offen austragen…

Als ganz besonders unfein gilt es, Konflikte jeglicher Art, die zu einer Kompromittierung führen könnten, offen auszutragen; denn Scham schmerzt in Thailand noch mehr als anderswo. Nichts ist für einen Thailänder entwürdigender, als in einer misslichen Situation öffentlich vor anderen bloßgestellt zu werden.

… und Ärger herunterschlucken!

Die Furcht davor kann unglaubliche Energien freisetzen, nicht nur konstruktive, auch zerstörerische. In der Öffentlichkeit seine Beherrschung zu verlieren, gleicht einem Affront. Wenn es zu unangenehmen Auseinandersetzungen kommt, ist es auch für den ausländischen Gast ratsam, seinen Ärger herunterzuschlucken. Denn würde er sich zu einem Wutausbruch hinreißen lassen, stünde er auf der Stufe eines Geisteskranken. Er würde also gar nicht erst ernst genommen. In kritischen Situationen lächelt man und spricht leise; man regelt das Problem mit einem »kühlen Herz«.

Niemals Gefühle zeigen!

Auch andere negative Gefühle wie Enttäuschung, Niedergeschlagenheit und Trauer behält man besser für sich. Ebenso wenig sollte man positive Empfindungen wie Freude oder Überraschung zeigen. Impulsivität und Spontaneität gelten als Zeichen mangelnder Persönlichkeitsentwicklung. Wer Instinkten, Emotionen, spontanen Reaktionen und Leidenschaften einfach nachgibt, gilt als unvernünftig und unsozial. Allenfalls im engen Kreis der Familie dürfen Thailänder Gefühle auch spontan äußern. So führt die strikte Selbstkontrolle am Ende zu dem angestrebten Ziel, sich wie ein richtiger Thailänder zu geben und zu fühlen: ausgeglichen, sanft, ruhig, beherrscht, überlegt, kühl, kultiviert, höflich und freundlich.

Harmonie auch bei der Konversation

Negative Themen umgehen!

Vor allem bei Gesprächen halten sich Thailänder zurück und verbergen ihre wahren Gefühle. Sie neigen nicht dazu, ihr Innerstes nach außen zu kehren, nicht gegenüber Familienangehörigen oder engen Freunden und schon gleich gar nicht gegenüber einem Fremden. Da die Preisgabe innerer Empfindungen als Gesichtsverlust empfunden wird, der verwundbar macht, bemüht man sich

Probleme oder Sorgen mit sich selbst auszufechten. Larmoyanz oder Bejammern eigener Missgeschicke, wie das im westlichen Kulturkreis so oft der Fall ist, zeugt in Thailand von einem labilen Charakter. Der idealtypische Gesichtsbewahrer vermeidet generell negative Gesprächsthemen oder solche, die etwa um Politik kreisen und zu Konflikten führen könnten.

Hilfe nicht aufdrängen!

Wenn ein Thailänder merkt, dass sein vor ihm stehender Mitmensch Probleme hat, sagt er solange nichts, bis er von diesem direkt um Hilfe gebeten wird. Böte er von sich aus seine Unterstützung an, könnte dies bei dem anderen ja einen Gesichtsverlust bewirken. Ein anderes Beispiel: Sie bitten einen Thailänder um eine Auskunft. Kann er Ihnen weiterhelfen, so ist alles in Ordnung. Ist dies jedoch nicht der Fall, so droht ihm ein Gesichtsverlust. Um sich keine Blöße zu geben, wird er Ihnen entweder eine falsche Auskunft geben, sich wortlos von Ihnen abwenden oder die Frage einfach ignorieren und Sie freundlich anlächeln.

Platsch ins Fettnäpfchen!

Oder folgende Situation: Ein deutscher Gast gibt in einem Hotelrestaurant in englischer Sprache seine Bestellung für das Frühstück auf. Der junge Kellner notiert alles geflissentlich. Doch Kaffee, Eier und Speck werden nicht serviert. Nach zwanzig Minuten erscheint eine Kollegin des Kellners mit gezücktem Bleistift. Die Bemerkung des Gastes, er habe schon bestellt, überhört sie mit einem Lächeln. Weder sie noch der Kellner könnten jemals zugeben, dass der junge Mann kein Englisch versteht. Täten sie es, dann hätte der Hotelangestellte sein Gesicht verloren.

Auch andere Anlässe, die einem Westler nichtig erscheinen mögen, können Verstimmungen auslösen. Selbst wenn ein Thailänder sie mit einem lächelnden *mai pen rai* (Das macht doch nichts.) quittiert, darf weder der Ausspruch noch das Lächeln darüber hinwegtäuschen, dass die Verstimmung möglicherweise tief geht und nicht so schnell vergessen wird

Aggressionsstau – die Kehrseite der Harmonie

Gewalt versus Sanftmut

Wie widersprüchlich Thailand sich doch darstellt! Da ist einmal die tägliche Leichtigkeit des Seins, die beschwingt, die milde stimmt, sowie die Generosität und Hilfsbereitschaft der meisten Menschen, die selbst das Leben in einem Moloch wie Bangkok erträglich machen. Doch manches, was man in Thailand beobachtet, will nicht so recht in das Bild von Harmonie und Ausgleich passen. Die Zeitungen sind voll von Gewalttaten, nicht nur im politischen Umfeld, sondern auch im Alltag. Mord und Totschlag zählen zu den zweithäufigsten Todesursachen im Königreich.

Motive sind häufig geschäftliche oder politische Auseinandersetzungen sowie Eifersucht oder verletzte Ehre. Ein Menschenleben gilt nicht viel: Berufskiller, so genannte »Revolverhände« *(müü phüün),* die vom fahrenden Motorrad aus schießen, kann man für eine Summe von umgerechnet nur wenigen hundert Euro anheuern. Auch Messerstecher sind schnell bei der Hand, der illegale Waffenhandel boomt und in vielen Wandschränken wartet eine geladene Flinte.

Irgendwann läuft das Fass über.

Das Lächeln verlernt, alte Frau im armen Isaan

Statistisch gesehen besitzt jeder männliche Thailänder über 16 Jahre eine Schusswaffe!

Trotz allen Harmoniestrebens, trotz aller Beschwichtigungsmechanismen, trotz des Beitrags des Buddhismus zum emotionalen Ausgleich lassen sich auch in Thailand Aggression und Wut nicht vermeiden. Der Verhaltenskodex zwingt die Menschen, ihre Gefühle nach innen zu lenken, sie in sich hineinzufressen und irgendwann einmal läuft das Fass dann über. Auch Sanftmut braucht Ventile. Immer nur nachgeben, immer nur lächeln, das hält niemand aus.

Bereits im 16. Jahrhundert berichteten portugiesische Seefahrer von den *Amuco,* die hinaus auf die Straße stürmten und alle angriffen, die ihren Weg kreuzten. Den Begriff leiteten sie ab vom malaiischen *amuk,* was soviel bedeutet wie rasen oder wüten. Im Laufe der Zeit entwickelte sich »Amok« zur Bezeichnung für eine urplötzliche, oft mit wahllosen Tötungsversuchen verbundene Kurzschlussreaktion eines tobenden Menschen, auch in unserer Sprache. Ein Amoklauf ist die Kehrseite übermäßiger Selbstbeherrschung, ein Ventil für aufgestauten Überdruck.

Strategien der Konfliktvermeidung

Sabai djai und kreeng djai – Wohlbefinden und Respekt

Das Spiel des sozialen Ausgleichs

Die Thai-Kultur hat aber auch ein differenziertes System von Regeln geschaffen, die es dem Einzelnen erlauben, in Alltagssituationen übermäßigen Gefühlsstress zu vermeiden. Die vielfältigen Regeln des sozialen Ausgleichs gewähren jedem das Recht auf *sabai djai,* auf individuelles Wohlbefinden, das aber zugleich begrenzt wird durch die gesellschaftliche Forderung nach *kreeng djai,* für das es kein deutsches Synonym gibt. *Kreeng djai* ist eines der wesentlichsten Merkmale der Thai-Kultur, einer jener Werte, in den man sich als Europäer erst mühselig hineinfühlen muss. Das deutsche »Rücksicht nehmen« trifft den Sinn nur annähernd. Es ist ein tiefes Gefühl des Hintanstellens eigener Interessen, vor allem gegenüber Höhergestellten, aber auch unter Freunden und Gleichen. Der für Thailand charakteristische Begriff *kreeng djai* meint auch das Bestreben, sich anderen nicht aufzudrängen, sie nicht mit unangemessenen Bitten zu belästigen, um nicht die Beziehungen zu (zer-)stören, die irgendwann wichtig werden könnten. Das Spiel des sozialen Ausgleichs erstrebt ein Gleichgewicht: Jeder darf auf seine Rechnung kommen, sofern der andere nicht darunter leidet, und jeder kann auf den anderen zählen, sofern dieser die Gegenseitigkeit ebenfalls einhält. Das Prinzip der Konfliktvermeidung impliziert zudem, dass jedes Mitglied einer Gruppe gegebenenfalls bereit ist, auf das Durchsetzen seiner eigenen Interessen zu verzichten, wenn es dadurch das gute Einvernehmen in der Gruppe erhalten würde.

Djai yen und djai roon – kühle Herzen und heiße Herzen

Seine Triebe beherrschen lernen!

Selbstbeherrschung und perfekte Kontrolle der eigenen Emotionen und Leidenschaften sind für Thailänder Kennzeichen einer starken Persönlichkeit mit einem *djai yen,* einem »kühlen Herz«. Ein Mensch mit einem *djai yen* ist immer gleichmäßig gelaunt, zeigt möglichst nie Gefühle, fährt auch dann nicht aus der Haut, wenn er beleidigt wurde und belastet niemanden mit seinen Sorgen. Er legt immer ein freundliches, höfliches und angenehmes Verhalten an den Tag und zeichnet sich durch Heiterkeit, Leichtgängigkeit und angenehme Umgangsformen aus. In seiner Umgebung kommt es niemals zu Spannungen.
Ein Mensch hingegen, der von seinen Leidenschaften umgetrieben wird, dessen Verhalten von Stimmungen und plötzlichen Gefühlen bestimmt wird, der emotional reagiert, rasch die Selbstkontrolle verliert und sich zu impulsiven Handlungen verleiten lässt, gilt als schwacher Mensch mit einem *djai roon,* einem »heißen Herz«. Er erweckt Mitleid, wenn nicht gar Verachtung.
Von einem reifen Menschen wird erwartet, dass er gelernt hat, Herr über seine inneren Antriebe zu sein. Aus diesem Grund versagen sich Thailänder gelegentlich bewusst und freiwillig angenehme Dinge. Sie trainieren sich sozusagen durch das Fasten zu bestimmten Zeiten, durch Verminderung des Schlafes, Meditationsübungen und andere maßvolle Kasteiungen. Sie sind überzeugt, dass der Mensch auf diese Weise die Herrschaft über sich selbst gewinnt und seine innere Stärke wächst. Auch von ausländischen Besuchern erwartet man ein *djai yen:* stets ruhig bleiben und nie explodieren.

Konfliktlösungen

Niemals offene Konfrontation

Bestehen zwischen Thailändern gespannte Beziehungen oder ist etwas passiert, was die Beziehungen belastet, so spricht man sich so gut wie nie offen darüber aus. Alle tun so, als wäre nichts passiert, wobei der Zeitfaktor eine entscheidende Rolle spielt. Die Parteien gehen sich zunächst aus dem Weg und hoffen, dass Gras über die Sache wächst. Falls bestimmte Probleme aber einer Klärung bedürfen, suchen sie sich emotional nicht in die Sache verwickelte Mittelsmänner. Sind die Differenzen unüberbrückbar, so wird erwartet, dass zumindest alle Involvierten ihr Verhalten stets voll unter Kontrolle haben und einen offenen

Zusammenstoß vermeiden. Worum es sich auch immer handeln mag, und was auch immer die wahren Gefühle der Beteiligten sind, alle sollten sich höflich und ruhig benehmen und bereit sein, zu einer Einigung zu kommen.

Umgangsformen im Alltag

Narrenfreiheit genießen Ausländer nicht.

Kein Zweifel: Thailand ist das Land der guten Manieren. Das gilt auch für die *farang*. Diesen jedoch lässt man vieles durchgehen, was bei Einheimischen unverzeihlich wäre. Die als reich erachteten, weißhäutigen Ausländer stehen außerhalb der Thai-Gesellschaft und müssen sich daher deren strengen hierarchischen Regeln nicht unterwerfen. Narrenfreiheit haben sie deshalb aber nicht. Wenn beispielsweise der Wind einen Geldschein davon flattern lässt oder eine Münze davon rollt und der arglose Tourist kurzerhand mit dem Fuß darauf tritt, kann ein zufällig anwesender Polizist schnell sauer reagieren: Thai-Geld trägt das Porträt des Königs, und der Fußtritt gilt als Majestätsbeleidigung. Ähnlich unfein wäre es, das vorbeifahrende Königspaar aus dem Hotelfenster zu beobachten, denn niemand darf auf einen im Ansehen Höherstehenden herabblicken. In Bus oder Bahn den Fahrschein über den Kopf des Vordermanns dem Schaffner reichen? Unmöglich! Im Café nach nonchalanter Europäerart seine Beine übereinander schlagen, dass die Fußspitzen auf den Gesprächspartner weisen? Das letzte!

Füße: Inbegriff des Schmutzigen.

Thailänder empfinden die Missachtung des »Kopf- und Fußtabus« als eine grobe Beleidigung. Als niedrigste Teile des Körpers gelten die Füße als Inbegriff des Schmutzigen und Minderwertigen. Es ist daher außerordentlich unhöflich, sich so zu setzen, dass die Füße auf Menschen oder gar Buddha-Statuen und andere heilige Symbole zeigen. Man sitzt deshalb, etwa im Tempel, so, dass die Füße nach hinten zeigen oder man kniet auf den Fersen sitzend. Beim Sitzen auf einem Stuhl oder in einem Sessel stellen Thailänder immer beide Füße auf den Boden oder schlagen die Beine so übereinander, dass die Fußsohlen zum Boden und nicht in Richtung anderer weisen. Ein Zeichen gröbster Missachtung wäre es, die Füße auf einen Stuhl oder gar einen Tisch zu legen, über eine am Boden sitzende oder liegende Person hinweg zusteigen oder gar einen Menschen mit den Füßen anzustoßen.

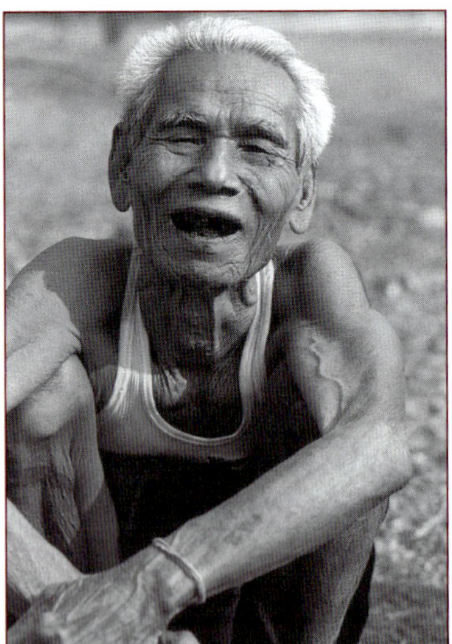

Freude über die Ansprache des Fotografen, Blinder am Straßenrand

INFO

Der Wai – Geste des Respekts

Beim traditionellen und auch am meisten benutzten thailändischen Gruß, dem *wai,* legt man beide Hände in einer Gebetshaltung vor dem Oberkörper oder dem Gesicht zusammen. Jedoch bedeutet der *wai* in seiner verfeinerten Form weit mehr als ein Händedruck. Er begleitet nicht nur Begrüßung und Verabschiedung, sondern kann auch Dank oder Entschuldigung ausdrücken. Vor allem aber ist er auch eine Geste der Respektsbezeugung, in der sich die sozialen Stellungen des Grüßenden und Gegrüßten widerspiegeln. Je höher der soziale Rang der gegrüßten Person ist, desto höher werden die gefalteten Hände vor die Brust oder gar den Kopf geführt.

Als lebende Symbole Buddhas sind Mönche, ganz gleich welchen Alters, besonders respektvoll zu grüßen. Dazu führt man die Fingerspitzen bis zur Stirn, wobei sich die Daumen zwischen den Augenbrauen befinden und verneigt sich dabei tief. Erwidert wird der *wai* von Mönchen nicht.

Bei einem *wai* gegenüber Höhergestellten und Älteren sind die Daumen etwa in Höhe der Unterlippe. Gleichgestellte oder Personen, deren gesellschaftlichen Status man nicht kennt, grüßt man mit einem *wai* in Kinnhöhe, etwas Niedrigergestellte mit einem *wai* in Brusthöhe. Gegenüber Personen mit ersichtlich niedrigerem sozialen Rang, etwa Taxifahrern, Kellnern oder Kindern, ist ein *wai* unangebracht. Hier genügt eine knappe Anerkennung durch Kopfnicken, verbunden mit einem freundlichen Lächeln. Stets grüßt derjenige mit der niedrigeren sozialen Position als erster.

Wenn man sich als Ausländer über Rang und Status des Grüßenden nicht im Klaren ist, sollte man vorsichtig mit dem *wai* sein. Besser ist in einem solchen Fall eine leichte Verbeugung oder ein Kopfnicken. Nicht selten geben sich Touristen aus Unwissenheit der Lächerlichkeit preis, wenn sie sozial Niedrigergestellte mit einem *wai* grüßen. Auch fühlt sich ein derart Gegrüßter keineswegs geschmeichelt, sondern eher in eine peinliche Verlegenheit gebracht, wenn nicht gar verhöhnt.

Unter Jugendlichen, die in Bangkok und anderen Großstädten westlichen Vorbildern folgen, kommt der *wai* zunehmend aus der Mode.

Kopfstreicheln: Schwere Beleidigung.

Umgekehrt gilt der Kopf als heiliger Körperteil und Wohnsitz von Geist und Seele. Er ist (auch bei Kindern!) nicht nur unantastbar, sondern sollte von einem Jüngeren oder Rangniedrigeren nach Möglichkeit auch nicht überragt werden; deshalb neigen diese im Vorbeigehen symbolisch den Kopf nach unten. Die bei uns als freundlich geltende Geste des Kopfstreichelns wird in Thailand als schwere Beleidigung gewertet. Berührt man den Kopf eines anderen unabsichtlich, wird dafür eine Entschuldigung erwartet.

Falls Ihnen nach so vielen Regeln nunmehr der Kopf brummt, nur keine Sorge. Sich in Thailand absolut korrekt zu verhalten, ist für einen *farang* so gut wie unmöglich, aber zum Glück auch nicht nötig. Thai erwarten nicht, dass man sich als Fremder jemals völlig perfekt mit den Normen und Ritualen ihres Miteinanders auskennen wird. Der komplette Thai-Knigge wäre, gäbe es ihn, ein mehrbändiges Nachschlagewerk.

Wer lächelt, zeigt auch Zähne – eine Begriffshilfe

»Das Leben meistert man entweder lächelnd oder überhaupt nicht.« heißt es lapidar in einem thailändischen Sprichwort. Und in der Tat: Zu dem delikaten

INFO

Tipps zur Alltagsetikette

► **Begrüßung und Verabschiedung:** Westlichem Händeschütteln stellen sich Thailänder nur mit innerem Widerstreben, verständlich bei den schweißtreibenden Temperaturen. Seit Jahrhunderten heißen die Thai ihre Gäste mit dem traditionellen thailändischen Gruß willkommen, dem *wai:* Es ist dies eine Geste voller Anmut, aber auch voller Tücken. Denn das Begrüßungsritual wird durch den Unterschied des gesellschaftlichen Status bestimmt. *Sawat-dii kha* (wenn eine Frau spricht) oder *sawat-dii khrap* (wenn der Sprecher ein Mann ist) lautet die den *wai* begleitende Grußformel. Dies ist der thailändische Gruß für alle Lebenslagen und Tageszeiten, der sowohl Guten Morgen, als auch Guten Tag und Guten Abend sowie auch Auf Wiedersehen bedeutet. Begrüßung und Verabschiedung erfolgen generell zurückhaltend. Thai vermeiden allzu heftige Aktionen. Umarmungen, freundschaftliches Schulterklopfen oder gar Wangenküsschen sind für Thailänder ein Gräuel und eindeutig ein Zuviel an Körperkontakt. Die Verabschiedung erfolgt in der Regel ohne große Worte. Man tauscht einige kurze Nettigkeiten aus und macht sich auf den Weg.

► **Anredeformen:** Das Bewusstsein der gegenseitigen Rangverhältnisse durchdringt das ganze Leben eines Thailänders. Trifft er einen Unbekannten, so ist die erste Frage, die sich ihm stellt: Wie soll ich ihn anreden? Thailänder sprechen sich in der Regel mit dem Vornamen an. Davor setzen sie die ehrerbietige Anredeform *khun* oder einen anderen Titel. Sie benutzen als Anrede aber auch häufig Ausdrücke aus der Familiensprache. Ist der unbekannte Gesprächspartner ein Mann, ergibt sich die Frage: Soll ich ihn mit Vater *(phoo)* anreden oder mit Onkel *(lung)* oder mit Älterer Bruder *(phii)* oder mit Jüngerer Bruder *(noong)* oder vielleicht sogar mit Großvater *(taa)?* Für Frauen gibt es, je nach Altersunterschied, ähnliche familiäre Ausdrücke, etwa *mae* (Mutter), *paa* (Tante), *phii* (Ältere Schwester), *noong* (Jüngere Schwester) und *yaai* (Großmutter). Weitere förmliche Anreden sind: *naai* (Herr) und *naang* (Fräulein oder Frau). Freunde und Bekannte benutzen untereinander oft Spitznamen (vgl. S. 60).

INFO

▶ **Danken:** Auch die Dankesformeln richten sich nach Alter und gesellschaftlichem Status. So dankt man für Gefälligkeiten, erbrachte Leistungen oder Geschenke Kindern und Jugendlichen mit den Worten *khoop-djai,* Freunden und Gleichgestellten mit *khoop-khun kha* (wenn eine Frau spricht) oder *khoop-khun khrap* (wenn ein Mann spricht) und Älteren oder Ranghöheren mit den Worten *khoop-phrakhun kha* (wenn eine Frau spricht) oder *khoop-phrakhun khrap* (wenn ein Mann spricht). In letzterem Fall wird die Dankbezeugung durch einen ehrerbietigen *wai* bekräftigt. Beantwortet wird der Dank meist mit *kha* (wenn eine Frau spricht) oder *khrap* (wenn ein Mann spricht). Oft genügt auch ein schlichtes *mai pen rai* (keine Ursache).

▶ **Bitten und Wünsche:** Hat ein Thailänder einen Wunsch vorzutragen, so tut er das auf eine Weise, die es dem anderen ermöglicht, auch Nein zu sagen oder er gibt ihm Zeit und lässt ihm Ausflüchte offen, damit er wenigstens nicht das Gesicht verliert. Ebenso wird ein Thailänder den Wunsch eines anderen nie direkt ablehnen. Die Ablehnung bringt man stets als Argumentation im Interesse des Wünschenden selbst vor und gibt ihm dadurch die Möglichkeit, von seinem Wunsch Abstand zu nehmen.

▶ **Geduld:** Ein höflicher Thailänder sollte geduldig warten können. Alles hat seine eigene Zeit, und es gibt Dinge, die man nicht erzwingen kann. Die Fähigkeit, in innerer Ruhe auf den rechten Augenblick zu warten, gilt als Zeichen innerer Stärke.

▶ **Gemessenheit und Zurückhaltung:** Wie praktisch überall in Asien gehören auch in Thailand Gemessenheit und Zurückhaltung, in denen sich Harmonie stiftendes Verhalten äußert, zu den vornehmsten Tugenden. Thailänder schätzen leises und zurückhaltendes Auftreten, ruhiges bis sanftes Sprechen, würdige Bewegungen. Es gilt die Maxime: Je vornehmer, desto leiser.

▶ **Rechte Hand, linke Hand:** Gibt man jemandem die Hand oder übergibt man etwas, darf man dies nur mit der rechten Hand tun; die linke kann höchstens den rechten Ellbogen stützen. Das liegt daran, dass die linke Hand vielerorts als unrein gilt, da sie zur persönlichen Reinigung (etwa auf der Toilette) verwendet wird. Wird mit der Hand gegessen, darf ebenfalls nur die rechte Hand dazu benutzt werden.

▶ **Beleidigungen sind selten:** Die gesellschaftliche Etikette und der Respekt vor dem Gegenüber verbieten Thailändern Beleidigungen und Beschimpfungen. Kommt es bei allzu viel angestautem Ärger doch einmal so weit, dann ist dies meist schon die Vorstufe einer handgreiflichen Auseinandersetzung.

Spiel sozialer Interaktion gehört auch das Lächeln, jenes freundliche, herzlich-offene und oft auch verführerische Lächeln, mit dem Thailänder Besucher aus dem westlichen Ausland so sehr beeindrucken und das Thailand den mittlerweile etwas überstrapazierten Beinamen »Land des Lächelns« (in der Landessprache *Siam Yiim* – Lächelndes Siam) eingetragen hat. Kein Zweifel, dieses Lächeln gibt den Sozialbeziehungen eine Leuchtkraft und heitere Gelassenheit, die es uns Angehörigen einer eher mürrischen Kultur besonders antut.

Ursache vieler Missverständnisse

Nicht selten missverstehen wir es aber auch: Da stößt im Restaurant einer versehentlich sein Glas um und der Inhalt ergießt sich über des Nachbarn Hose, worauf der Missetäter diesen mit einem entwaffnenden Lächeln anblickt und scheinbar unbekümmert sagt: *Mai pen rai* (Das ist doch nicht so schlimm.). Der uneingeweihte Europäer würde sich als Betroffener doppelt ärgern: einmal über das Ungeschick, und zum zweiten darüber, dass »der unverschämte Kerl dazu auch noch lacht!« Wir übersehen nur zu leicht, dass das Lächeln eines Thai nicht immer dasselbe bedeutet wie bei uns, dass die unterschiedlichen Arten des Thai-Lächelns mehr signalisieren, als oberflächliche Blicke zu erkennen vermögen. Thailänder untereinander wissen solche Situationen zu deuten und zu unterscheiden. Hinter dem Lächeln eines Thai kann immer zweierlei stecken: Gefühlsausdruck oder gesellschaftliche Rücksichtnahme.

Lächeln…

Natürlich, ebenso wie wir lächeln Thailänder aus Freude, aus angenehmer Überraschung, aus herzlicher mitmenschlicher Zuwendung. Sie lächeln aber auch zur Verteidigung, aus ängstlicher Antizipation (etwa einer unwilligen Reaktion des Partners), aus Verlegenheit, aus Scham und Peinlichkeit. Oft ersetzt ein Lächeln eine wortreiche Entschuldigung, wobei man als Zeichen dafür, dass man sie annimmt, ganz einfach zurücklächelt. Treten Sie beispielsweise im vollbesetzten *Sky Train* in Bangkok einem Mitpassagier versehentlich auf den Fuß, dann lächeln Sie Ihr »Opfer« freundlich an. Als Zeichen der Vergebung wird in den meisten Fällen Ihr Lächeln erwidert. Die viel gerühmte freundliche Mimik im »Land der 700 Lächeln« kann zudem Wärme, Dank, Verzeihen, Einverständnis, Distanz ausdrücken, bisweilen aber auch Antipathie, Wut und selbst Hassgefühle. Ein Lächeln kann Ja bedeuten oder Nein oder »Bringen Sie mich nicht in Verlegenheit«. Stets wird in Thailand eine Absage von einem Lächeln begleitet, um diesem Akt die Härte zu nehmen. Statt zu kritisieren, lächeln die Thai »trocken« *(yiim haeng)*. Ein *yiim om* ist ein leicht amüsiertes, sanft spöttisches und besserwisserisches Lächeln. In vielen verzwickten Situationen kann ein Lächeln wahre Wunder bewirken.

…eine ritualisierte Verhaltensweise

Lächeln dient als eine Art Schutzwall vor Konflikten, kaschiert häufig heftige Gefühlsregungen und überspielt in manchen Situationen ebenso wie oftmals völlig unmotiviert erscheinendes Lachen Gefühle der Unsicherheit oder Verlegenheit. Es gibt Thailänder, denen es mit viel Geschick gelingt, Stress in Lächeln zu verwandeln und sich aus vielen unangenehmen Situationen ganz einfach »herauszulächeln«, wobei sie jegliche Worte und Handlungen vermeiden, die später bedauert werden könnten. So ist das thailändische Lächeln nicht nur

Reisbäuerin

eine Gefühlsäußerung, sondern auch eine ritualisierte Verhaltensweise, die dazu dient, Mitmenschen zu besänftigen und Harmonie zu erhalten. Menschen, die nie oder selten lächeln, gelten als unhöflich und ernst, womöglich hegen sie böse Absichten. Wenn Thailänder lächeln, bedeutet das also noch lange nicht, dass sie auch freundliche und wohlmeinende Menschen sind. Die Thai können das selbst sehr gut einschätzen: *Phak waan, gond priau.* (Der Mund ist süß, der Hintern aber sauer!)

Joker in allen Lebenslagen

Sicher, auch bei uns bedeutet ein Lächeln nicht immer dasselbe, aber bei Thailändern wird es vielfältiger eingesetzt. Anders als bei uns ist es oft eine beinahe instinktive Geste, mit der sie unbekannten, unvertrauten, unangenehmen oder unerwarteten Situationen begegnen. Wenn beispielsweise über kleinere Unfälle gelacht wird, etwa wenn jemand stolpert und hinfällt, mag dies mitleidlos oder schadenfroh wirken, tatsächlich ist es aber der Versuch, das Gesicht des Pechvogels zu retten. Gezielt eingesetzt, dient das Lächeln somit sowohl der Abwehr von Ich-Gefährdungen, wie auch dem sozialen Gleichgewicht. Wie in dieser Situation: An der Rezeption eines Hotels geben zwei Angestellte dem Gast zwei einander völlig widersprechende Auskünfte. Auf dessen Bitte, sich doch endlich zu einigen, wer von ihnen denn nun Recht habe, lächeln beide in synchronem Schweigen. Alles, nur keinen Streit!

»Beherzigt man in Asien nichts weiter als die Regel ›Gesicht geben, niemals Gesicht nehmen, selbst Gesicht wahren‹, so ist fast schon alles Wichtige getan.«

Oskar Weggel, Asienexperte

Als *farang* in Thailand

Gepflegte Erscheinung – der erste Eindruck

Kleider machen Leute.

Mittag in der Hauptstadt, Lunchtime. Bangkoks »Wall Street«, die Silom Road, gehört um diese Zeit den Angestellten. Alle sind korrekt gekleidet. Die Frauen tragen gedeckte Kostüme, die Männer schmale dunkle Krawatten über dem weißen Hemd. Verlässt ein Thai sein Haus, ob Pfahlhütte oder Villa, er wandet sich *suphaap* (höflich, anständig). Wer auf sich hält, läuft nicht in kurzen Hosen und ärmellosen Hemden durch die Stadt. Es gibt Bekleidungsvorschriften, die man trotz des feuchtheißen Monsunklimas nicht missachten sollte. Bei geschäftlichen Treffen, festlichen Anlässen oder offiziellen Besuchen geht es nie ohne Anzug und Krawatte, auch wenn letztere noch so drückt. Die feine Thai-Dame geht selbst bei größter Hitze nicht ohne Strümpfe. Auch bei Tempelbesuchen und privaten Einladungen am Abend wird ungeziemende Kleidung nicht toleriert. Thailänder beurteilen Menschen sehr stark nach ihrem äußeren Erscheinungsbild, nicht zuletzt, weil es die erste Einstufung des sozialen Ranges ermöglicht. In der Kleidung spiegelt sich die gesellschaftliche Stellung einer Person wider, davon gehen Thai aus und dementsprechend viel Wert legen sie auf ein korrektes Äußeres.

Als Ausländer merke man sich daher: Wer einen sauberen und ordentlichen Eindruck macht, wahrt sein Gesicht und wird respektvoll behandelt. Durch nachlässige Kleidung verliert man Gesicht. Saloppe westliche Strandkluft ist in Thailand nicht salonfähig.

Allzu leger gilt als unschicklich.

Sauberkeit und eine gepflegte Erscheinung werden allgemein so hoch geschätzt, dass man selbst in den schäbigsten Hinterhöfen, in großstädtischen Slums oder ärmlichen Dörfern kaum jemals verwahrloste und schmutzige Menschen sieht. Stets achten noch die Ärmsten auf saubere und möglichst täglich frische Kleidung. Und wenn Feste gefeiert werden, wird augenfällig, wie gern sich Frauen, Männer, Kinder prächtig herausputzen.

Die im Vergleich zum thailändischen Durchschnitt wohlhabenden Touristen ernten völliges Unverständnis bei Thailändern wenn sie sich – außerhalb von Pool und Beach – nicht auch ein wenig stadtfein machen. Wer sich nachlässig kleidet, wertet sich selbst ab und beschämt aber auch gleichzeitig Menschen in seiner Umgebung. So wäre es ein unverzeihlicher Fauxpas, bei einer privaten Einladung nicht dezent und gepflegt zu erscheinen: Der Gastgeber könnte dies als eine schwere persönliche Beleidigung auffassen.

Die westliche Besucherin, die als wohlanständig eingeschätzt werden will, sollte auf ein sommerlich-offenes Dekolleté ebenso verzichten wie auf knappe Miniröcke oder jedes andere Kleidungsstück, das mehr Haut zeigt als bedeckt. Als anstößig werden auch fehlende BHs empfunden. Allein reisende Touristinnen, die auf lokale Bekleidungssitten Rücksicht nehmen, haben keine Belästigungen zu befürchten. Für Männer gilt: Thailänder tragen lange Hosen; kurze Hosen sind ausschließlich sportiven Anlässen vorbehalten. Touristen in »unschicklicher« Garderobe, also in Shorts, T-Shirts, Miniröcken, schulterfreien Kleidern, Gum-

Touristenmeile, Khao San Road in Bangkok

misandalen usw., wird der Zutritt zu manchen bedeutenden Tempeln wie dem Wat Phra Kaeo in Bangkok verwehrt. Es sei denn, sie lassen sich bei den Kassenhäuschen neu einkleiden. Aber auch allzu legerer Badelook stellt die Toleranz der Thai auf eine harte Probe. Nur wenige thailändische Frauen gehen nach westlichem Vorbild im Badeanzug schwimmen, vom Bikini gar nicht zu reden und von FKK ganz zu schweigen. Sie tragen einen Sarong oder Shorts und langes T-Shirt. Am Strand verletzt Oben-ohne- oder gar Nacktbaden das sittliche Empfinden der Thai aufs Äußerste. Nach der Verordnung für thailändische Nationalparks macht sich jede Frau strafbar, die sich an einem Strand in einem Nationalpark (etwa auf Ko Chang oder Ko Samet) barbusig zeigt.

Zeitverständnis und Pünktlichkeit – die Thai ticken anders

Den Dingen ihren Lauf lassen

»Zeit ist Geld« – im westlichen Kulturkreis beherrschen Digitaluhren den Menschen und nicht umgekehrt. Wie anders in Thailand: Ebbe und Flut, Trocken- und Regenzeit, Saat und Ernte, Sonnenauf- und Sonnenuntergang – das sind die Rhythmen des ländlichen Lebens. Sich Zeit für seine Mitmenschen nehmen, nicht von Termin zu Termin zu hetzen, sondern den Dingen ihren Lauf lassen – das sind wichtige Elemente thailändischer Lebensphilosophie. Wer es sich leisten kann, trägt auch im ländlichen Thailand eine Armbanduhr. Aber kaum jemand schaut darauf. Was Menschen im Westen verlorene Zeit nennen, erscheint den Thai wie ein Gewinn, eine Prämie an Muße und Lebensqualität.

Traditionelles Zeitempfinden

In westlichen Industriegesellschaften herrscht ein linearer Zeitbegriff, demzufolge sich die Zeit gleichmäßig im Stunden- und Minutentakt voranbewegt und exakt verplant werden kann. Traditionell sind Thailänder dagegen mit Stunden, Minuten oder gar Sekunden wenig vertraut. Sie teilen den Tag in allgemein leicht nachvollziehbare Zeitabschnitte ein: *Chaao müüt* ist der frühe Morgen (ca. 4–6 Uhr), *chaao* der Morgen (ca. 6–8 Uhr), *saai* der Vormittag (ca. 8–11 Uhr), *thiang* der Mittag (ca. 11–13 Uhr), *baai* der frühe Nachmittag (ca. 13–16 Uhr), *yen* der späte Nachmittag (ca. 16–19 Uhr), *kham* der Abend (ca. 19–22 Uhr) und *dük* die Nacht (ca. 22–4 Uhr). Obwohl die Menschen, vor allem in den Städten, natürlich auch die 24-Stunden-Eintei-

Verbotsschild Thai-Art

INFO

Schönheitsideal helle Haut

Das Schönheitsideal des heutigen Thailand verkörpern die *luuk krüng,* die so genannten »halben Kinder«. Gemeint sind die Nachkommen thailändisch-westlicher Paare, die als Models und Schauspieler sehr gefragt sind und oft Karriere als Popstars und TV-Moderatoren machen. Als perfekter Mix gilt ein Aussehen, bei dem sich das asiatische Erbe in den dunklen Haaren und den mandelförmigen Augen zeigt, während die westlichen Gene einen hellen Teint, eine schmale Nase und hohe, schlanke Körpergröße beisteuern. Allgemein beliebt ist helle Haut, denn die von europäischen Urlaubern so hoch geschätzte Bräune verrät in Thailand Feldarbeit und niedrige Herkunft. So wagen sich die meisten Einheimischen auch erst bei Sonnenuntergang an die Strände. Und trotz der tropischen Schwüle tragen Mädchen und Frauen bei der Arbeit in der Landwirtschaft Gesichtsmasken, Handschuhe und Ärmelschoner, um ihre helle Haut zu verteidigen und ihre Herkunft zu verschleiern.

---

lung des Tages kennen, wird eine Zeitangabe fast nie als genau fixierter Termin angesehen, sondern immer nur als ungefährer Anhaltspunkt.

Ein anderer Pünktlichkeitsbegriff

Die ungezwungene Einstellung zur Pünktlichkeit wird mit dem Begriff *weelaa yaang* (Gummizeit) umschrieben. Das elastische Band dieser wenig präzisen Zeitauffassung zieht sich praktisch durch alle Lebensbereiche, gilt aber hauptsächlich für private Treffen. Maßstäbe deutscher Pünktlichkeit gelten bei Einladungen als ausgesprochen unhöflich. Pünktlichkeit auf Thailändisch bedeutet bei privaten Terminen etwa eine »Verspätung« von 15–20 Minuten. Bei offiziellen Anlässen und Geschäftsterminen wird zwar pünktliches Erscheinen erwartet, aber oft nicht eingehalten. Meist sieht man in einer überfüllten Großstadt wie Bangkok auch bei offiziellen Terminen über eine (kleine) Verspätung großzügig hinweg.

Ausnahme Hochzeitstermine

Trotz der Nonchalance, mit der im Allgemeinen mit der Zeit und so genannten festen Terminen umgegangen wird, gibt es Anlässe, zu denen auch Thailänder pünktlich erscheinen: Beispielsweise zu einem Hochzeitsfest. Der von einem Astrologen festgelegte Zeitpunkt der Eheschließung, ist einer der wenigen Termine, bei denen es in Thailand auf die Minute ankommt. Eine auch nur geringfügige Verspätung würde als ein denkbar schlechtes Omen gewertet werden – die Sterne verzeihen keine Unpünktlichkeit. Auch bei Veranstaltungen, bei denen hohe Würdenträger oder gar Mitglieder der Königlichen Familie anwesend sind, gilt strikte deutsche Pünktlichkeit, das heißt man ist am besten bereits vor dem Termin da.

»Wir haben die Rituale der Asiaten falsch beurteilt, weil wir ihre Gebräuche nach den unserigen glaubten beurteilen zu können, denn wir tragen die Vorurteile unseres herrschsüchtigen Geistes bis ans Ende der Welt.«
Voltaire, französischer Schriftsteller und Philosoph

Verhalten bei Einladungen, Verabredungen und Besuchen

▶ **Die private Einladung:** Selbst ein zwangloser Besuch unterliegt den Regeln der Etikette. Redewendungen wie »Besuchen Sie uns mal zu Hause« oder »Komm doch mal zum Essen vorbei« sind oft nur Höflichkeitsfloskeln, die man mit einem ebenso höflichen wie unverbindlichen »Sehr gern« beantwortet. Ist eine Einladung wirklich ernst gemeint, bringen Thailänder das entsprechend deutlich zum Ausdruck. Werden Einladungen an Männer gerichtet, ist oft nicht klar, ob die Ehefrau oder Freundin ebenfalls eingeladen ist. Bei Nachfragen erhält man meist die vieldeutige Antwort: Ganz nach Belieben *(thaam sabaai)!* Ein Anruf bei einem ebenfalls eingeladenen Thailänder kann in einem solchen Fall Klarheit verschaffen.

▶ **Die geschäftliche Einladung:** In Geschäftskreisen ist es unüblich, nach Hause einzuladen. Besonders Ausländer sollten dies gegenüber ihren thailändischen Kollegen vermeiden, da diese meist wegen ihrer (bescheidenen) Wohnsituation niemals eine entsprechende Gegeneinladung aussprechen könnten und somit zwangsläufig einen Gesichtsverlust erleiden würden. So lädt man üblicherweise in ein Restaurant ein, wobei der Ausländer wieder darauf achten muss, dass die Eingeladenen bei einer eventuellen Gegeneinladung sich den gleichen Standard leisten können. Bei solchen Einladungen ist es unüblich, die Ehepartner mitzubringen.

▶ **Bitte Schuhe ausziehen!** Oberste Regel beim Betreten eines privaten Hauses oder einer Wohnung: Ungefragt die Schuhe an der Türschwelle ausziehen. Immer! Vergisst man es, wird man meist vom Gastgeber höflich dazu aufgefordert: *Proot thoot roong-thaao!* (Bitte ziehen Sie die Schuhe aus!) Thailänder können oft nicht verstehen, wie unsensibel sich *farang,* die ja in anderen Beziehungen so überaus hygienebewusst sind, gegenüber diesem einfachen und naheliegenden Brauch verhalten. Sie achten auch darauf, beim Betreten eines Hauses oder einer Wohnung nicht auf die Türschwelle zu treten. Dies ist nämlich die Heimstatt eines der Hausgeister und dessen Zorn sollte man nicht provozieren.

▶ **Die Begrüßung:** Verzichten Sie bei der Begrüßung auf den westlichen Handschlag, außer man reicht Ihnen die Hand zum Gruß. Thailänder begrüßen sich traditionell mit dem *wai.* Begrüßung und Vorstellung erfolgen in einer thailändischen Familie nach einer hierarchischen Ordnung, bei der Alter, Titel und gesellschaftliche Stellung stets Vorrang haben. Gerade die Hochachtung vor dem Alter ist ehernes Gesetz. Auch ein Ausländer sollte als Gast einer thailändischen Familie durch entsprechendes Verhalten seinen Respekt vor dem Familienoberhaupt bezeugen. Alter wird besonders dann sozialer Status, wenn eine große Nachkommenschaft besteht, wenn zahlreiche Enkel und Urenkel leben.

Sitzsitten

► **Der Sitzplatz:** Prinzipiell sollten Sie immer warten, bis man Ihnen einen Sitzplatz anbietet. In ländlichen Gebieten pflegt man mitunter auf Bodenmatten zu sitzen, dabei gilt es aber als höchst unfein und sogar beleidigend, die Fußsohlen als den unsaubersten Teil des Körpers auf eine Person zu richten. Männer sitzen gewöhnlich im Schneidersitz, Frauen schlagen die Beine nebeneinander seitwärts unter. Nur im Verborgenen, unter dem Tisch, kann man es sich erlauben, die Beine übereinander zu schlagen. Nicht nur bei privaten Einladungen gehen Thailänder stets hinter sitzenden Menschen vorbei. Niemals würde ein Thailänder über sitzende Menschen hinwegsteigen.

► **Das richtige Gastgeschenk:** Erhalten Sie eine Einladung, sollten Sie versuchen, deren Anlass in Erfahrung zu bringen. Dies ist wichtig bei der Auswahl eines passenden Präsents. Wie bei uns sind Geburten, Geburtstage, Hochzeiten oder der Einzug in eine neue Wohnung Gelegenheiten zum Überreichen von Geschenken. »Das Glück ist als Zwilling geboren«, sagt ein thailändisches Sprichwort, deshalb sollten Geschenke in einer geraden, also durch zwei teilbaren Anzahl übergeben werden. Einzelne Gegenstände und ungerade Zahlen symbolisieren Einsamkeit. Vor allem die Sieben darf es nicht sein, denn sie bedeutet Unglück. Eine Acht hingegen gilt als Glückszahl.

► **Auf die Farbe kommt es an!** Bei der Wahl des Geschenkpapiers spielen Farben eine große Rolle. Vorsicht ist mit Weiß und Schwarz angebracht, denn dies sind die Todesfarben. Rot gilt zwar bei chinesischstämmigen Thailändern als Glück bringende Farbe (so überreicht man bei Hochzeiten oder an Neujahr Geld in roten Umschlägen), ist bei ethnischen Thai jedoch tabu. In Rot werden die Namen der Verstorbenen auf den Sarg geschrieben, weshalb man diese Farbe mit dem Tod assoziiert. Auf der sicheren Seite sind Sie, wenn Sie das Mitbringsel in gelbem Papier einwickeln, denn dies ist die Farbe des Königshauses.

► **Mit beiden Händen schenken!** Geschenke (beliebt sind außer Blumen Süßigkeiten, Gebäck oder Früchte) sollten Sie mit beiden Händen überreichen, denn mit einer Hand schenken, heißt halbherzig schenken. Dabei ist allerdings zu beachten, dass die als »unrein« geltende linke Hand nur den rechten Ellbogen stützen darf. Der Gastgeber wird das Päckchen scheinbar achtlos zur Seite legen. Ein sofortiges Öffnen würde ihn als gierig entlarven, außerdem gehört es sich nicht, den Wert eines Geschenkes öffentlich zur Schau zu stellen. Wird man zu einer Hochzeits- oder Trauerfeier oder auch dem Eintritt eines Familienangehörigen in den Mönchsorden eingeladen, empfiehlt es sich einige Geldscheine in einem Umschlag zu überreichen. Das Geld hilft die Kosten für die Feierlichkeit zu senken.

Die Beziehung der Geschlechter

Keine Intimitäten in der Öffentlichkeit

Die Grenzen des Anstands schließen in der Öffentlichkeit jegliche körperliche Berührungen zwischen den beiden Geschlechtern aus. Zwar gehen westlichorientierte junge Thai-Pärchen in den Großstädten schon mal Hand in Hand beim Einkaufsbummel, doch das ist das Äußerste, was die ansonsten eigentlich tolerante thailändische Gesellschaft noch dulden mag. Ein Kuss wäre des Guten bereits zuviel. Zurückhaltung gegenüber dem anderen Geschlecht ist selbstverständlich und erschwert heranwachsenden Jungen und Mädchen den ungezwungenen Umgang miteinander ganz erheblich.

Buddhas Segen für jeden Menschen, hier der Autor mit seiner Familie

Privatsphäre ein Fremdwort

INFO

Thailänder sind fast nie allein. Und kaum ein Thai verspürt den Wunsch nach Alleinsein. Vielleicht aufgrund der relativ hohen Bevölkerungsdichte und weil sowieso jeder von Geburt an ständig von Menschen umgeben ist. Thailänder essen nicht gern allein, gehen nicht allein ins Kino, sondern wünschen sich stets die Gesellschaft anderer. Die Basis des persönlichen Wohlbehagens ist das Gemeinschaftserlebnis innerhalb einer Gruppe. Ausgeprägter Individualismus oder Lebensformen wie die des westlichen Single sind den Thai suspekt und werden als einsam und freudlos empfunden. Daher wird auch Privatsphäre nicht als Wert erachtet, sie sich zu schaffen folglich nicht angestrebt. In der »engen« Thai-Gesellschaft ist ein räumlicher Rückzug oftmals auch kaum möglich. Dies macht es dem ausländischen Besucher einer thailändischen Familie bisweilen nicht leicht. Kaum hat er die Tür des Gästezimmers erschöpft und ruhebedürftig hinter sich geschlossen, so dauert es für gewöhnlich nicht lange bis ein Familienmitglied anklopft und sich nach seinem Wohlbefinden erkundigt, ob er sich nicht einsam und unglücklich fühle. Alle tun ihr Bestes, dem Gast Gesellschaft zu leisten, eine Geste, die zwar sehr liebenswürdig ist, den Besucher aus Übersee jedoch bisweilen einige Anstrengung kosten kann.

Frauen, die sich Hände haltend und küssend mit ihrem thailändischen oder ausländischen Partner in der Öffentlichkeit zeigen, werden schnell als Flittchen abgestempelt. Deshalb sollten sich männliche Reisende davor hüten, thailändische Frauen zu berühren. Dies würde auf ein intimes Verhältnis deuten und könnte die Frau in eine peinliche Situation bringen. Vor den Augen fremder Menschen Zuneigung zur Schau zu stellen, heißt ein Tabu zu brechen und bedeutet Gesichtsverlust. Zarte Gesten sind Privatsache, Intimitäten nur im stillen Kämmerchen erlaubt.

Lesbisch oder schwul?

Von Frau zu Frau, bisweilen auch unter Männern, ist das An-die-Hand-Nehmen nicht selten. Ausländische Besucher sind oft irritiert, wenn sie beobachten, wie ein Paar gleichen Geschlechts (das können nicht nur zwei Frauen, sondern auch zwei Polizisten oder Soldaten in Uniform sein) Hand in Hand eine Straße oder am Strand entlang schlendern. Kein Thailänder würde hierbei die Stirne runzeln, denn dieses Verhalten wird in den meisten Fällen als Zeichen von Freundschaft und Sympathie verstanden und hat mit Homosexualität nicht das Geringste zu tun. Was echte Homosexualität anbelangt, egal ob männliche oder weibliche, ist die thailändische Gesellschaft relativ großzügig. Gesetze, die gleichgeschlechtlichen Neigungen diskriminieren, gibt es nicht. Bangkok hat eine ziemlich große Schwulen- und Lesbenszene. Hinsichtlich Kleidung und Verhalten werden Lesben und Schwule in der Regel kommentarlos akzeptiert. Aber auch für Homosexuelle gilt: Liebesbekundungen in der Öffentlichkeit werden nicht gern gesehen.

Fremd im Land – das Ende der Freundlichkeit

Land der unsichtbaren Vorhänge

Wer aus unserem oft grauen und schlecht gelaunten Europa kommt, findet in Thailand Farben und Lebensfreude, fühlt sich gastfreundlich aufgenommen. Doch sind die Thailänder ihrem Wesen und ihrer Geschichte nach keineswegs so fremdenfreundlich, wie es in Reiseführern und Broschüren von Veranstaltern so gerne beschrieben wird. Zwar gibt es in Thailand keine Ausländerfeindlichkeit oder gar handgreiflichen, gewalttätigen Fremdenhass, doch begegnen die Thai abseits der Touristenzentren ausländischen, vor allem westlichen Besuchern in der Regel sehr zurückhaltend. Manche Reisende empfinden dies als durchaus angenehm, vor allem solche, die gerade durch Indien oder Indonesien getourt sind, wo die Einheimischen Touristen gegenüber bisweilen recht aufdringlich sein können. Gleich ob sie aus europäischen Ländern, den Vereinigten Staaten oder Australien kommen, werden alle Ausländer mit weißer Haut von den Thai grundsätzlich *farang* genannt. Dies ist vermutlich eine Verballhornung des Wortes *français* (bzw. *faranset),* da Franzosen die ersten Europäer waren, mit denen die Thailänder Kontakt hatten.

Der farang als Statussymbol

Hat es ein *farang* einmal geschafft, von einer thailändischen Familie »adoptiert« zu werden, wird ihm vor allem in ländlichen Gebieten die beinahe uneingeschränkte Aufmerksamkeit zuteil. Er durchlebt dann eine oftmals fast schon unbarmherzig herzliche Gastfreundschaft. Es kann dem Betroffenen gewaltig auf die Nerven gehen, wenn sich die Familie mit ihrem ausländischen Gast »schmückt«. Ihn voller Stolz als Vorzeigeobjekt und Statussymbol zu benutzen, ist ein probates Mittel zur Imagepflege in Nachbarschaft oder Dorfgemeinschaft.

Man bringt dem *farang* einerseits eine herzliche Gastfreundschaft entgegen, erwartet von ihm aber im Gegenzug auch Großzügigkeit, vor allem in finanziellen Dingen. Wer sein Geld mit anderen teilt, hat ein *djai kwaang* (weites Herz), er gilt als großzügig und spendabel. Aufgrund seines »Reichtums« ist der *farang* moralisch verpflichtet, Engpässe und Notfälle durch Finanzspritzen überwinden zu helfen. Bisweilen kollidieren hier westliches Vernunftdenken und thailändische Sorglosigkeit, denn viele Geldprobleme entstehen durch die oft allzu planlose Ausgebefreudigkeit der Thailänder.

Kommunikationsprobleme

Die distanzierte Haltung vieler Thai Ausländern gegenüber beruht zu einem großen Teil auf Verständigungsproblemen. Nur wenige Thai sprechen gut Englisch. Es ist ihnen dann oft peinlich, nicht auf Englisch oder in einer anderen Sprache mit ausländischen Besuchern kommunizieren zu können. Zudem widerspricht das Ansprechen von Fremden (dies können auch Landsleute sein) dem thailändischen Verhaltenskodex. Jemand, der einen anderen anspricht, erscheint leicht *yung* (nervig) oder sogar *süak* (aufdringlich).

Sind sie nicht in der Fremdenverkehrsbranche tätig, haben Thailänder meist Schwierigkeiten im Umgang mit Fremden. In einer Gesellschaft mit einer fein verästelten hierarchischen Struktur, in der kaum jemand den gleichen sozialen

Status wie sein Gegenüber besitzt, ist kein Platz für Ausländer, bleiben diese stets Fremdkörper, die nirgends einzuordnen sind. Die Einstellung der meisten Thailänder ausländischen Besuchern gegenüber lässt sich daher vielleicht am besten als »entspanntes Desinteresse« beschreiben: Kaum jemand behelligt die *farang*, allenfalls ist man auf ihr Geld erpicht. Da die Ausländer außerhalb der Thai-Gesellschaft stehen und sich deren strengen Regeln nicht unterwerfen müssen, genießen sie Freiheiten, die für Einheimische undenkbar wären. Dies mag ein weiterer Grund dafür sein, weshalb kaum ein Thailänder ernsthaft Kontakt zu den merkwürdigen Fremden sucht. Das distanzierte Verhalten Fremden gegenüber schützt die Thai vor der Konfrontation mit fremden Werten und trägt dazu bei, dass die landestypischen Traditionen bewahrt bleiben. So wundert es nicht, dass sich hinter dem Lächeln und der Freundlichkeit oft eine Grundeinstellung gegenüber dem Ausländer verbirgt, wie man sie eher bei konservativen Deutschen oder Japanern erwarten würde.

Entspanntes Desinteresse

Auch in Thailand sind alle Menschen gleich, aber manche sind finanzkräftiger. Beim Besuch von Museen, Vergnügungsparks und Tempeln trifft man auf ein zweifaches Preissystem: Für Einheimische gilt ein niedrigerer, für *farang* ein deutlich höherer Preis. Besonders krass ist der Unterschied bei den Gebühren für die Nationalparks: Westler entrichten teilweise das Zehnfache des Normalpreises! Auch gelten in manchen Hotels unterschiedliche Preise für Einheimische und Ausländer. Eine Diskussion über diese Art der »Diskriminierung« verläuft erfahrungsgemäß fruchtlos.

Zweigleisiges Preissystem

Gute Ware gegen einen guten Preis, Straßenverkauf in einem Vorort von Bangkok

Händler und Preise – Feilschen will gelernt sein

Wortreiches Handeln gehört zum Geschäft.

Die Nachtmärkte von Chiang Mai und Chiang Rai sind wahre Touristenmagneten. Unter die zahlreichen in- und ausländischen Besucher, die zwischen den Ständen schlendern, mischen sich farbenfroh gewandete Frauen von Bergvölkern, um ein wenig unbeholfen kunsthandwerkliche Souvenirs feilzubieten. Doch vor allem die in ihren traditionellen schwarzen Trachtenröcken und im silberkugelbehangenen Kopfputz gekleideten Akha-Frauen sind nicht so hinterwäldlerisch wie es den Anschein hat. Sie sind sich durchaus bewusst, wie außergewöhnlich sie auf die Touristen wirken. Die Mischung aus Exotenlook und unbefangener Herzlichkeit, die sie präsentieren, kaschiert eine ausgeprägte merkantile Ader: Wer nicht handelt, zahlt »Bußgeld«.

Selbst wenn die Preise auf Thailands Märkten und Shoppingmeilen Europäer in einen Kaufrausch versetzen können, heißt die Devise »Erst handeln!« Festpreise gibt es nur in großen Kaufhäusern und teuren Fachgeschäften. Aber selbst dort gewährt man, wenn die Kunden danach fragen, häufig Rabatte. Als Grundregel gilt: Fragen Sie nur nach dem Preis, wenn Sie wirklich interessiert sind. Unterbieten Sie die geforderte Summe deutlich und schließen Sie dann den Kauf bei etwa der Hälfte bis Zweidrittel des ursprünglich geforderten Betrags ab. Beden-

INFO

So vermeiden Sie Ärger

► Tun Sie nichts wodurch jemand das Gesicht verlieren könnte. Hüten Sie sich in dieser Hinsicht ganz besonders vor Betrunkenen und legen Sie sich niemals mit solchen an. Alkoholisierte Thai-Männer, besonders Soldaten und Polizisten zu provozieren, kann lebensgefährlich sein!

► Misstrauen ist stets angebracht, wenn Sie auf der Straße von einem Fremden angesprochen werden! Thailänder, die ungefragt *farang* anreden, sind meist mehr am Inhalt ihrer Brieftaschen interessiert als an einem kulturellen Austausch. Ehrliche Thailänder sind zu höflich, um sich einem Ausländer zu nähern. Hinter dem Supertipp, dem Billigangebot oder dem günstigen Wechselkurs verbergen sich häufig Betrugsversuche! In Bangkok kursieren viele Berichte darüber, dass gut gekleidete junge Thailänder Touristen ansprechen und behaupten, diese oder jene Sehenswürdigkeit sei geschlossen, man habe aber Vorschläge für ein Alternativprogramm. Es handelt sich um Schlepper, die versuchen, Besucher in bestimmte Läden und Lokale zu locken. Lassen Sie sich nicht darauf ein!

► Vorsicht vor allem vor Personen, die Touristen unter verschiedenen Vorwänden in ein Edelsteingeschäft zu locken versuchen. Die dort verkauften Preziosen sind entweder wertlos oder horrend überteuert.

INFO

▶ Alle Warnlichter sollten zu blinken beginnen, wenn eine thailändische Frau einen ausländischen Mann anspricht. Hinter einer derartigen Annäherung stecken fast immer unlautere Absichten. Eine Thailänderin aus gutem Hause würde sich niemals einem fremden Mann nähern.

▶ Lassen Sie sich nie von Taxi- oder Tuk-Tuk-Fahrern zu Einkaufstouren überreden, denn ihre Provision wird auf den Preis aufgeschlagen!

▶ Wenn ein Taxifahrer trotz Taxameter die Fahrt nur zu einem festen Preis antreten will oder andere Dienste anbietet, sollte man dankend ablehnen, aussteigen und ein anderes Taxi nehmen. Pauschalpreise sind normalerweise mindestens zwei- bis dreimal höher als der Betrag, den das Taxameter anzeigen würde.

▶ Immer wieder nutzen Taschendiebe das Gedränge auf Märkten oder in Bussen. Deshalb sollten Sie Geld und Wertsachen nah am Körper tragen, wertvollen Schmuck am besten ganz zu Hause lassen.

▶ Auch in Hotelzimmern und sogar in hoteleigenen Safes sind Wertsachen nicht immer sicher aufgehoben. Schon mancher musste nach seinem Urlaub feststellen, dass mit seiner vermeintlich sicher aufbewahrten Kreditkarte eingekauft wurde. Weit verbreitet ist leider auch Kreditkartenbetrug beim Bezahlen, weshalb man die Kreditkarte stets im Auge behalten sollte, um sicherzugehen, dass nur ein einziger Ausdruck erstellt wird.

▶ Zahlen Sie in Läden, die Ihnen nicht ganz seriös vorkommen, am besten bar!

▶ Generell sind geeignete Sicherheitsmaßnahmen angebracht (Travellerschecks statt Bargeld, Kopien aller wichtigen Dokumente und ähnliches). Bewahren Sie vor allem eine Kopie Ihres Reisepasses getrennt vom Original auf, es gibt dann bei Verlust schneller Ersatz.

▶ Essens- oder Getränkeangebote, auch in verschlossenen Dosen, von fremden Mitreisenden in Bus oder Bahn sollten Sie höflich ablehnen, auch wenn man Sie noch so freundlich dazu auffordert. Es könnte ein Betäubungsmittel (so genannte Knock-Out-Tropfen) beigemischt sein. Die Opfer wachen nach etlichen Stunden mit einem schweren Kopf, aber ohne Wertsachen auf. Diese Form des Überfalls soll auch auf Strandpartys vorkommen. Die Drogen wirken schon nach wenigen Minuten. Wenn man noch bei Bewusstsein ist, wird geraten, reichlich Wasser zu trinken. Geraten Sie nun aber nicht in Panik, seien Sie einfach auf der Hut!

Auf Schnäppchenjagd

ken Sie dabei, dass Handeln in Thailand eine Art Nationalsport ist und fast immer mit viel Lachen und Scherzen, niemals aber mit verbissener Ernsthaftigkeit vonstatten geht.

Hart aber fair

Normalerweise macht der Händler ein erstes Angebot, das Sie ablehnen. Das hat in der Regel eine unmittelbare Preissenkung zur Folge. Nun ist es wieder an Ihnen, ein Gegenangebot zu machen. Lassen Sie sich dabei aber nicht hetzen. Schauen Sie sich die Ware genau an, zeigen Sie Skepsis und weisen Sie ruhig auf Mängel an der Ware hin. Kommen Sie dem Händler in kleinen Schritten entgegen, bleiben Sie dabei aber hart. Es gehört zum Spiel, dass beide Seiten nachgeben. So setzen sich die Verhandlungen fort, bis schließlich ein Preis vereinbart wird, bei dem Käufer und Verkäufer gleichermaßen das Gesicht wahren. Sollte dieser Fall nicht eintreten, gehen Sie weiter oder verlassen Sie den Laden. Bleibt der Peis dann immer noch gleich hoch, müssen Sie sich entscheiden: kaufen oder verzichten. Ein guter Zeitpunkt zum Feilschen ist der frühe Morgen. InThailand sehen viele Händler den Abschluss des ersten Geschäfts als Omen für den Verlauf des Tages. Man sollte jedoch nicht erbarmungslos noch um den letzten Baht schachern, denn jemand, der einen Preis stärker herunterhandelt, als es seine soziale Position gerechtfertigt erscheinen lässt, verletzt die Pflicht des Höhergestellten, armen Leuten zu helfen. Auch gute Kunsthandwerker sollte man nicht durch ein zu niedriges Angebot ärgern.

Kriminalität und Sicherheit

Die Kriminalitätsrate in Thailand ist im internationalen Vergleich relativ hoch. Mit einer offiziellen Mordrate von fast 10 000 pro Jahr bei einer Bevölkerung von 67 Millionen liegt Thailand weltweit auf einem unrühmlichen vorderen Platz. Für Besucher, die entsprechende Vorsichtsmaßnahmen treffen, ist Thailand – mit Ausnahme der Provinzen im tiefen Süden, wo es schon zu politisch motivierten Anschlägen gekommen ist – dennoch ein allgemein sicheres Reiseland. Gewaltverbrechen gegenüber Touristen sind sehr selten. Gewalt um ihrer selbst Willen, wie sie etwa von europäischen Hooligans und Rowdys ausgeübt wird, ist in Thailand unbekannt.

Gerade auch für allein reisende Frauen zählt Thailand zu den sichersten Reisezielen in Südostasien. Thailändische Männer begegnen Touristinnen meist höflich distanziert oder mit respektvoller Neugierde. Wenn jüngere Thailänder Touristinnen ansprechen, so ist das in der Regel kein Annäherungsversuch, sondern häufig Wissbegierde und der Wunsch, Englischkenntnisse zu verbessern. Zurückhaltende Kleidung und ein auf Distanz bedachtes Verhalten zu thailändischen Männern, insbesondere wenn diese offensichtlich zu viel getrunken haben, sind dennoch auf jeden Fall angebracht.

Wenn sich Mord und Totschlag, Raub und Vergewaltigung, bei denen Touristen Opfer werden, in Grenzen halten, so haben Betrüger doch raffinierte Tricks ersonnen, um ausländischen Besuchern das Geld aus der Tasche zu ziehen. So schicken sie beispielsweise Kinder in Schul- und Pfadfinderuniform los. Die lieben Kleinen offerieren gegen eine Spende für einen angeblich wohltätigen Zweck Plastikblumen und Blechabzeichen. Verdienen tun daran nur die Hintermänner dieser organisierten Bettelkommandos. Im Gedränge von Märkten, öffentlichen Veranstaltungen und in Verkehrsmitteln sind zudem häufig Taschendiebe unterwegs. Zu ihnen gehören die berüchtigten »Schlitzer«, die mit scharfen Messern und nahezu artistischer Geschicklichkeit fremde Taschen öffnen. Leider häufen sich auch in den Haupttouristenzentren Einbrüche in Hotelzimmern. Und es kommt immer wieder vor, dass Touristen vom fahrenden Motorrad aus Handtaschen entrissen werden. An der Tagesordnung sind ebenfalls Rauschgiftdelikte. Für Touristen gilt rigoros: Hände weg von Drogen aller Art!

Polizei und Korruption

Wird man trotz aller Vorsicht doch einmal Opfer eines Verbrechens, sollte man vor allem bei ernsteren Fällen immer die *Tourist Police* einschalten. Die Beamten der Touristenpolizei sprechen meist gut Englisch und sind zuverlässiger als gewöhnliche Polizisten, denen oft der Ruch der Korruption oder der Gleichgültigkeit gegenüber Ausländern anhängt.

Thailändisches Geschäftsleben

Gewöhnungsbedürftig: Hierarchie, Respekt und feste Spielregeln

Ein fremder Kulturkreis

»Wer in Fernost erfolgreich sein will, muss die Spielregeln kennen, muss Kulturkompetenz besitzen. Doch daran hapert es oft«, meint Hanne Seelmann-Holzmann, Soziologin und Unternehmensberaterin in Nürnberg. »Die meisten deutschen Firmen machen sich überhaupt keine Gedanken darüber, dass sie es hier mit einem anderen Kulturkreis zu tun haben. Sie schicken ihre Leute einfach los, die dann im Nebel herumstochern« – und womöglich von einem Fettnäpfchen in das Nächste stolpern. Das muss nicht sein. Beherzigen Sie und Ihre Mitarbeiter das folgende Kapitel, dann gibt es zwischen Ihnen und den thailändischen Geschäftspartnern sicherlich weniger »interkulturelle« Missverständnisse.

Mentalität der Feudalzeit

Von der Mentalität der Feudalzeit hat sich in Thailand viel erhalten, obwohl sie in Zeiten der Globalisierung den rauen Regeln der modernen Wettbewerbsgesellschaft widerspricht. Wie innerhalb der Familien herrscht auch im Geschäftsleben traditionell ein strenges hierarchisches Beziehungssystem. Auch im Betrieb akzeptiert jeder selbstverständlich den ihm zugewiesenen Platz. Das hat zur Folge, dass die Beziehungen der Mitarbeiter einer thailändischen Firma untereinander wesentlich stärker formalisiert sind als in europäischen Unternehmen, wobei festgefügte Normen das Verhalten des Einzelnen innerhalb seiner (Arbeits-)Gruppe bestimmen und seinen Status festlegen.

Soziales Ranking

Das Besondere an dem sozialen Ranking ist die gegenseitige Verantwortung, die *phuu yai* und *phuu noi,* also Vorgesetzter und Untergebener bzw. Ranghöherer und Rangniedrigerer, füreinander übernehmen. Von einem *phuu noi* wird Gehorsam und Respekt gegenüber einem *phuu yai* erwartet. Dafür ist der *phuu yai* verpflichtet, sich für »seine« *phuu noi* verantwortlich zu fühlen und ihnen väterliches Wohlwollen entgegenzubringen – ganz im Sinne der Auffassung, wonach die gesamte Belegschaft einer Firma als große Familie gesehen wird.

Der Firmenpatron

»Der Chef soll seine Mitarbeiter anleiten und kontrollieren, sich aber auch fürsorglich um sie kümmern«, beschreibt Hanne Seelmann-Holzmann das fernöstliche Idealbild eines Vorgesetzten. Die patriarchalischen *phuu yai* stellen ihren Status unter Beweis, indem sie helfen, wo immer es möglich ist. Dies gilt auch für den privaten Bereich, etwa bei finanziellen Problemen oder wenn es darum geht, für einen Verwandten eine Arbeitsstelle zu finden. Wenn sie eine solche Bitte ablehnen, riskieren sie, Gesicht wie auch ihren Status zu verlieren. Dem idealen Vorgesetzten werden seine Untergebenen aber nach dem Prinzip der Dankesschuld *(katanyu)* stets loyal zur Seite stehen.

Thailänder haben viel Zeit, Europäer kommen damit nicht immer klar.

Der perfekte Vorgesetzte erfüllt also zwei Anforderungen, die an eine Führungskraft gestellt werden: Ausübung von Autorität und Wohlwollen gegenüber seinen Mitarbeitern. Zudem wird er auch nie den Aspekt *sanuk* vernachlässigen und seinen Mitarbeitern beispielsweise ausreichend Möglichkeiten für Betriebsausflüge und -feiern geben. Nur wenn es dem »Vater des Betriebs« im Sinne des traditionellen thailändischen Systems der Patronage *(phrakhun)* gelingt, die

Firma als eine große, glückliche Familie zu präsentieren, fühlen sich die Angestellten ihr verpflichtet. So verwundert es auch nicht, dass – nach Erfahrung von Hanne Seelmann-Holzmann – »im besten Sinne patriarchalisch geprägte Mittelständler im hierarchisch denkenden Thailand oft besser zurecht kommen als Großkonzerne.«

Respekt und Ordnung

Ein ungeschriebenes Gesetz verlangt, dass die in einer Firma existierenden Rangunterschiede zu respektieren sind. Die Anerkennung der Autorität von Vorgesetzten und Führungspersonen ist das A und O des innerbetrieblichen Beziehungsgeflechts. Auch im Geschäftsleben besagt das Respektprinzip, dass man sich in Sprache und Gebärde stets so zu verhalten habe, wie es dem Rang des jeweiligen Gegenübers entspricht. Die hierarchische Ordnung gewährleistet, dass jeder seinen spezifischen Anteil zum Wohl der Firma leistet. Daher wird die innerbetriebliche Hierarchie als etwas Positives erachtet, und jeder hat sich so zu verhalten, dass diese Ordnung aufrechterhalten bleibt. Indem die einzelnen Mitarbeiter sich gegenseitig den angemessenen Respekt erweisen, erkennen sie diese Ordnung an und bestätigen sie. Jeder sollte mit seinem Platz in der Firma zufrieden sein und seine Pflichten so gut wie möglich erfüllen.

Autoritärer Führungsstil

Ambitionen zu zeigen ist verpönt. Diese Verhaltensnorm soll garantieren, dass die gegebenen Strukturen Bestand haben und es nicht zu Auseinandersetzungen kommt, die dem Betriebsfrieden schaden könnten. Firmeninhaber und Vorgesetzte, die ihren Mitarbeitern viel Freiraum gewähren, auf flache Hierarchien und selbstständiges Arbeiten setzen, erleben in Thailand ihr blaues Wunder: Dies alles signalisiert nach thailändischem Verständnis nicht Vertrauen, sondern Desinteresse – mit entsprechend negativen Folgen für Motivation und Loyalität der Betroffenen. Während in westlichen Ländern und auch in Japan Entscheidungen in der Regel von einem Team leitender Mitarbeiter getroffen werden, liegt nach thailändischem Verständnis von Führungsstil *(phradet)* alle Autorität und Entscheidungsbefugnis beim Firmeninhaber oder dem ranghöchsten Manager. Der ideale Boss trifft Entscheidungen jedoch nicht auf diktatorische Weise, sondern wird zuvor immer den Rat seiner Mitarbeiter einholen.

Individuum, Gruppe und Teamwork

Eigeninitiative nicht gefragt

Thailänder schätzen es nicht besonders, wenn einzelne Mitglieder einer Gruppe voranpreschen und neue Initiativen starten, selbst dann, wenn sie es im letztendlichen Interesse der Gruppe tun. Denn Eigeninitiativen stören das bestehende Gleichgewicht und damit die soziale Harmonie in der Gruppe. Es ist wie in einem Boot: Steht plötzlich ein Insasse auf und läuft leichtfertig ans andere Ende, so besteht die Gefahr, dass das ganze Boot kentert. Auch Vorgesetzte erwarten von ihren Untergebenen nicht kecke Initiativen aufgrund selbst ausgesponnener Ideen, sondern, dass sich jeder in die bestehenden Strukturen einordnet. Daher sind Thailänder fähig und meist stets bereit, eigene Ansichten zu relativieren im Hinblick auf die Ansichten derjenigen, die höhere Positionen innehaben.

Sie nähen, was ihr Boss ihnen sagt.

Grundsätzlich erwarten Thai, dass Initiativen vom Vorgesetzten auszugehen haben, denn dafür wird dieser schließlich bezahlt.

Motivation

Ein thailändischer Mitarbeiter fühlt sich in seiner Arbeit motiviert, wenn sein Vorgesetzter ihm das Gefühl der Anerkennung und des Respekts vermittelt *(hai kiad)*. Dies geschieht beispielsweise dadurch, dass er ihm in Gegenwart anderer sein Lob ausspricht, ihn bei Besprechungen mit Geschäftspartnern hinzuzieht oder ihn regelmäßig um Rat fragt. Motivation erfolgt aber auch über die private Schiene. So erweist ein Vorgesetzter seinem Untergebenen *hai kiad,* wenn er an einer Familienfeier teilnimmt. Durch seinen Rang und Status wertet der Vorgesetzte eine Hochzeits- oder Trauerfeier deutlich auf, was wiederum dazu führt, dass sein Mitarbeiter seine Dankesschuld im Betrieb durch erhöhten Einsatz »abarbeitet«. Ein weiteres Mittel, Mitarbeiter zu motivieren, ist *hen djai* (wörtlich »In das Herz schauen«). Gemeint ist, dass ein Vorgesetzter Einfühlungsvermögen und Mitgefühl zeigen sollte. Ist einem Untergebenen beispielsweise ein Fehler unterlaufen, so sollte ihn der Vorgesetzte nicht zusammenstauchen, sondern die Angelegenheit mit ihm ruhig und sachlich durchgehen.

Konfliktvermeidung

Das existentielle Grundbedürfnis nach Harmonie und das Verhindern von Konflikten sind zentrale Verhaltensmuster der Thailänder. Daraus resultiert auch, dass Vorgesetzte sehr vorsichtig mit Kritik an ihren Untergebenen sind. Nur der schonungsvolle Umgang mit dem »Gesicht« der Mitarbeiter verhilft zu einem reibungslosen Arbeitsablauf und verhindert Konflikte.

Im Westen werden Konfrontation und Diskussion nicht als störend empfunden, sondern im Gegenteil als positiv-aufbauend. Ganz anders in Thailand: Durchsetzungsvermögen und Kritik – so berechtigt und konstruktiv sie auch scheinen – sind im Betrieb nicht gefragt. Insbesondere Kritik von Angesicht zu Angesicht wird als eine mindere Form von Gewaltanwendung betrachtet. Sie verletzt die

Menschen und bedroht die Harmonie des Äußeren. Ein entschiedener und offener Ton ist nur erlaubt, wenn die kritisierte Person unter vier Augen, den Blicken und Ohren Dritter entzogen, angesprochen wird. Ein öffentlich Gerügter verliert nicht nur sein Gesicht, er wird auch fortan als Rache für diese Schmach mit allen Mitteln die gemeinsame Arbeit sabotieren. Offene Kritik findet deshalb sehr selten statt. Will man kritisieren, so bedient man sich meist einer dritten Person, die als eine Art Mediator die Kritik in angemessener Form übermittelt. Unerwünscht sind in jedem Fall »reinigende Gewitter«.

Problemlösung Thai Style

Bisweilen zeigen die Thai eine erstaunliche Fähigkeit, eigene Problemlösungen zu entwickeln. So haben sie zur Überraschung vieler *farang* mit dem gängigen Ratschlag *mai pen rai* – Macht nichts, wird schon werden – hin und wieder Probleme tatsächlich gelöst. Klappt das nicht, versucht man Problemen am Arbeitsplatz durch Aufschieben, Nachgeben oder Resignation aus dem Weg zu gehen. Prinzipiell ist kein Problem so wichtig, dass es sich lohnte, die Gelassenheit zu verlieren.

Dass sich Thailänder nur äußerst ungern oder gar nicht einer offenen Diskussion oder Konfrontation mit einem Problem stellen, weil dies ihrem Harmoniebedürfnis widerspricht, kann für westliche Kollegen zum Horrortrip werden. Ihre

INFO

Termine und Zeitabsprachen

In der kollektiv geprägten Thai-Kultur richtet sich auch innerhalb eines Betriebes die Zeiteinteilung nicht so sehr nach der Uhr, sondern nach Tätigkeiten und Ereignissen. Weil nicht Termine, sondern die Dauer sozialer Aktivitäten den Takt vorgeben, gehen die Thailänder polychron mit ihrer Zeit um: Mehrere Tätigkeiten werden parallel und ohne einen klar abgesteckten Zeitrahmen begonnen, unterbrochen und wieder aufgenommen. So wird Studien zufolge in vielen thailändischen Büros die Arbeitszeit nur zu 50-75 Prozent von beruflichen Aktivitäten in Anspruch genommen; der Rest ist wichtige soziale Kommunikation im Sinne von *gan eng*. Dieser Begriff umschreibt das Bedürfnis der Thai, auch am Arbeitsplatz eine angenehme, freundliche Atmosphäre zu schaffen, in der sich alle wohl fühlen. Auch in der Firma hat *sanuk* Priorität, denn Arbeit und Spaß dürfen in Thailand keinesfalls voneinander getrennt werden. In westlichen Industrieländern beträgt der arbeitsbezogene Anteil der Arbeitszeit über 90 Prozent. Dort teilt man die Zeit monochron ein, in aufeinander folgende Abschnitte wie Arbeit und Freizeit. Anders als Europäer zeigen die meisten Thai bei der Arbeit keine verbissene Konzentration und Ausdauer. Alles verläuft lockerer, ungezwungener und spielerischer. Darunter mag die Leistung leiden und die Effizienz, dafür herrscht jedoch ein gesünderes Arbeitsklima. Kein Wunder, dass Nervenzusammenbrüche, Magengeschwüre oder Herzinfarkte in Thailand seltener sind als in westlichen Ländern.

Geduld wird auf einen harten Prüfstand gestellt, wenn es in der gemeinsamen Arbeitsgruppe doch einmal zu Interessensgegensätzen kommt. Diese werden in der Regel nicht dadurch gelöst, dass eine Seite auf ihrem Recht besteht und sich dann durchsetzt. Es kommt vielmehr zu einer gemeinsamen Konsultation der Gruppe. Dabei werden alle Seiten des Problems, aber auch die Interessen der übrigen Mitglieder der Gruppe so lange besprochen und beleuchtet, bis schließlich ein nach Möglichkeit einstimmiger Beschluss zustande kommt. Gegebenfalls übt die Gruppe dadurch Druck auf die Streithähne aus, dass sie auf das alle anderen Gesichtspunkte in den Schatten stellende Interesse der Gruppe hinweist, den Frieden und das gute Einverständnis untereinander sicherzustellen. Jede kompromisslose Durchsetzung eigener Interessen auf Kosten der Kollegen käme einem Kapitalverstoß gegen das Harmonieprinzip gleich. Dazu gehören auch individuelle Leistungen, denn wer sich damit hervorheben möchte, könnte Neid auslösen und so die Harmonie stören.

Kündigung ohne Gesichtsverlust

Bei den auf Harmonie bedachten Thailändern muss ein Vorgesetzter, dem die unangenehme Aufgabe zufällt, eine Kündigung auszusprechen, äußerst behutsam vorgehen, damit der betroffene Mitarbeiter keinen Gesichtsverlust erleidet. Viele Thai empfinden eine Entlassung als Kränkung und Niederlage. Nie wird ein thailändischer Personalchef die persönliche Leistung des Betroffenen – so schwach die auch gewesen sein mag – in den Vordergrund stellen, sondern immer andere Gründe nennen, etwa die schlechte wirtschaftliche Lage oder ähnliches. Und last but not least wird sich kein thailändischer Vorgesetzter von einem entlassenen Mitarbeiter verabschieden, ohne ihm einige Worte des Lobes über die geleistete Arbeit mit auf den Weg zu geben. Wenn er ihm dann auch noch ganz diskret einen Umschlag mit ein paar Geldscheinen zusteckt, hat der Vorgesetzte sein Bestes getan, die Trennung von dem Mitarbeiter so harmoniegerecht und würdig wie möglich zu vollziehen.

Bürokratischer Hürdenlauf – vom Umgang mit Behörden

Arbeit lässt sich wie Gummi dehnen.

Bereits Ende der 1970er Jahre formulierte ein amerikanischer Gastdozent an der Thammasat-Universität in Bangkok mit Blick auf die notorisch ineffiziente thailändische Bürokratie folgendes soziologische Gesetz: »Arbeit lässt sich wie Gummi soweit dehnen, wie Zeit zur Verfügung steht, um sie auszuführen.« Schwerfällig, unübersichtlich und korrupt – das sind wohl die Hauptmerkmale des aufgeblähten thailändischen Verwaltungsapparates. In den vergangenen Jahrzehnten fungierte die Administration wiederholt als Ventil für den überlasteten Arbeitsmarkt: Von rund 250 000 Beamten und Verwaltungsangestellten Anfang der 1950er Jahre schwoll der bürokratische Wasserkopf bis Ende der 1990er Jahre auf über zwei Millionen an. Fachleute aber sind der Meinung, dass mindestens ein Drittel ohne Beeinträchtigung der Effizienz entbehrlich wäre. Und tatsächlich: Sehr häufig steigert sich der zu höchster Perfektion entwickelte Papierkrieg mit Formularen, Stempeln und Sonderstempeln ins Groteske.

Geduld ist alles

Jeder, der mit thailändischen Behörden zu tun hat, ist gut beraten, wenn er sich sehr genau an die allgemeinen Spielregeln hält: Tadellose Kleidung, Ruhe und Gelassenheit sind Pflicht, sollte das selbstherrliche Verhalten eines Beamten oder die Umständlichkeit eines anderen die Geduld auch auf das Äußerste strapazieren. Der thailändische Verwaltungsbeamte betrachtet sich keineswegs als ein »Diener des Volkes«, sondern als ein *khun luang* (Herr, Chef), dem großer Respekt gebührt. So mancher Beamte nutzt Amt und Würden auch dazu, sein relativ karges Gehalt nach Kräften und auf nicht ganz saubere Weise aufzubessern.

Es läuft wie geschmiert – mit Bestechung

Korruption im Geschäftsleben

Gehobene Form der Bettelei und des Betrugs

Die thailändische Wirtschaft funktioniert wie die Gesellschaft nach feudalen Mustern: Jobs und Verträge bekommt, wer die richtigen Leute kennt oder sie durch die eine oder andere Gefälligkeit auf seine Seite zu ziehen versteht. Es gibt kaum einen leitenden Mitarbeiter in einer Firma oder einen Beamten in gehobener Position, der nicht dem verstrickten Netz des »Ich-gebe-damit-du-gibst« verpflichtet ist. Umschläge mit Geldscheinen sorgen dafür, dass Kontrakte nicht immer an die leistungsfähigste Firma gehen, dass Geschäftsleute nicht die volle Bürde ihrer Steuerlast zu tragen haben, dass an Universitäten Diplomarbeiten und Dissertationen unter der Hand anerkannt werden. Die einen bessern ihre schmalen Beamtengehälter auf, die anderen ihre Millionenkonten. Ohne Gefälligkeiten läuft in Thailand so gut wie gar nichts. Die Regeln sind glasklar: Es kommt darauf an, der richtigen Person zum richtigen Zeitpunkt den richtigen Geldbetrag zuzuschustern – dann läuft die Sache wie geschmiert.

Korruption im Alltag

Wer an einer Schaltstelle sitzt, hat ausgesorgt.

Die Thai und ihr undurchsichtiges Verbundsystem hat James Hunter, ein angesehener und wohlhabender englischer Kaufmann im Bangkok seiner Zeit, bereits in seinen Tagebuchaufzeichnungen von 1828 treffend beschrieben: »Man muss behutsam sein, und intime Kenntnisse ihres Wesens und ihrer Sitten bedeuten Vorteil im Handel und im Privaten.« Bis heute ist Korruption ein beinahe selbstverständliches Element des öffentlichen Lebens, ein sich täglich wiederholendes Spiel, von dem Spötter behaupten, es sei ein (halb-)legaler Bestandteil staatlicher Lohnpolitik. Nach Schätzungen von Eingeweihten verschwindet rund ein Drittel aller von staatlicher Seite für öffentliche Aufträge ausgegebenen Gelder in den Taschen von Staatsangestellten. Wer mit Befugnissen an einer wichtigen Schaltstelle sitzt, der hat ausgesorgt, oft für den Rest seines Lebens. Denn wer ein Anliegen hat, zahlt meist ohne Widerspruch. Da nimmt es nicht Wunder, dass fast alles und jeder käuflich ist – ein Pass wie ein Polizist, eine Stelle wie eine Stimme. Und so kommt es, dass Staatsdiener, die offiziell nur wenige hundert Euro im Monat verdienen, oftmals ein eigenes Haus und zwei Autos sowie drei Kindermädchen ihr Eigen nennen.

Alles und jeder ist käuflich.

Die meisten Thailänder akzeptieren das System von Bestechung und Bestechlichkeit bis zu einem gewissen Grad. So stecken Lastwagen- und Busfahrer automatisch ein paar Geldscheine in die Papiere, die bei Verkehrskontrollen den Polizisten gereicht werden. Nicht selten machen Ordnungshüter gemeinsame Sache mit einflussreichen (sprich gut zahlenden) Gangstern *(nak laeng)*. Polizisten sind vor allem an der Prostitution und am Drogenhandel beteiligt. Ertappte Polizisten können in der Regel mit Nachsicht rechnen, ihnen droht meist lediglich eine Versetzung. Dies resultiert aus dem thailändischen System der Patronage, in dem sich Vorgesetzte stets vor ihre Untergebenen stellen, dafür aber ihrerseits unbedingte Ergebenheit erwarten.

Amtsmissbrauch

Geldgier ist häufig nicht der einzige Grund für Korruption. Oft ist ein thailändischer Beamter hin- und hergerissen zwischen seinen öffentlichen Aufgaben und seinen verwandtschaftlichen Verpflichtungen, dem sozialen Druck, seinen Angehörigen mit Geldern aus der Schmiergeldkasse zu helfen. Daneben gibt es noch die Korruption großen Stils, die den Spitzen der thailändischen Gesellschaft riesige Vermögen eingebracht hat. Vor allem die Kumpanei von Politik bzw. Militär und Wirtschaft ist notorisch. Kraft ihrer Ämter gewähren Minister und Generäle, Provinzfürsten und Beamte den Privatunternehmen, die sie selbst besitzen, Lizenzen und Protektion.

Korruption und keine Ende?

Schlechtes Ansehen in der Welt

Immer wieder verspricht die Regierung, verstärkt die Korruption zu bekämpfen, um Thailands internationales Ansehen zu verbessern, denn die Nation auf

Große und kleine Deals, Goldladen in Bangkoks Chinatown

der Schwelle zum Industriestaat ist auf ausländische Investitionen angewiesen. Aber trotz vieler Absichtserklärungen, die Korruption einzudämmen, blieben bisher ernsthafte Anstrengungen aus. Vielmehr ist sie ein Teil thailändischen Lebensstils geworden. Immer noch rangiert Thailand bei internationalen Korruptionsvergleichen auf einem der hinteren Plätze. So nimmt das Königreich derzeit in der »Ehrlichkeits-Liste« von *Transparency International,* einer in Berlin ansässigen Gesellschaft zur Untersuchung der weltweiten Korruption, den unrühmlichen 70. Platz ein – zusammen mit Marokko, Ghana, Ägypten, der Dominikanischen Republik und Bosnien-Herzegowina.

Geschäftsverhandlungen

Unternehmerische Strategien

Verwirrspiel

»Ich habe immer das Gefühl«, sagte einmal ein in Thailand tätiger europäischer Geschäftsmann, »als hätte ich es mit zwei völlig verschiedenen Völkern zu tun: Das eine ist liebenswürdig, gelassen und unkompliziert; das andere hartnäckig, misstrauisch und opportunistisch. Immer dann, wenn es ihren Zwecken dient, ändern die Thais einfach die Spielregeln.«

Unschlagbar niedrige Preise

Das Geschäftsgebaren thailändischer Unternehmer ist für westliche Manager oft irritierend. Ja, schlimmer noch: die Strategien thailändischer Unternehmen sind für Außenstehende häufig kaum erkennbar. Die Anbieter aus Thailand gehen nicht einseitig, sondern ganzheitlich vor, wie es auch dem thailändischen Denken entspricht. Dabei geben sie sich alles andere als konfrontativ. Sie tasten sich langsam und behutsam vor und setzen schließlich dort an, wo sie bei konkurrierenden Marken Schwächen sehen – sei es im Design, in der Innovation oder im Service. Im Wettbewerb der Unternehmen zeigen sie eine bemerkenswerte Fähigkeit, immer und überall die Übersicht über das Marktgeschehen zu behalten. Da sie wissen, dass mancherorts die Nachfrage nach Standardprodukten bereits gesättigt ist, versuchen viele thailändische Unternehmen, den Massenmarkt hinter sich zu lassen und ambitionierte Produkte auf den Markt zu bringen. Sie sind aufgrund ihrer massiven Wettbewerbsvorteile auf der Kostenseite, verbunden mit ihrer Innovationsoffensive, in der Lage, die Quadratur des Kreises zu erfüllen: anspruchsvolle Produkte zu unschlagbar niedrigen Preisen herzustellen.

Starke Diversifizierung

Ein großer Teil der thailändischen Wirtschaft wird von Chinesen oder chinesischstämmigen Thailändern kontrolliert: eingefleischte Händler, die Gelegenheiten beim Schopf packen und gerne einen schnellen Deal machen. Deshalb sind auch große Unternehmen häufig stark diversifiziert. Nicht selten handelt ein Technologiekonzern auch mit Lebensmitteln oder betreibt einen Containerdienst. Ein breit diversifiziertes Geschäftsbereichsportfolio senkt das Gesamtrisiko – ganz nach einer alten thailändisch-chinesischen Denkweise: Wenn der Osten dunkel ist, dann ist der Westen hell, und wenn der Norden dunkel ist, dann ist der Süden hell.

INFO

Unverzichtbar – Visitenkarten

In echte Bedrängnis kann ein westlicher Geschäftsmann kommen, wenn ihm die Visitenkarten ausgehen, denn eine *business card* ist in Thailand oftmals wichtiger als der Reisepass. Nicht nur weil europäische Namen in thailändischen Ohren bisweilen sehr fremd klingen und leichter im Gedächtnis zu behalten sind, wenn man sie geschrieben sieht, sondern auch weil eine Visitenkarte mit Titel und Funktionsbezeichnungen exakte Schlüsse auf die Stellung in der gesellschaftlichen Rangordnung zulässt. Für einen Thailänder ist es von großer Bedeutung zu wissen, ob es sich bei seinem Gegenüber um einen sozial Höherstehenden oder Untergeordneten handelt. Der Austausch von Visitenkarten gilt deshalb, vor allem bei Geschäftskontakten, als ein Muss. Besonders kräftig punktet derjenige bei seinen Verhandlungspartnern, der eine Visitenkarte in Thaisprache und -schrift, innerhalb eines Tages an jeder Ecke gedruckt, vorweisen kann. Niemals jedoch darf das Kärtchen mit der linken Hand überreicht werden!

Geschäftsgespräche

»Wir Thai haben eine Art zu denken, die mich in Verlegenheit bringt. Denn wenn wir mit Ausländern sprechen, scheinen wir zu meinen, man dürfe ihnen nie die Wahrheit sagen.«, soll Kukrit Pramoj, ehemaliger thailändischer Premierminister, einmal gesagt haben. Und da niemand sie rettet, nimmt es kein Wunder, dass europäische und amerikanische Geschäftsleute so häufig in klassische Fettnäpfchen treten.

Nicht mit der Tür ins Haus fallen!

Grundlegend für das Zwischenmenschliche ist auch bei Geschäftsverhandlungen das Streben nach Harmonie, also die Vermeidung jeder Art von offener Konfliktaustragung. Wer bei Thailändern etwas erreichen will, tut gut daran, nicht gleich mit der Tür, sprich dem Anliegen, ins Haus zu fallen. In Thailand empfindet man das direkte Zusteuern auf ein Ziel als unhöflich. Und es kann nicht oft genug wiederholt werden: Man ist stattdessen bestrebt, eine angenehme Atmosphäre zu schaffen und zu seinem künftigen Partner zunächst ein persönliches Verhältnis aufzubauen. Man spricht sich von Mensch zu Mensch an, wobei im Allgemeinen Bemerkungen einfachster Strickart ausgetauscht werden.
Von Geschäft ist in dieser Anwärmphase in aller Regel noch nicht die Rede, erst langsam tastet man sich an den eigentlichen Verhandlungsgegenstand heran. Geschäftsgespräche gestalten sich generell schwierig, wenn der westliche Partner zu offensiv und fordernd ist. Legen Sie also Geduld an den Tag! Nach einiger Zeit folgt dann zwar von thailändischer Seite bald kein Widerspruch mehr, doch bedeutet dies keineswegs bereits Zustimmung. Es wird noch weiter herumlaviert. Thailänder, die eine eher indirekte Kommunikation pflegen, empfinden die westliche Art der Offenheit oft irritierend und verletzend, so wie überhaupt

alles als Beweis schlechten Stils gilt, was die Harmonie stört. Insofern haben Sie als Ausländer in den Fällen schlechte Karten, wo Sie mit der Faust auf den Tisch hauen.

Das Wort »Nein« ist tabu.

Um die Verhandlungsatmosphäre nicht zu beeinträchtigen, ist das Wort »Nein« als Antwort auf eine Frage, Bitte oder Aussage des Gesprächspartners tabu. Ein Umstand, der die Kommunikation aus westlicher Perspektive nicht eben erleichtert. Wer etwas mit thailändischen Verhältnissen vertraut ist, stellt offene Fragen, die ein schlichtes Nein oder Ja als Antwort nicht zulassen. Geraten die geschäftlichen Verhandlungen doch einmal ins Stocken oder kommt es zu Interessenskonflikten, so greifen thailändische Geschäftsleute, die sehr bemüht sind, peinliche Situationen zu vermeiden, zur Notlösung: Sie schalten einen Mittelsmann ein, das hatten wir schon. Der zieht dann die Fäden im Hintergrund und das Risiko einer direkten Konfrontation wird vermieden.

»Ja« heißt nicht Zustimmung.

Dass ein thailändisches »Ja« nicht unbedingt Zustimmung bedeutet, sondern erst einmal »Ich höre zu« signalisiert, ist vielen ausländischen Geschäftsleuten mittlerweile klar. Dass mit der Vertragsunterzeichnung ein Geschäft mitnichten in trockenen Tüchern ist, ist vielen Westlern dagegen nicht bewusst. Die Unterschrift ist für Thailänder das Signal für eine weitere Zusammenarbeit. Um die Details kümmern sie sich erst nach diesem Akt, der für sie noch lange nicht das Finale war. Oft beginnen nach Vertragsabschluss Probleme, weil thailändische Geschäftsleute vertragliche Vereinbarungen nicht immer als in allen Punkten verbindlich betrachten.

Viele westliche Geschäftsleute sind nicht imstande, Zwischentöne zu hören oder zwischen den Zeilen zu lesen, also verschlüsselte Informationen wahrzunehmen. Wenn zum Beispiel ein leitender Mitarbeiter einer thailändischen Firma

Gefälschte Ausweise

Black Business – Etikettenschwindel in Thailand

INFO

Eine Rolex, Cartier, Breitling, Patek Philippe für 25 Euro? Auf Bangkoks »Basar der Fälschungen« in der Patpong kein Problem. Von den fünfzig- oder hundertmal teureren Originalen unterscheiden sich die Imitate oft nur minimal. Die Fälscher produzieren nicht nur *Fake*-Uhren, sie ahmen auch Levi's-Jeans, Polohemden von Ralph Lauren, T-Shirts mit dem Benetton-Zeichen, Camel-Adventure-Wear, Mode von Giorgio Armani, Schuhe von Tino Lanzi, Louis-Vuitton-Koffer und Computerprogramme von Microsoft nach. Die Schnäppchenjagd nach imitierten Markenartikeln gehört seit Jahren ebenso zu den Touristenattraktionen von Bangkok wie Tempelbesuche und Nachtleben.

Doch mittlerweile gehen die geschädigten Firmen juristisch gegen die Fälscher vor. So ist der deutsche Zoll gehalten, Markenfälschungen sicherzustellen. Die Beamten zeigen sich gegenüber Privatpersonen, die Fälschungen einführen mal milde, mal hart. Werden gefälschte Waren im persönlichen Gepäck von Reisenden zu nicht kommerziellen Zwecken eingeführt, schreitet der Zoll in der Regel nicht ein. Gibt es jedoch Anhaltspunkte, dass der Importeur kommerziell tätig ist, beschlagnahmt der Zoll alle Falsifikate. Zudem drohen in einem solchen Fall bis zu fünf Jahre Freiheitsentzug oder unterschiedlich hohe Strafgelder. Also seien Sie auf der Hut!

---

sagt: »Alles kein Problem, ich muss nur noch Rücksprache mit meinem Chef nehmen«, sollte man die Ohren spitzen. Diese Bemerkung deutet an, dass sich die Verhandlungen in einem kritischen Stadium befinden, und dass mitnichten alles in Ordnung ist.

Die zentrale Botschaft kommt am Schluss.

Verwirrend ist für Westler oft auch, dass in Thailand Informationen anders strukturiert werden als im Westen. Ein deutscher Referent stellt bei seinem Vortrag das Wichtigste in der Regel an den Anfang. Bis Thailänder bei Verhandlungen zum eigentlichen Punkt kommen, sind ihre westlichen Gesprächspartner oft bereits so ermüdet, dass sie kaum mehr aufnahmefähig sind. Fatal daran ist, dass alles Problematische – also genau das, weswegen man eigentlich verhandelt – von den Thailändern üblicherweise erst ganz am Schluss erwähnt wird, und dann vielleicht auch nur in einem Nebensatz. Experten propagieren daher folgende Faustregel: Die zentrale Botschaft nicht – wie bei uns gewohnt – an den Anfang stellen, stattdessen die Formel »Redundanz gleich Relevanz« beherzigen, also vor Thailändern Wichtiges so oft repetieren, dass sich deutsche Zuhörer bereits langweilen würden. Ernst genommen wird in Thailand meist das, was häufig wiederholt wird.

Nicht drängeln!

Thailänder bemängeln, dass westliche Geschäftsleute oft zu ungeduldig sind und Verhandlungen möglichst schnell zu einem Ende bringen wollen. Hier kollidieren zwei Weltanschauungen. Die westliche setzt auf Tempo und hält das für Effizienz. Die thailändische will die Angelegenheit aus allen Blickwinkeln betrachten, möglichst viele Aspekte abwägen – und das dauert seine Zeit. Die Thai kannten immer schon den Wert der Geduld. Bereits zur Ayutthaya-Zeit drängten die Europäer, die es damals schon stets eilig hatten, die Siamesen auf rasche Vertragsabschlüsse. Die aber wussten, dass die Europäer desto mehr Zugeständnisse machten, je länger sie warten mussten. Und Thailänder warten notfalls eine Ewigkeit.

Vorsicht vor Meisterdiplomaten!

Die Könige Ayutthayas hielten die Europäer noch durch eine weitere Taktik auf Abstand: Nach dem Grundsatz »teile und herrsche« spielten sie verschiedene Nationen gegeneinander aus. So sahen sich Holländer, Engländer, Portugiesen und Franzosen auf Gnade und Ungnade den siamesischen Meisterdiplomaten ausgeliefert, die zum Schein eine Nation begünstigten, um dann ihre Gunst unversehens einem anderen Bewerber zu schenken. Diese, für die Betroffenen ärgerliche, aber höchst effektive Methode wird bis heute sowohl in der Politik als vor allem auch in der Wirtschaft mit dem gleichen Erfolg praktiziert.

Lächeln und tricksen Sie mit!

In Thailand zählt ein freundliches Gesicht zur Grundausstattung im Umgang miteinander. So haben Geschäftsgespräche viel mehr Aussicht auf Erfolg, wenn sie von einem Lächeln begleitet werden. Das Lächeln gibt dem Gesprächspartner das Gefühl, respektiert und gemocht zu werden, wohingegen ihn mit ernstem

INFO

Tu & Tabu – Tipps für Geschäftsleute

- **Tu!** Lächeln und mit freundlicher und sanfter Stimme sprechen, das führt bei Geschäftsgesprächen zum Erfolg!
- **Tu!** Fühlt man Ärger in sich aufsteigen, so schweigt man zunächst, um sich beim Sprechen wieder voll in der Hand zu haben.
- **Tabu!** Es kommt einer Beleidigung gleich, einen Verhandlungspartner oder Untergebenen vor den Augen anderer zu kritisieren oder bloßzustellen.
- **Tabu!** Herumnörgeln *(wah)* macht denjenigen, der meckert, zu einer respektunwürdigen Person. Man zeigt Charakterstärke, indem man Fehler der Geschäftspartner oder Mitarbeiter wohlwollend übersieht.
- **Tabu!** Schlecht für das Image ist Ungeduld. Reißt Ihnen der Geduldsfaden, erleiden Sie zwangsläufig einen Gesichtsverlust.
- **Tabu!** Auch als Chef behandelt man niemanden von oben herab oder kommandiert ihn herum!
- **Tabu!** Jede Form von Besserwisserei und Rechthaberei ist einem Thailänder ein Gräuel.
- **Tabu!** Unterschreiben Sie niemals ein Dokument mit einem roten Stift! Rot ist die Farbe des Blutes, und Bestattungsunternehmen schreiben den Namen des Verstorbenen ebenfalls in Rot an den Sarg. Wer mit Rot unterschreibt, unterzeichnet bildlich gesehen sein eigenes Todesurteil. Auch sollten niemals Briefe in roter Farbe adressiert und geschrieben werden!

Gesicht vorgetragene Forderungen eher einschüchtern oder abschrecken. Wer kritisiert, sollte es *thii len – thii djing* (halb scherz- und halb ernsthaft) tun, um der Kritik die Schärfe zu nehmen. Vermeiden Sie auf jeden Fall direkte Kritik, um andere ihr Gesicht wahren zu lassen! Machen Sie es den Thai nach, die sich untereinander gern und reichlich Komplimente geben – ein paar Höflichkeiten und nette Worte ölen das soziale Gefüge und sorgen für ein angenehmes Gesprächs- bzw. Betriebsklima.

Greifen auch Sie in die »Mehr-Schein-als-Sein-Trickkiste«. In der standesbewussten Thai-Gesellschaft spielen Statussymbole eine bedeutende Rolle – ganz besonders im Geschäftsleben. Auch thailändische Unternehmer tendieren dazu, sich mit prestigeträchtigen Accessoires zu umgeben. Denn wer als Geschäftsmann zu bescheiden auftritt, gilt nicht als solvent und findet auch kaum jemanden, der sich mit ihm auf Geschäfte einlassen würde!

Westliche Manager, die in Thailand tätig sind, werden oft Opfer des landesüblichen Zeitbewusstseins. Während Geschäftsleute aus westlichen Ländern es gewohnt sind, ein Treffen oder eine Entscheidung fast auf die Minute genau zu vereinbaren, so haben Thais hierzu sehr viel flexiblere Vorstellungen. Trifft ein *farang* in Thailand eine Verabredung für 10 Uhr, so kann er sich unter Umständen glücklich schätzen, wenn er gegen Mittag die ersten Informationen über den geplatzten Termin erhält. Nach Landessitte wird man die Entschuldigung in ausgesucht höfliche Worte kleiden.

Das Rahmenprogramm

Geselligkeit gehört zum Geschäft.

Ausländische Geschäftsleute, die das in Thailand übliche Rahmenprogramm mit ausgiebigen Essen, Smalltalk, Barbesuchen und Karaoke für reine Zeitverschwendung halten, machen einen kapitalen Fehler. Da Geschäftsbeziehungen in Thailand zuallererst Personenbeziehungen sind, wollen die Thai ihre Partner kennen lernen. Sie möchten wissen, mit wem sie es zu tun haben und ob man dem anderen vertrauen kann. Genau dies erfolgt bei den in vielen westlichen Augen so überflüssigen geselligen Anlässen.

Geschäftsessen

Da gutes Essen zu den Lieblingsbeschäftigungen der Thailänder gehört, bilden opulente Geschäftsessen meist das ernst zu nehmende Vorspiel der geschäftlichen Verhandlungen. Der europäische Geschäftsmann, der thailändische Gäste bewirten möchte, wird in ein Hotel oder Restaurant einladen. Einerseits darf das Lokal nicht zu teuer sein, denn der Anstand gebietet dem asiatischen Gast, dass er sich revanchiert. Falls man andererseits ein zu billiges Restaurant wählt, gilt man bei den statusbewussten Thai rasch als *khon khii niao* – als ein pingeliger Pfennigfuchser. Auch ist zu bedenken, dass in Thailand das Glück als Zwilling geboren ist, die Tischgemeinschaft also eine gerade Zahl aufweisen sollte.

Sprache und Gesprächskultur

Sag es durch die Blume

Die meisten Thai sind Buddhisten.

Theoretisch können sich Lernwillige eine ganze Menge Wissen über ein Land und seine Menschen aneignen. Wirkliche interkulturelle Kompetenz aber erweist sich in Situationen vor Ort, wo man es mit leibhaftigen Menschen zu tun bekommt. Als Reisegast auf dem Weg nach Thailand sollten Sie sich gut merken, was Autor und Landeskenner Reiner Krack in folgende Worte kleidet: »Es gilt im Umgang mit den Thai seine Worte sehr sorgsam zu wählen, so wie es der Buddha auch in seiner Lehre von der Rechten Rede gepredigt hatte – Rede, die nicht verletzt!« Vergessen Sie nie, dass es sich bei der Mehrzahl der Menschen, denen Sie in Thailand begegnen werden, um Buddhisten handelt.

Smalltalk statt Diskussion

Vorliebe für lockeres Plaudern

Ab dem frühen Abend füllen sich in Bangkok und anderen Städten die Straßenlokale. Überall sitzen Freunde zusammen, die essen, trinken, sich angeregt unterhalten und vergnügt lachen. Im westlichen Kulturkreis geht es in vergleichbaren Situationen meist sehr viel ernsthafter zu. Wenn sich *farang* treffen, steht oft das Ausdiskutieren von persönlichen, politischen oder sonstigen Problemen im Mittelpunkt des Zusammenseins. Ganz anders bei den Thai: Liebend gern plaudern sie locker, ungezwungen und humorvoll mit ihren Mitmenschen. Thailänder sind Meister des Smalltalks! Der Zweck ihrer geselligen Zusammenkünfte ist einzig und allein *sanuk* – Spaß. Und den bietet der Smalltalk; ernste Themen, Tiefschürfendes oder Kontroverses sind völlig indiskutabel. Würde einer der Freunde gar sein Innenleben offenbaren, ergriffen die anderen vermutlich die Flucht. Sich mit einer solchen Person zu treffen, wäre definitiv *mai sanuk,* würde also keinen Spaß machen.

Was für das geschäftliche Miteinander zutrifft, gilt auch für den Privatbereich. Auf Konfrontation ausgerichtete Diskussionen entsprechen nicht dem Naturell der Thailänder. Tiefer gehende Gespräche und lebhafte Debatten finden höchstens in intellektuellen, westlich-orientierten Kreisen statt. Da Thailändern jedwede Form von Besserwisserei und Rechthaberei ein Gräuel ist, bemüht man sich aber auch in derartigen Runden sehr darum, stets einen Gruppenkonsens zu finden. Und wenn eine Meinung zu stark von der Mehrheitsmeinung abweicht, hält derjenige, der sie geäußert hat, lieber den Mund – und lacht mit.

Vorhergehende Doppelseite: Der Tuk-Tuk-Fahrer ist solange freundlich, wie Sie seine Fahrkünste nicht infrage stellen.

Konfliktvermeidung

Da Harmonie und Vermeidung von Widerspruch in der Thai-Kultur seit Jahrhunderten zum Prinzip erhoben wurde und stets wichtiger war als etwa die Pflege einer Streitkultur nach westlichem Muster, ist die thailändische Wesensart auf dezente, Konflikte vermeidende Zwischentöne gestimmt. Europäer sind es in der Regel gewohnt, die Dinge beim Namen zu nennen und unmissverständlich zu sagen, was ihnen gerade in den Sinn kommt. Thailänder vermeiden dagegen eine solche Direktheit. Sie halten gewöhnlich mit ihren Ansichten zurück, um nicht die Empfindungen des Gesprächspartners zu verletzen. Die wahren Gefühle zu verstecken, seinem Gegenüber lieber zuzustimmen, als Widerpart zu geben, auf Fragen keine direkten, eindeutigen Antworten zu erteilen – das alles gehört zum tugendhaften Prinzip der Konfliktvermeidung. Auch wenn es nahezu wie ein Aufruf zur Kritiklosigkeit klingt: *Farang* sollten möglichst beachten, dass kritische Bemerkungen über die innerthailändischen Verhältnisse, vor allem die politischen, zwar nicht ausgesprochen tabu sind, man dabei aber sehr leicht in so manches Fettnäpfchen treten kann. Aus diesem Grund werden Themen, die ein gewisses Konfliktpotenzial in sich bergen, besonders bei zufälligen Gesprächen, in der Regel ausgeklammert.

Direktheit kommt nicht an in Thailand

Der Ton macht die Musik.

In Thailand ist die Form einer Mitteilung ebenso wichtig wie ihr Inhalt. Die auf Harmonie bedachten Thailänder verhalten sich in Gestus und Sprache stets so, dass Dissonanzen von vorneherein ausgeschlossen sind. Laut zu sprechen gilt als unhöflich, egal in welcher Situation. Thai sprechen mit ruhiger, emotionsfreier Stimme; sie lachen und scherzen zwischendurch, und gerade auch dann, wenn sich Spannungen aufbauen. Sie vermeiden es, einen Standpunkt aggressiv zu vertreten oder andere in eine Situation zu manövrieren, in der diese nur mit Ja oder Nein antworten können. Gern relativieren sie ihre Aussagen durch Formeln wie »nach meinem Gefühl« oder »vielleicht«. Als durchweg sehr positiv eingestellte Menschen empfinden es die Thai als unfein, sich allzu negativ zu äußern. Selten sagt man, dass etwas »schlecht« sei, vielmehr vermeidet man den Affront und sagt »nicht gut« *(mai dee)*.

Große Zöpfe, kleine Zöpfchen: Friseurstand in Bangkok

Um den heißen Brei herum

Während im westlichen Kulturkreis Direktheit nicht unbedingt als negativ angesehen wird, empfinden Thailänder allzu direkte, harte oder kritische Aussagen als peinlich. Sie schätzen es sehr, wenn jemand die Fähigkeit hat, Unerfreuliches auf indirekte Weise zur Sprache zu bringen. Viele Thailänder sind Perfektionisten darin, über lange Zeit ein kultiviertes Gespräch zu führen, ohne dass man auf irgendeinen bestimmten Punkt zu sprechen kommt. Natürlich gelingt es dann doch immer, das wirkliche Anliegen auf dezente Weise direkt oder besser noch indirekt zur Sprache zu bringen. Dinge, die unangenehm sind, sollte man niemals direkt aussprechen, sondern behutsam das Gespräch darauf hinlenken. Hat man den Eindruck, dass der andere sowieso schon verstanden hat, was man eigentlich sagen möchte, so braucht man unter Umständen das peinliche Problem überhaupt nicht zu erwähnen, worüber dann beide Seiten nur glücklich sind.

Fettnäpfchen vermeiden

Allzu Persönliches ist tabu

Man belastet andere nicht mit seinen Problemen.

Wenn einem *farang* das Herz voll ist, dann läuft schon mal sein Mund über und er redet bisweilen auch über sehr Persönliches. »Offene und ehrliche« Aussprachen über eigene Probleme, Sorgen und Intimitäten stoßen auf wenig Gegenliebe. Über derartige Dinge redet man nicht im zugeknöpften Thailand. Um andere nicht in Verlegenheit zu bringen, ist in persönlichen Dingen Reserviertheit angebracht. Sein Inneres nach außen zu stülpen ist »un-thai« und führt zu Unbehagen bei der Person, die damit belastet wird. Thailänder sind stets bemüht, gefühlsneutral und emotional ungebunden zu sein. Selbst Brüder und Schwestern, also sehr nahe Angehörige, sind keine Personen, denen man Nöte anvertraut.

Thailändische Neugier muss nicht peinlich sein.

Andererseits wird beispielsweise bei Einladungen der Gast gewöhnlich mit Fragen nach persönlichen Dingen regelrecht gelöchert. Vor allem fragt man nach dem Familienstand, dem Alter, der Zahl der Kinder, dem Einkommen, nach den Essgewohnheiten und Lebensumständen. Solche Neugier soll kein unhöflicher Einbruch in die Privatsphäre sein (schon mit der Definition dieses Wortes hätte ein Thailänder im Übrigen ernsthafte Schwierigkeiten), sondern ist pure Freundlichkeit und ehrliches Interesse am Besucher. Vor allem die ungenierte Frage nach dem Einkommen erscheint uns als peinliche Neugier, für Thailänder ist es der wichtige Wunsch, den Status des anderen auszumachen, um sich dementsprechend verhalten zu können. Auch die oft gehörte Frage *pai nai?* (Wohin gehst du?) ist meist nur der Versuch einer ersten Kontaktaufnahme und zugleich eine Einladung zu etwas Smalltalk. Wer die Fragen nicht beantworten möchte oder gerade keine Lust zum Plaudern hat, macht es wie die Thai und entgegnet lächelnd: »Das sage ich nicht« *(mai book).* Niemand käme auf die Idee, dies etwa als Unhöflichkeit oder gar als Affront zu betrachten.

INFO

Laut und leise – merkwürdige Kontraste

Thailänder legen in der Öffentlichkeit großen Wert auf dezentes, ruhiges Auftreten. Sitzt in einem Restaurant eine Gruppe zusammen, so unterhält man sich meist mit leiser, sanfter Stimme. Die Bedienung wird nicht etwa herbeigerufen, sondern durch Blickkontakt und verhaltene Handbewegungen unauffällig herbeizitiert. Wer lauthals durch ein Lokal brüllt, sorgt bei Thailändern für Entsetzen. Denn lautstarkes Auftreten in der Öffentlichkeit gilt nicht nur als äußerst unhöflich, sondern auch als aggressiv.

In merkwürdigem Kontrast zum leisen Umgang, den Thai miteinander pflegen, steht der häufig unglaubliche öffentliche Lärm. Nicht der oft unvermeidliche Straßenlärm, sondern eine eigentlich unnötigerweise von Menschen erzeugte Geräuschkulisse. Da dröhnt in Einkaufszentren, Busbahnhöfen, Märkten und an vielen öffentlichen Plätzen lauter Thai-Pop aus ungemein effizienten High-Tech-Lautsprechern, da laufen an jeder Ecke Fernseher mit gnadenlos lauter Werbung, da machen Lautsprecherwagen mit ohrenbetäubender Lautstärke Reklame für diese oder jene Veranstaltung. Reihenuntersuchungen führten zu dem Ergebnis, dass in Bangkok ein Großteil der Einwohner an Hörschäden leidet.

Leise Umgangstöne im Privaten und gnadenloser öffentlicher Lärm – wie lässt sich dieser Gegensatz erklären? Der thailändische Verhaltenskodex zwingt die Menschen zu Reserviertheit und zurückhaltendem Auftreten. Kein lautes Wort darf fallen, um die Harmonie nicht zu stören. Immer nur still sein, immer nur lächeln – wer hält das schon aus? Da wirkt der Spaß am öffentlichen Lärm wie ein Ventil für diesen ganzen aufgestauten inneren Druck.

Kritik

Rüde Kritik wird als bewusster Versuch verstanden, andere zu verletzen.

Kritik ist für Thailänder ein rotes Tuch. Auch das muss man sich als westlicher Ausländer immer wieder vor Augen halten. Das Kritisieren, sei es von Personen oder auch Zuständen, gilt als hässlich *(naa kliat)* und lässt negative Rückschlüsse auf den Kritiker zu, nicht aber auf den Kritisierten. Nicht nur im Geschäftsleben muss man mit kritischen Bemerkungen sehr behutsam umgehen. In allen nur denkbaren Alltagssituationen ist es angebracht, Kritik in sehr sorgsam gewählte Worte zu kleiden. Bittet man als verängstigter Westler beispielsweise einen wagemutigen Tuk-Tuk-Fahrer, der sich zu nächtlicher Stunde auf der Sukhumvit Road in Bangkok anschickt, den Geschwindigkeitsrekord für dreirädrige Fahrzeuge zu brechen, doch etwas langsamer zu fahren, so wird er dies nicht etwa als konstruktive Kritik an seinem Fahrstil auffassen, sondern sich womöglich persönlich verletzt fühlen. Es ist damit zu rechnen, dass er verärgert reagiert und jetzt erst recht Gas gibt! Ein kluger Thai dagegen würde die Bitte so verklausuliert formulieren, dass der Tuk-Tuk-Pilot in keiner Weise das Gefühl hat, er werde kritisiert. Der Fahrgast würde also etwa sagen: »*Phii* (respektvolle Anrede für Älterer Bruder), ich habe heute nichts mehr vor, Du musst Dich also nicht so beeilen, lass Dir ruhig etwas Zeit!«

Komplimente

Thailänder neigen zu Schmeicheleien.

Khun phuut phasaa thai keng! – Sie sprechen aber hervorragend Thailändisch! Welcher Ausländer, der sich gerade radebrechend bemüht, seine Thai-Kenntnisse unter Beweis zu stellen, wird sich nicht angesichts solch lobender Worte motiviert fühlen. Dass der thailändische Gesprächspartner den Sinn des Gesagten mehr erraten als verstanden hat, tut dem Kompliment keinen Abbruch. Thailänder neigen sehr zu Schmeicheleien und bewundern in Gesprächen mit Ausländern nicht nur deren ausgezeichnete Kenntnisse der thailändischen Spra-

INFO

Tu & Tabu im Gespräch mit »guten Buddhisten«

▶ **Tu!** Nicht allein, was Sie sagen, sondern auch Ihr Ton und Ihre Sprechweise übermittelt Ihre Botschaft und wird bewertet. Bedenken Sie, dass lautes Reden als grober Höflichkeitsverstoß empfunden wird, dass aber bedächtiges Reden die Bedeutung dessen, was man sagen möchte, noch unterstreicht.

▶ **Tu!** Wer kritisiert, sollte es *thii len – thii djing* (halb scherz- und halb ernsthaft) tun, um die Kritik für den Betroffenen erträglicher zu machen.

▶ **Tabu!** Wer von seinem Thai-Gegenüber annehmen muss, dass jener ihn nicht ganz verstanden habe (und es besteht die Wahrscheinlichkeit, dass dem so ist!), der wiederhole sich, aber nie hebe er dabei die Stimme.

▶ **Tabu!** Als unhöflich gilt es, Personen, die sich gerade im Gespräch befinden, zu unterbrechen. Ist es doch einmal nötig, muss man unbedingt ein sanft gesprochenes *khoo-thoot* (Verzeihung) vorausschicken.

▶ **Tabu!** Verzichten Sie bei Konversationen auf analytische Vergleiche mit Ihrer Kultur. Schwarzer Humor und politische Exkurse tragen ebenfalls nicht zur Stimmung bei, stattdessen Fragen nach der Familie und der Gesundheit.

▶ **Tabu!** Thailänder erkundigen sich aus Freundlichkeit stets nach Ihrem Wohlbefinden und Ihren Erlebnissen. Erzählen Sie aber zu ausführlich, kommen Sie leicht in den Ruch prahlerisch oder klatschsüchtig zu sein.

▶ **Tabu!** Auf keinen Fall dürfen Sie bei Gesprächen Ihr Innenleben preisgeben und auch keine intimen Offenbarungen vom Gegenüber erwarten.

▶ **Tabu!** Bei Gesprächen darf kein schlechtes Wort über einen Nichtanwesenden fallen. Als gute Buddhisten befolgen Thailänder meist strikt die »Regel von der Rechten Rede«, die nicht verletzen soll.

▶ **Tabu!** Vermeiden Sie beim Reden das Gestikulieren, denn manche unserer westlichen Gesten haben in Thailand eine andere, mitunter obszöne Bedeutung.

Tuk-Tuk-Phalanx

che, sondern auch deren angeblich tolles Aussehen oder deren guten Geschmack oder deren imposante Körpergröße oder ... Besser man bildet sich darauf nicht allzu viel ein, denn derlei Komplimente gehören zum thailändischen Lebensstil.

Schmeicheln Sie mit!

Thailänder möchten gerne angenehme Dinge hören, die für gute Laune sorgen, also *sanuk* sind. Ob diese so ganz der Wahrheit entsprechen, ist dabei eher unwichtig. Eine Unwahrheit, die bei anderen positive Empfindungen auslöst und ihnen zu mehr »Gesicht« verhilft, gilt in Thailand nicht als Lüge, sondern als ein Mittel, harmonische zwischenmenschliche Beziehungen zu schaffen – und diese gehen den Thai über alles! Als Ausländer sollte man ruhig ein wenig mitschmeicheln. Das mag das Leben zwar nicht ehrlicher machen, in jedem Fall aber angenehmer und entspannter.

Ja oder nein – Quelle größter Missverständnisse

Nehmen Sie Thailänder nicht beim Wort!

Für die Kommunikation in Thailand gilt die Grundregel, dass man keine Antworten geben soll, die den Gesprächspartner enttäuschen könnten. Dieser Regel zuliebe darf sogar eine Unrichtigkeit im Verlauf eines Gesprächs in Kauf genommen werden. Ein Thailänder wird also eine Antwort geben, von der er erwartet, dass sie dem Fragenden gefällt. Auch dürfen Wünsche und Angebote nicht direkt abgelehnt werden. Um unangenehme Wahrheiten zu umgehen, ist es durchaus üblich, Zweideutigkeiten und beschönigende Ausflüchte zu verwenden. Darauf muss man sich einstellen.

Wenn ein Europäer ja oder nein sagt, ist das meist relativ konsequent gemeint. Thailänder aber empfinden ein (höfliches) Ja oder Nein als weniger folgenschwer, weniger verbindlich. Die Beantwortung einer Frage mit ja bedeutet also noch lange nicht, dass der Sprechende wirklich ja meint. Sie sollten damit rechnen, dass ein Ja oftmals vielleicht und vielleicht eigentlich ein Nein bedeuten kann. Selten wird ein Thailänder unverblümt sagen: »Ich kann nicht kommen«, sondern »Ich werde versuchen zu kommen«, was aber dann bedeutet, dass er nicht kommen kann. Ja oder nein werden häufig durch ein alles oder nichts sagendes *yang* ersetzt, also ein gut gemeintes Noch-nicht, mit dem sich niemand festlegen muss und somit auch nicht Gefahr läuft, möglicherweise sein Gesicht zu verlieren.

Ihr Feingefühl ist gefragt.

Die Abstufungen des Jasagens reichen von »ja, bestimmt«über »ja, vielleicht« bis »ja, auf keinen Fall«. Es bleibt also dem Feingefühl des Fragenden oder Bittenden überlassen, herauszufinden, ob ein Ja einer festen Zusage gleichkommt, ein höfliches Zur-Kenntnis-nehmen ohne weitere Verpflichtungen ist, oder eine endgültige Absage. Die wahren Absichten des Sprechenden lassen sich weniger aus der Wortwahl ableiten als aus dem Tonfall und der Mimik. Oftmals muss man im Verlauf eines Gesprächs mit tastenden Fragen versuchen, die wirkliche Meinung des Betreffenden herauszufinden – eine für Europäer, die direkte Gespräche gewöhnt sind, meist recht schwierige Übung. Ausländische Besucher – mit der hohen Kunst der Harmonie wenig vertraut – sind ob dieses »Herumredens um den heißen Brei« oft verwirrt. Thailänder ihrerseits fühlen sich verunsichert, wenn sie merken, dass ihre subtilen Umschreibungen nicht verstanden werden. Um nicht von einem Fettnäpfchen ins andere zu treten, sollte man sich bei der Konversation mit Thailändern angewöhnen, sich indirekt zu verhalten, »durch die Blume« zu sprechen. Das feinsinnige thailändische Ohr vermag daraus sehr wohl Zustimmung oder Ablehnung herauszuhören.

Körpersprache – Gesten und Mimik

Hände und Arme im Zaum halten

Thailand ist das Land der Gestenlosigkeit.

Selbstbeherrschung prägt das Beziehungsgeflecht der Thailänder. Ruhe bewahren heißt die Devise. Das bezieht sich auf eine gehobene Stimme ebenso wie auf gestikulierende Hände. So ist beim Gebrauch der Zeichensprache, mit der wir lebhaften Westler unsere Rede so gern unterstreichen, größte Vorsicht geboten. Thailänder empfinden Gestikulieren als hässlich *(naa kliat),* heftige Arm- und Handbewegungen bei Gesprächen entsprechen nicht ihrem Sinn für Ästhetik. Zudem offenbart jemand, der emotional gestikuliert, sein Innenleben und verliert damit sein Gesicht. Gefühle werden nicht durch Gesten und Mimik zum Ausdruck gebracht, sondern mit einem Lächeln kaschiert. Das Idealbild der Thailänder ist der Buddha, denn der Erleuchtete bewahrt in jeder Situation seine innere Ausgeglichenheit.

Westliche Gesten werden in Thailand leicht missverstanden, weil sie dort eine andere Bedeutung haben. So kommt die Angewohnheit vieler Westler, beim Gespräch mit jemandem aufrecht stehend die Hände in die Hüften zu stützen oder die Arme

INFO

Fallstricke in Sachen Humor

Thailändischer Humor ist anders als der westliche. Er hat nicht dessen Sarkasmus, dessen Ironie, doch viel Sinn für die Grotesken des Daseins, was dem Ernst des Lebens einiges an Dramatik nehmen kann. Ein Beispiel: Ein junger Thailänder schilderte, wie er nicht mehr ganz nüchtern seiner Angebetenen einmal eine ganze Stunde lang durch Bangkok mit dem Auto gefolgt war, bis sie ausstieg, ihn zur Rede stellte und sich jeglichen weiteren Annäherungsversuch verbat. Es war eine im thailändischen Kulturkreis recht peinliche, eigentlich wenig witzige Geschichte. Er beendete sie mit den Worten: »Und wisst Ihr, was das Schlimmste an der ganzen Sache war? Ich hatte schon drei Flaschen Bier getrunken und konnte keine Toilette finden«.

vor der Brust zu verschränken, einer Beleidigung gleich, denn diese Haltung wird häufig als Herausforderung und Arroganz interpretiert. Ebenso unhöflich und überheblich ist es, mit dem Finger oder gar dem Fuß direkt auf eine Person zu zeigen (man deutet mit gespitzten Lippen und dabei vorgestrecktem Kinn in die entsprechende Richtung) oder jemanden durch das Krümmen des Zeigefingers herbeirufen zu wollen – so lockt man in Thailand nur Hunde. Eine Person oder auch ein Taxi winkt man mit einer Handbewegung, die eher unserem Hinwegscheuchen ähnelt, dabei hält man bei ausgestrecktem Arm mit nach unten gerichteten Fingern den Handrücken nach oben gerichtet. Als sehr schlechtes Benehmen wird es auch angesehen, die Hände in den Hosentaschen zu halten.

Mit dem Zeigefinger lockt man nur Hunde.

Andere Länder, andere Zeichen

Wundern Sie sich nicht, wenn Sie im Straßenverkehr von einem anderen Autofahrer, dem Sie einen »Vogel« gezeigt haben, nur mitleidige Blicke ernten. Dieses bei uns beleidigende Zeichen bedeutet in Thailand »Ich habe Kopfschmerzen«. Und vermeiden Sie ein noch schlimmeres Missverständnis: Der lässige Gruß mit Zeige- und Mittelfinger, kurz an die Schläfe getippt, wird in Thailand als Einladung unter Homosexuellen verstanden. In die falsche Richtung geht auch die westliche Gewohnheit, rhetorische Höhepunkte durch einen Faustschlag in die Handfläche zu bekräftigen. Da fühlen sich besonders die Damen in eindeutiger Weise beleidigt. Als extrem despektierlich gilt die Bildung von Fingerformationen, die als frivol oder gar obszön verstanden werden könnten. Einer bewussten Provokation kommt es gleich, Dinge mit der linken Hand zu reichen oder entgegenzunehmen oder jemandem gar die Linke zur Begrüßung entgegenzustrecken. Dagegen ist das Beugen des Kopfes ein Zeichen der Ehrerbietung und Wertschätzung anderen gegenüber. Die Höflichkeit gebietet es, den Kopf zu senken und den Oberkörper leicht vorzubeugen, wenn man an Mitmenschen, vor allem wenn sie sitzen, vorbeigeht.

In die falsche Richtung

Kleiner Sprachführer für Thailändisch

Eine Sprache für Ohren, die feine Nuancen wahrnehmen

Ausländer tun sich schwer damit.

»Die Zahl der Ausländer, die im Lande leben und der Landessprache mächtig sind, kann man an den Fingern beider Füße abzählen«, spotten die Thailänder gern. Eigentlich ist Thai eine unkomplizierte Sprache, denn die Grammatik ist denkbar einfach. Es gibt weder eine Deklination noch Verb-Endungen oder Zeiten. Auch Mehrzahlformen und Artikel kennt man nicht. Dennoch ist die Landessprache für die meisten Besucher ein Buch mit sieben Siegeln, denn Thai ist eine so genannte isolierende, dem Chinesischen verwandte, vorwiegend monosyllabische Tonsprache mit fünf Tonstufen (normal, tief, hoch, fallend, aufsteigend), die den Sinn eines Wortes grundlegend verändern können. Das heißt, dass nicht nur eine bestimmte Buchstabenfolge eine bestimmte Bedeutung hat, sondern auch die verschiedenen Tonhöhen eine bedeutungstragende Funktion haben – ändert sich der Ton, ändert sich auch die Bedeutung. Wie im Chinesischen zwingen Einsilbigkeit und Unveränderlichkeit jedes der nur gut 400 Wörter, über die das Thailändische verfügt, zu dieser Art der phonetischen Unterscheidung. Ergänzt wird die Ausdrucksvielfalt durch die häufige Verwendung von Wortkombinationen, etwa ao *maa hai* (nehmen – kommen – geben), was »bringen« bedeutet. Wen wundert es bei so vielen Stolpersteinen und Fallgruben also, dass die Thai ihren Spaß mit Fremden haben, die sich an ihrer Sprache versuchen.

Den Ton richtig treffen!

Gegen Heiterkeitserfolge bei den Angesprochenen oder peinliche Missverständnisse ist also nur gefeit, wer die Töne richtig trifft. So bedeutet das oft gebrauchte Wort *mai* im Mittelton ausgesprochen »Witwe«, im tiefen Ton »neu«, im hohen Ton »brennen« oder »nicht«, im fallenden Ton »Holz« und im steigenden Ton »Seide«. Mit dem Wort *mai*, steigend ausgesprochen, wird auch das Fragepartikel zum Ausdruck gebracht. Ein Satz aus den Wörtern »Mai mai mai mai mai«, die für ungeübte Ohren alle gleich klingen, tatsächlich aber in unterschiedlichen Tonlagen ausgesprochen werden, kann also sowohl »Brennt neue Seide nicht?« als auch »Ist die Witwe aus Holz?« und vielerlei mehr bedeuten. Vorsicht geboten ist auch mit den *dook mai,* den – falls korrekt ausgesprochen – farbenprächtigen Blumen. Wer jedoch an einem Marktstand aus der Blumenpracht ausgerechnet eine *dook mai thong* (goldfarbene Blume) verlangt, wird womöglich mit verständnisvollem Augenzwinkern in den nächstgelegenen Massagesalon geschickt, denn dort arbeiten meist »Goldene Blumen«, wie Prostituierte umgangssprachlich genannt werden.

Komm, du Hund!

Und das Wort *maa* kann je nach Betonung »kommen«, »Hund« oder »Pferd« heißen. Bittet man jemanden zu kommen, so könnte man ihn bei falscher Tonhöhe ungewollt als Hund bezeichnen und damit schwer beleidigen. Allerdings wird *farang* ein solcher Fehler meist nicht übel genommen. Im Gegenteil: Besuchern, die sich die Mühe machen, einige Wendungen der Thai-Sprache zu erlernen, öffnen sich die Herzen und Türen der Einheimischen. Ein gutes Wörterbuch gehört folglich ins Reisegepäck.

Reispflanzerin in Sukhothai

Wer sich die Grundbegriffe der Thai-Sprache mit ihren 44 Mitlauten *(akso-on)* und 32 Selbstlauten *(sara)* aneignen und damit einen nicht unbeträchtlichen Zuwachs an Ansehen erzielen will, sollte keinesfalls das *phasaa talad* gebrauchen, die Sprache der Märkte, aber auch die der Massagesalons, sondern sich Kenntnisse im Standard-Thai aneignen. Dies ist die »Hochsprache«, die auf dem Bangkok-Dialekt basiert, an den Schulen gelehrt und fast überall im Lande verstanden wird. Erschwerend kommt allerdings hinzu, dass sich das Standard-Thai vollkommen von der gehobenen Sprache oder auch königlichen Hofsprache *(racha sap)* unterscheidet und es zudem viele verschiedene Dialekte *(phasaa thoong thin)* gibt. Ob Umgangssprache, Hochsprache oder Dialekt, sehr wichtig ist die Verwendung des Höflichkeitspartikels *kha* (wenn eine Frau spricht) und *khrap* oder *khap* (wenn ein Mann spricht), das an das Satzende angehängt wird.

Keine verbindliche Transkription

Eine allgemein gültige Übertragung des 1283 vom Sukhothai-König Ramkhamhaeng eingeführten nur in Thailand gebräuchlichen Schriftalphabets in die lateinische Schrift gibt es noch nicht. Die Umsetzung thailändischer Wörter in die lateinische Schrift wirft häufig auch Probleme auf, weil sich viele Laute der thailändischen Sprache mit den Buchstaben unseres Alphabets nicht ausdrücken lassen. Da es keine verbindliche Transkription gibt, tauchen zudem immer wieder unterschiedliche Schreibweisen auf. In diesem Buch wurde versucht, Ausdrücke, Namen und Begriffe des Thailändischen so zu transkribieren, dass sich durch die Schreibweise eine Annäherung an die deutsche Sprechweise ergibt.
Aber auch Sprachunkundige werden in Thailand kaum Probleme haben, denn die meisten im Tourismus beschäftigten Thai sprechen Englisch, das auch als Sprache der Geschäftswelt gilt. In öffentlichen Verkehrsmitteln, auf Bahnhöfen und Busterminals sind Hinweisschilder auf Thailändisch und Englisch gebräuchlich und auch im Straßenverkehr ist die Beschilderung durchweg zweisprachig.

Ein paar Worte Thailändisch

Begrüßung & Höflichkeit

Guten Morgen, guten Tag, guten Abend	*sawat-dee kha* (wenn eine Frau spricht) *sawat-dee khrap* (wenn ein Mann spricht)
Auf Wiedersehen	*lääo phop gan mai na kha/khrap*
Wie geht es Ihnen?	*khun sabaai-dee mai kha/khrap?*
Danke, gut	*sabaai-dee khoop-khun kha/khrap*
Und wie geht es Ihnen?	*lääo khun la?*
Ich bitte um Entschuldigung	*khoo-thoot kha/khrap*
Bitte sehr, keine Ursache	*mai pen rai kha/khrap*
Danke	*khoop-khun kha/khrap*
Viel Glück! Alles Gute!	*tschook dee na kha/khrap!*

Die wichtigsten Wendungen

Ich	*tschan/phom* (bei Frauen/Männern)
Ja	*tschai*
Nein	*mai tschai*
Herr, Frau, Fräulein, Sie, Du	*khun*
Was ist dies/das?	*an-nii arai kha/khrap?*
Sprechen Sie Englisch?	*(khun) phuut phasaa angkrit mai?*
Ich spreche kein Thai	*(tschan/phom) phuut thai mai daai*
Ich spreche ein wenig Thai	*(tschan/phom) phuut thai daai nitnoi*
Verstehen Sie?	*(khun) khao-dschai mai?*
Ich verstehe nicht	*(tschan/phom) mai khao-dschai*
Ich habe verstanden	*(tschan/phom) khao-dschai lääo*
Wie bitte?	*arai na kha/khrap?*
Wie heißen Sie?	*khun tschü arai kha/khrap?*
Mein Name ist ...	*tschan/phom tschü ...*
Woher kommen Sie?	*khun maa dschaak nai kha/khrap?*
Wohin gehen Sie?	*khun dscha bai nai?*
Darf man fotografieren/rauchen?	*taai-ruup/suup-burie daai mai kha/khrap?*
Bitte helfen Sie mir! / Hilfe!	*tschuai nooi si kha/khrap! / tschuai duai!*
Bitte schreiben Sie mir dieses Wort auf!	*garunaa kiian kam nii hai nooi*
Achtung! Vorsicht!	*rawaang!*
Kein Problem	*mai mii pan haa*

Reise & Verkehr

Ich möchte gern nach ... fahren	*tschan/phom jaak-dscha bai ...*
Bitte bringen Sie mich nach ...	*tschuai paa tschan/phom bai ...*
Wie heißt diese Straße?	*thanon nii tschü arai kha/khrap?*
Wo? / wohin? / wann?	*tiinai? / nai? / müarai?*
Geradeaus	*drong bai*
Rechts abbiegen	*liao khwaa*
Links abbiegen	*liao sai*
Halten Sie hier!	*yut drong nii!*
Bus/ Zug / Boot	*rot mee / rot fai / rüa*
Busterminal	*sataanii rot mee*
Bahnhof	*sataanii rot fai*
Wo ist eine Toilette?	*hoong naam juu tiinai kha/khrap?*
Wann ist ... geöffnet?	*... pööt pratu kii moong?*
Polizei / Krankenhaus / Arzt	*tamruat / roong pahjahban / moo*

Unterkunft & Restaurant

Wo gibt es ein gutes Hotel?	*roong rääm dee juu tiinai kha/khrap?*
Haben Sie freie Zimmer?	*mii hoong waang mai kha/khrap?*
Kann ich das Zimmer sehen?	*khoo duu hoong gon daai mai?*
Haben Sie noch andere Zimmer?	*mii hoong iik mai?*
Wo gibt es ein gutes Restaurant?	*raan aahaan dee juu tiinai kha/khrap?*
(Nicht) scharf	*(mai) phet*
Das Essen schmeckt gut	*aahaan aroi*
Zahlen, bitte!	*tschek bin!*

Einkaufen

Gibt es?	*mii .... mai kha/khrap?*
Ja, es gibt	*mii kha/khrap*
Nein, es gibt nicht	*mai mii kha/khrap*
Wieviel kostet das?	*an-nii thaorai kha/khrap?*
Das ist zu teuer	*an-nii phääng bai*
Können Sie mit dem Preis etwas heruntergehen?	*lot rakaa nooi daai mai kha/khrap?*
Haben Sie noch etwas anderes?	*mii iik mai?*

Die Zahlen

1	*nüng*
2	*soong*
3	*saam*
4	*sii*
5	*haa*
6	*hok*
7	*tjet*
8	*bäät*
9	*kao*
10	*sip*
11	*sip-et*
12	*sip-soong*
13	*sip-saam*
14	*sip-sii*
15	*sip-haa*
16	*sip-hok*
17	*sip-tjet*
18	*sip-bäät*
19	*sip-kao*
20	*jii-sip*
30	*saam-sip*
40	*sii-sip*
100	*(nüng) rooi*
200	*soong rooi*
300	*saam rooi*
1000	*(nüng) phan*
2000	*soong phan*
3000	*saam phan*
10 000	*(nüng) müün*
100 000	*(nüng) sään*
1 000 000	*(nüng) laan*
2543	*soong phan haa rooi sii-sip saam*

Hilfen beim Kampf durch die Speisekarte

Frühstück

khai luak/tom	weichgekochtes/hartgekochtes Ei
khai khon	Rührei
khai taao	Spiegelei
khai thoot	Omelett
khai yat sai	Omelett, gefüllt mit Gemüse
khai yat sai muu	Omelett, gefüllt mit Gemüse und Schweinefleisch
khanompang ping	Toastbrot
khaao tom (kai, muu ...)	Reissuppe (mit Huhn, Schweinefleisch ...)

Vorspeisen

khanompang naa muu	Toastbrot mit Schweinehack und Sesamkörnern
pho phia thoot	gebratene Frühlingsrollen
thoot man plaa	gebratene Fischküchlein
thoot man kung	gebratene Garnelenküchlein

Suppen

kääng djüüt	milde Suppe mit Blattgemüse und Fleisch
kääng liang	Gemüsesuppe
tom khaa kai	Hühnersuppe mit Kokosnussmilch und Galgant
tom yam kai	sauer-scharfe Hühnersuppe
tom yam kung	sauer-scharfe Garnelensuppe

Currys

kääng karii	mildes, indisches Curry
kääng khiao waan	sehr scharfes, grünes Curry
kääng massaman	mildes Curry mit Kartoffeln und Erdnüssen
kääng panäng	scharfes Curry mit Bambussprossen
kääng phet däng	scharfes, rotes Curry
kääng djae	vegetarisches Curry

Fleisch, Fisch & Meeresfrüchte

kai	Hühnerfleisch
muu	Schweinefleisch
nüa	Rindfleisch
ped	Entenfleisch
plaa	Fisch
plaamük	Tintenfisch

kung	Garnele
puu	Krebs
hoy	Muschel
aahaan thalee	Gerichte mit Meeresfrüchten

Zubereitungsarten

nüng	gedünstet
phat	kurz angebraten
thoot	gebacken, frittiert
tom	gekocht
yaang	gegrillt

Reisgerichte und Nudelgerichte

ba mii	Eiernudeln aus Weizenmehl (gelblich)
ba mii nam (kai, muu ...)	Suppe mit Eiernudeln (und Huhn, Schweinefleisch ...)
khaao plaao/khaao suai	gekochter Reis
khaao niao	Klebreis
khaao phat (kai, kung ...)	gebratener Reis (mit Huhn, Garnelen...)
kuai tiao	Reisnudeln (weiß)
kuai tiao nam (kai, muu ...)	Suppe mit Reisnudeln (und Huhn, Schweinefleisch ...)
kuai tiao rad naa (kai, muu...)	knusprig gebratene Reisnudeln (mit Huhn, Schweinefleisch ...)
phat thai (sai kung)	gebratene Nudeln nach Thai-Art (mit Garnelen)

Seafood

Salate

laab (kai, muu, nüa, plaa ...)	warmer, chilischarfer Hackfleischsalat (von Huhn, Schwein, Rind, Fisch ...) mit Pfefferminzblättern und aromatischen Kräutern
nüa nam tok	Rindfleischsalat mit thailändischem Basilikum
somtam	pikanter Salat aus geraspelten, grünen Papayas, Cocktailtomaten, Knoblauch, Chilis, Erdnüssen, Zitronensaft, zerstoßenen Trockengarnelen, Fischsauce und Krabbenpaste
yam nüa	Rindfleischsalat mit Koriander
yam plaamük	Tintenfischsalat
yam wunsen (gai, muu ...)	Glasnudelsalat (mit Huhn, Schwein ...)

Spezialitäten auf der Speisekarte

kai phat baikrapao	gebratenes Hühnerfleisch mit thailändischem Basilikum
kai phat metmamuang	gebratenes Hühnerfleisch mit Cashewnüssen
kai phat noomay gap het	gebratenes Hühnerfleisch mit Bambussprossen und Morcheln
kai takrai	Hühnerbrust an Zitronengras
kai yaang	gegrilltes Hähnchen
khaao man kai	Reishähnchen mit pikanter Ingwer-Sauce
kung nüng krathiam phak chii	gedämpfte Garnelen mit Knoblauch und Koriander
muu phat khing	gebratenes Schweinefleisch mit Ingwer
muu thoot krathiam phrikthai	Schweinefleisch mit Knoblauch und Chilis
muu priao waan	Schweinefleisch süß-sauer
nüa phat nam manhoy	gebratenes Rindfleisch mit Austern-Sauce
ped op nam püng	Ente gebacken mit Honig und Thai-Gewürzen
phat noomay sai khai	gebratene Bambussprossen mit Eiern
phat phak ruam t	gemischtes gebratenes Gemüse
plaamük yat sai	Tintenfisch, gefüllt mit Gemüse und Schweinehack
plaa thoot	gebackener Fisch
sate (kai, muu ...)	Fleischspießchen (von Huhn, Schwein ...) mit Erdnuss-Sauce

Kulturspiel

Im Ohrsessel gemütlich lesen und verstehen ist eine Sache – sich in ungewohnten Situationen vor Ort spontan richtig zu verhalten eine andere. Auf den folgenden Seiten können Sie deshalb Ihr kulturelles Verständnis schon einmal testen.

▶ Versuchen Sie die Situation zu erfassen und entscheiden Sie sich für die Lösung, die Sie intuitiv für richtig halten. Im Kommentar verraten wir Ihnen, welches Verhalten angemessen ist und warum man andere Reaktionen besser vermeidet.

Vertauschte Kleidung

Wie verhalten Sie sich?

Falscher Guide

Wie reagieren Sie?

Spendabler Chef

Wie ziehen Sie sich aus der Affäre?

Ein Herz für Kinder

Wie verhalten Sie sich?

Rücksichtsloser Autofahrer

Was ist hier angesagt?

Verirrt im Wald

Was nun?

Situation I

Vertauschte Kleidung

Sie haben dem hoteleigenen Wäscheservice Ihre Lieblingsshorts anvertraut. Als Sie abends in Ihr Zimmer zurückkehren, liegt auf dem Bett ein fein säuberlich gebügeltes Kleidungsstück; allerdings nicht Ihres. Sie melden die Verwechslung, doch leider stellt sich heraus, dass ein anderer Gast mit dem guten Teil bereits abgereist ist. Man bietet Ihnen an, Ihnen die Kosten für die Hose zu erstatten und dem unaufmerksamen Zimmermädchen vom Gehalt abzuziehen.
Wie verhalten Sie sich?

a) Sie bedanken sich und akzeptieren das freundliche Angebot.
b) Sie sind außer sich und verlangen, dass man Ihnen Ihr Lieblingsoutfit zurückbeschafft.
c) Sie lassen die leidige Angelegenheit auf sich beruhen und sagen lächelnd: »Mai pen rai«.

Kommentar

Lösung a) würde zwangsläufig zu einem doppelten »Gesichtsverlust« führen: Das Zimmermädchen, das seine Schuld eingestehen muss, wird beschämt, weil in einer misslichen Situation vor anderen bloßgestellt. Aber auch Sie verlieren Gesicht, denn Sie zeigen sich penibel und geizig, Eigenschaften, die Ihrer sozialen Position nicht angemessen sind. Wenn Sie wie in Lösung b) wütend auf Ihr vermeintliches Recht pochen, legen Sie ein Verhalten zutage, wie es Thai nur bei Insassen geschlossener Anstalten kennen. Nur mit Lösung c) können Sie in Thailand punkten. Großherzig- und Gebefreudigkeit sind zwei Charakterzüge, die die Thai sehr schätzen und die Ihnen Respekt und Wohlwollen einbringen.

Situation 2

Falscher Guide

Sie erkunden vormittags zu Fuß die Gegend um die Silom Road in Bangkok. Plötzlich spricht Sie ein freundlicher, elegant gekleideter Thailänder an. Er beherrscht neben perfektem Englisch auch ein paar Brocken Deutsch. Per Visitenkarte stellt er sich als Rechtsanwalt vor. Dann erklärt er Ihnen, dass anlässlich eines königlichen Geburtstags einige Geschäfte Schmuck und Juwelen, Seidenstoffe und Kunsthandwerk zollfrei, also 30 Prozent billiger, an Touristen verkaufen dürften. Er bietet Ihnen an, Sie dorthin zu bringen. **Wie reagieren Sie?**

a) Schon während der Thailänder Sie auf der Straße anspricht, ignorieren Sie ihn und setzen Ihren Weg ohne eine Miene zu verziehen fort.
b) Sie gehen freudig auf das Angebot ein, denn diese günstige Kaufgelegenheit wollen Sie sich keineswegs entgehen lassen.
c) Sie lehnen freundlich lächelnd mit der Begründung ab, Sie hätten bereits alle Souvenirs eingekauft.

Kommentar

Obwohl stets Misstrauen angebracht ist, wenn man in Thailand von einem Fremden auf der Straße angesprochen wird, ist Lösung a) eindeutig zu unhöflich. Lassen Sie sich hingegen auf das Angebot ein, wie in Lösung b), so wird Ihnen Ihre Gutgläubigkeit vermutlich teuer zu stehen kommen. Mit ziemlicher Sicherheit handelt es sich hier um einen findigen Schlepper, der Sie in einen bestimmten Laden locken will. Im Fall einer solchen »Anmache« bleibt Ihnen nur eine höfliche Ablehnung, also Lösung c).

Situation 3

Spendabler Chef

Nach Büroschluss gehen Sie mit fünfzehn thailändischen Kollegen in ein elegantes Thai-Restaurant. Dort genießen Sie gemeinsam das Essen und ein paar Flaschen deutschen Wein, die Sie aus Ihrem privaten Weinkeller mitgebracht haben. Sie sind der einzige Ausländer der Gruppe und zugleich der Vorgesetzte. Am Ende des geselligen Beisammenseins fragt jemand nach der Rechnung. **Wie ziehen Sie sich aus der Affäre?**

a) Kraft Ihrer Autorität als Chef gewinnen Sie den Kampf um die Rechnung und zahlen. Am nächsten Tag lassen Sie von Ihrer Sekretärin diskret von jedem einzelnen Mitarbeiter seinen Anteil einsammeln.
b) Sie haben schon kurz vorher unbemerkt (auf dem Weg zur Toilette) die komplette Rechnung beglichen.
c) Als Gast in Thailand und weil Sie ja schon den teuren Wein spendiert haben, lassen Sie Ihre Kollegen die Rechnung übernehmen und erlauben ihnen dadurch, ihr Gesicht zu wahren.

Kommentar

Als aufmerksamer Leser dieses Buches wissen Sie, dass separate Rechnungen in Thailand unüblich sind. Beim Restaurantbesuch übernimmt stets eine Person das Bezahlen, entweder der Gastgeber oder derjenige mit dem höchsten gesellschaftlichen Ansehen. Sie haben sich also hoffentlich für Lösung b) entschieden. Von ihrem Chef erwarten Thailänder, dass er für *sanuk* (Spaß an der Freude) sorgt. Sich von ihm einladen zu lassen, bewirkt keineswegs Gesichtsverlust. Daher fällt Lösung c) weg. Völlig daneben wäre Lösung a): Erst den Spendablen spielen, dann die Kollegen doch noch zur Kasse bitten – so verhalten sich nur Geizkragen.

Situation 4

Ein Herz für Kinder

Ein harter Arbeitstag liegt hinter Ihnen und Sie befinden sich auf dem Heimweg. In einem der überfüllten *Sky Trains* in Bangkok haben Sie einen Sitzplatz ergattert. Da stellen sich eine Mutter und ihr etwa vier Jahre altes Kind erwartungsvoll neben Sie. Andere Mitfahrende machen Anstalten, dem Kind ihren Sitzplatz anzubieten. **Wie verhalten Sie sich?**

a) Sie denken, ich werde doch diesem Fratz nicht meinen Platz abgeben und quittieren die für Sie unangenehme Situation mit einem grimmigen Gesicht.
b) Sie stehen selbstverständlich als Erster auf und bieten dem Kind lächelnd Ihren Sitzplatz an.
c) Sie bleiben sitzen, schauen in eine andere Richtung und überlassen es den thailändischen Fahrgästen, für das Kind aufzustehen.

Kommentar

Anders als im westlichen Kulturkreis üblich, wo jüngere Personen höflicherweise älteren ihren Sitzplatz anbieten, machen thailändische Erwachsene in öffentlichen Verkehrsmitteln oft für Kinder Platz. Sie möchten den Kleinen langes Stehen ersparen. Ganz klar scheidet Lösung a) hier aus. Mit einem grimmigen Gesicht stören Sie das Wohlbefinden der anderen Fahrgäste. Bei Lösung b) können Sie sich der Anerkennung Ihrer Mitreisenden sicher sein. Aber auch für Lösung c) hätten Thailänder Verständnis, denn als Ausländer nehmen Sie einen sehr hohen sozialen Rang ein, vor allem wenn Sie schon etwas älter sind.

Situation 5

Rücksichtsloser Autofahrer

Regenzeit in Thailand. Es gießt in Strömen. Auf der Straße haben sich riesige Wasserlachen gebildet. Sie sind ohnehin schon ziemlich durchnässt, als ein vorbeibrausendes Auto Sie auch noch von oben bis unten mit einem Schwall Schmutzwasser bespritzt. Verärgert blicken Sie sich um und sehen nur lachende, fröhliche Gesichter. **Was ist hier angesagt?**

a) Sie bekommen einen Wutanfall, drohen dem rücksichtslosen Zeitgenossen mit der Faust und beschimpfen die schadenfrohen Passanten.
b) Sie wenden sich Hilfe suchend an einen Polizisten und erstatten Anzeige.
c) Sie unterdrücken Ihren Ärger, kaufen bei einem Straßenhändler ein Handtuch zum Abtrocknen und hoffen auf besseres Wetter.

Kommentar

Immer wieder irritiert westliche Besucher das ewige Lächeln, hinter dem die Thai ihre Gefühle verbergen. Aus Unkenntnis empfinden Ausländer es als Beleidigung, wenn sie sich etwa in obiger Situation von lauter grinsenden Gesichtern umgeben sehen. Die Thailänder lachen hier jedoch nicht aus Schadenfreude, sondern eher aus Verlegenheit. Verlieren Sie also besser nicht die Beherrschung. Mit Lösung a) machen Sie sich nur lächerlich. Ein nasser, tobender *farang* mitten auf der Straße – für Thai eine Witzfigur. Lösung b) können Sie ebenfalls vergessen: Nie krümmt ein thailändischer Polizist wegen einer solchen Lappalie auch nur einen Finger. Mit Lösung c) sind Sie gut beraten.

Situation 6

Verirrt im Wald

Beim Wandern in der Bergwelt Nordthailands haben Sie offenbar eine Abzweigung verpasst. Zum Glück begegnen Ihnen zwei junge Thailänder, die Sie nach dem Weg fragen. Doch jeder von ihnen weist in eine andere Richtung. Auf Ihre Nachfrage erhalten Sie zunächst nur ein Lächeln zur Antwort; dann allerdings einigen sich die zwei auf einen Ratschlag. Nach einer weiteren Stunde Irrlauf stellen sie ernüchtert fest: Sie sind im Kreis herum gelaufen. **Was nun?**

a) Sie sind empört über die falsche Auskunft, verfluchen die beiden Thailänder und ärgern sich über sich selbst.
b) Sie legen zur Entspannung eine Pause ein und machen sich dann auf den Ihnen bekannten Rückweg.
c) Sie wollen es nun wissen und versuchen es mutig mit der anderen Richtung, auch wenn Sie riskieren, sich erneut zu verlaufen.

Kommentar

Während Europäer direkte und präzise Auskünfte gewohnt sind, ist aus Thailändern nur schwer ein klares »Nein« herauszubekommen, geschweige denn das Zugeständnis, nicht helfen zu können. Da Respekt und Zurückhaltung als ein hohes Gebot gelten, muss der Fremde unbedingt bei Laune gehalten werden. Sei es mit einem Lächeln oder auch um den Preis einer falschen Auskunft. Als Ausländer hätten Sie damit rechnen müssen, dass man Sie in die falsche Richtung schickt. Da Lösung a) zu gar nichts führt, Lösung c) neues Unheil verspricht, bleibt Ihnen keine andere Wahl, als sich mit Gleichmut in das Unabänderliche zu fügen. Lösung b) ist hier die einzig vernünftige Verhaltensweise.

Literaturtipps des Autors

Geschichte, Politik und Landeskunde

Baker, Chris/Phongpaichit, Pasuk: *A History of Thailand,* Cambridge University Press, Cambridge 2005 (auf Englisch)

Cornwel-Smith, Philip: *Very Thai – Everyday Popular Culture,* River Books, Bangkok 2007 (auf Englisch)

Donner, Wolf: *Thailand – Land zwischen Tradition und Moderne,* Verlag C.H. Beck, München 1996

Mulder Niels: *Inside Thai Society – Religion, Everyday Life, Change,* Silkworm Books, Chiang Mai 2000 (auf Englisch)

Senawong, Pornpimol: *Thai ties – social customs and cultural traits that tie all Thais together,* Silpakorn University, Bangkok 2006 (auf Englisch)

Siebert, Rüdiger: *Insel im schwarzen Fluss – Die Geschichte einer verkauften Kindheit in Thailand,* Arena-Verlag, Würzburg 1998

Sympathie Magazin: *Thailand verstehen,* Studienkreis für Tourismus und Entwicklung, Starnberg 2003

Wyatt, David K.: *Thailand – A short History,* Silkworm Books, Chiang Mai 2003 (auf Englisch)

Wirtschaft und Geschäftsleben

Holmes, Henry/Tangtongtavy, Suchada: *Working with the Thais – A Guide to Managing in Thailand,* White Lotus, Bangkok 2003 (auf Englisch)

Seelmann-Holzmann, Hanne: *Global Players brauchen Kulturkompetenz: So sichern Sie Ihre Wettbewerbsvorteile im Asiengeschäft,* BW Bildung und Wissen Verlag, Nürnberg 2004

Religion

Bechert, H./Gombrich, R.: *Der Buddhismus – Geschichte und Gegenwart,* Verlag C.H. Beck, München 2002

Ceming, Katharina/Sturm, Hans P.: *Buddhismus,* Fischer Verlag, Frankfurt am Main 2003

Görgens, Manfred/Scheck, Frank-Rainer: *Schnellkurs Buddhismus,* DuMont Buchverlag, Köln 1999

Kroneberg, Eckart: *Buddha in der City,* Verlag Herder, Freiburg i. Br. 2001

Phra Peter Pannapadipo: *Phra Farang – An English Monk in Thailand,* Arrow Books, London 2005 (auf Englisch)

Ward, Timothy: Wovon Buddha nichts erzählte, Goldmann Verlag, München 1992

Belletristik

Blettenberg, Detlef: *Farang,* Ullstein-Verlag, Frankfurt am Main – Berlin 1992

Blettenberg, Detlef: *Siamesische Hunde,* Ullstein-Verlag, Frankfurt am Main – Berlion 1994

Garland, Alex: *The Beach (Der Strand),* Goldmann Verlag, München 2000

Hand, Elizabeth: *Anna und der König,* Droemer Knaur Verlag, München 2000

Literatur aus Thailand

Boontawee, Kampoon: *Child of the Northeast,* D. K. Book House, Bangkok 2004 (auf Englisch)

Kothmann, Hella (Hrsg.): *Frauen in Thailand – Erzählungen,* Deutscher Taschenbuch Verlag, München 1994

Ritscher, Kirsten/Werner, Heike (Hrsg.): *Wie ein Staubkorn auf der Erde – Thailand erzählt, (eine Anthologie moderner thailändischer Autorinnen und Autoren),* Horlemann Verlag, Bad Honnef 2006

Srinawk, Khamsing: *The Politician & other Stories,* Silkworm Books, Chiang Mai 2001 (auf Englisch)

Sudham, Pira: *Monsoon Country, Shire Asia Publishers,* Bangkok 2002 (auf Englisch)

Sudham, Pira: *People of Esarn,* Shire Asia Publishers, Bangkok 2005 (auf Englisch)

Reiseberichte und Memoiren

Altmann, Andreas: *Der Preis der Leichtigkeit – Eine Reise durch Thailand, Kambodscha und Vietnam,* Frederking & Thaler, München 2007

Favorik, Tor: *In Buddhas Gärten,* Frederking & Thaler, München 2007

Labudda, Gad: *In Thailand leben – Geschichten über das Leben in Thailand,* Thailandbuch Verlag, Bockelnhagen 2006

Ruffert, Günther: *Geschichten aus Thailand,* Heller Verlag, Taufkirchen bei München 2006

Schelm, Timo: *Thailand ungeschminkt,* Thailandbuch Verlag, Bockelnhagen 2006

Thailändische Küche

Camsong, Thidavadee: *Küchen der Welt – Thailand,* Verlag Gräfe und Unzer, München 2002

Meuth, Martina/Neuner-Duttenhofer, Bernd: *Thailand – Küche, Land und Leute,* Droemer Knaur Verlag, München 2004

Bildbände

HB Bildatlas Special: *Thailand,* MairDuMont Verlag, Ostfildern 2004

Knüsel, Beat/Benedikt, Bene: *Thailand,* Bucher Verlag, München 2000

Maeritz, Kay: *Thailand,* Bruckmann Verlag, München 2000

Modrow, Jörg/Müssig, Jochen: *Thailand sehen & erleben,* Süddeutscher Verlag, München 2005

Sasse Martin/Parker, Rydell: *Reise durch Thailand,* Stürtz Verlag, Würzburg 2004

Sprachführer

Lutterjohann, Martin: *Thai – Wort für Wort,* Kauderwelsch Sprachführer Bd. 19, Reise Know-How Verlag, Bielefeld 2003

Hinweis: Verschiedene der aufgeführten Bücher sind nicht mehr im Buchhandel, sondern nur noch über Bibliotheken oder Antiquariate zu beziehen. Die meisten englischsprachigen Titel sind bei Asia Books in Bangkok und in anderen größeren Städten Thailands erhältlich.

Der Autor bedankt sich für die Geduld und Mithilfe seiner Frau Tanrian und seiner Töchter Chutima und Nirascha. Ganz besonderen Dank für ihre Anregungen und Korrekturen verdienen ferner die Bangkoker Freunde Hans R. Beckers (Khun »Han«) und Khun Nipon.

Register

P

R

S